律师办理民间借贷法律业务操作指引

麻根生　高建国
邱　萍　韩佳音　著

法律出版社
LAW PRESS · CHINA

作者简介

本书编著者合影(左起:韩佳音、麻根生、高建国、邱萍)

麻根生,湖南省凤凰县人,毕业于中南民族大学法学本科,中国政法大学民商法学博士班。现任广东福强律师事务所主任、专职律师。主要执业领域为民商事法律服务业务,办理过大量民间借贷纠纷案件,在省级以上报刊发表相关文章近百篇,公开出版过相关业务专著九部。社会兼职有:深圳市民促团结发展促进会常务理事,深圳市福田区民族团结发展促进会副会长,深圳市国际税收研究会理事、深圳市地方税收研究会理事,深圳市福田区沙头街道翠湾社区综合党委委员。

电话:13714314779

邮箱:453142978@ qq. com

高建国,毕业于中国政法大学、北京大学金融专业研究生班,现任广东福强律师事务所副主任、专职律师。2005 年开始从事律师执业工作主要业务专注于合同纠纷、金融不良资产处理等领域，积累了丰富的实践经验。现担任多家大型国有企业、金融机构等公司常年法律顾问，为公司治理、重组并购、不良资产处置、商务谈判提供了完善的法律服务。以深厚的法学知识、高尚的执业操守、诚信的服务赢得了客户高度的认可和社会各界广泛的关注、好评。

电话:13926560073

邮箱:13926560073@139.com

邱萍，毕业于海南大学法律专业，现就职于广东福强律师事务所，深圳市福田区少数民族团结促进会法律援助团队成员，主要从事民、商事法律业务。

电话:13510507709

邮箱:307220155@qq.com

韩佳音，毕业于广东财经大学法学专业，于2015年通过国家司法考试后取得法律职业资格证书，现为广东福强律师事务所实习律师。

电话:18682241397

邮箱:453032835@qq.com

前 言

借贷关系是重要的合同关系，民间借贷是社会经济生活中的主要融资形式之一。作为一种资源丰富、操作简捷灵便、资金使用率高的融资手段，民间借贷有效地缓解了银行信贷资金不足的矛盾，促进了经济的发展，而且呈现蓬勃而强劲的生机。

但是，民间借贷在具有门槛低、手续简便、随需随借、获取资金容易、资金使用效率较高等优点的同时，也存在借贷行为不规范、具有较大的随意性和风险性，缺乏法律和制度保障，因此容易引发各种矛盾和纠纷。

据统计，民间借贷纠纷在民事案件中一直位居第二，但根据2017年7月31日召开的最高人民法院2017年上半年全国法院审判执行工作态势新闻发布会公布的统计数据，2017年上半年，全国法院新收民事案件681.24万件，占全国新收案件的58.92%。在审结的民事案件中，排名靠前的案由主要有民间借贷、离婚纠纷、机动车交通事故责任纠纷、金融借款合同纠纷、物业服务合同纠纷、劳动争议、信用卡纠纷、房屋买卖合同纠纷、劳务合同纠纷等。民间借贷纠纷已成为排名第一位的民事诉讼类型。

帮助民间借贷双方达成借贷合同，建立民间借贷关系，防范法律风险，处理民间借贷纠纷，成为律师执业活动中日益重要的业务领域。而且，随着改革的不断深化和社会经济的不断发展，由民间借贷关系产生的法律需求也日益强劲，这为律师的法律服务提供了越来越多的机会，同时对律师的服务也提出了越来越高的要求。律师要胜任新形势下的新使命，需要在更高的层面上建立专业的执业规范和行动指南，但是，目前有关民间借贷法律服务业务研究成果及业务书籍中，主要是面向人民法院系统内部的业务指引和面向社会公众的处理民间借贷纠纷的一般性读物，几乎没有指导律师开展民间借贷法律服务业务操作规范和业务指引的专著。为此,撰写一部面向律师行业的办理民间借贷业务的操作指引,对于规范律师民间借贷业务代理行为,提升服务质量,促进律师事业发展,具有重要意义。

本书的主要内容是,以目前我国日益增多的民间借贷市场需求和不断增多的民间借贷纠纷,对律师业务带来的新挑战和新机遇,依据我国《民法通则》《民法总则》《合同法》《最高人民法院关于审理民间借贷案件适用法律问题的规定》等法律法规,结合作者代理的民间借贷纠纷案件的实践经验,从律师的视角以及律师代理民间借贷业务的实际需要出发,总结和拟定适合律师代理民间借贷业务的十二个方面的业务指引。

本书共三篇:其中,上篇为民间借贷法律业务操作指引,包含民间借贷一般法律咨询业务指引、民间借贷常年法律顾问业务指引、民间借贷专项法律顾问业务指引、民间借贷主体的调查和认定业务指引、民间借贷合同签订及完善中的业务指引、民间借贷合同履行中的业务指引、民间借贷债权担保业务指引、民间借贷违约责任追究业务指引、民间借贷纠纷诉讼业务指引、民间借贷刑民交叉处理业务指引、民间借贷纠纷虚假诉讼的业务指引等十二个方面的操作指引。中篇为民间借贷纠纷案例解析,收录了40余个与民间借贷相关的案例。下篇为民间借贷相关法律法规,着重收集有关民间借贷的政策法规,供读者查阅。力求将本书做成目前律师从事民间借贷业务的权威操作指引。

与目前市面上上架的同类图书相比,本操作指引具有鲜明的特点:

一是书名定为《律师办理民间借贷法律业务操作指引》,顾名思义,就是一本专门指导律师从事民间借贷法律业务的操作指引,具有较强的行业性和专业性。而其他书籍是指导法院审判工作或面向社会一般性指导书籍。

二是本书严格遵从律师业务操作指引行文规范进行撰写,具有很强的规范性和可操作性。即使未办理过或初涉民间借贷业务的律师,只要依据本指引操作,即可办好民间借贷案件。

三是本书涵盖民间借贷纠纷诉讼和非诉业务,具有全面性。

四是本书提供了最新的民间借贷案例分析,并附录了最全、最新的民间借贷法律法规，具有很强的参考性和实用性。

希望本书的出版，不仅对律师从事民间借贷法律服务业务具有重要指引意义，同时对政府有关部门及司法机关规范民间借贷监管具有重要参考意义，尤其是对法人、其他组织及自然人建立民间借贷关系，具有较高参考价值。

祝各位读者朋友开卷有益。

麻根生　高建国　邱萍　韩佳音

2017 年 9 月 26 日

目 录

二　抵押担保关系类

三 民间借贷中利息类

四 刑民交叉案件类

上篇

民间借贷法律业务操作指引

第一章　总　　则

第1条　制定目的

为了提高律师承办民间借贷业务的服务水平，指导律师办理与民间借贷法律服务相关的诉讼及非诉讼业务，依据《中华人民共和国民法通则》《中华人民共和国民法总则》《中华人民共和国物权法》《中华人民共和国合同法》《中华人民共和国担保法》《中华人民共和国民事诉讼法》《中华人民共和国刑事诉讼法》《最高人民法院关于审理民间借贷案件适用法律若干问题的规定》等相关法律、法规、规章和相关司法解释之规定，结合民间借贷法律服务实务，制定本指引，供律师及相关人士在实际业务中参考和借鉴。

第2条　适应范围

2.1　本操作指引适用范围：律师在中华人民共和国境内办理自然人、法人、其他组织之间及其相互之间进行资金融通方面的非诉讼和诉讼法律服务业务。包括自然人之间借贷的法律服务业务，自然人与法人之间借贷的法律服务业务，自然人与其他组织之间借贷的法律服务业务，法人之间借贷的法律服务业务，其他组织之间借贷的法律服务业务，法人与其他组织之间借贷的法律服务业务，以及网络借贷中个体网络借贷（P2P网络借贷）和网络小额贷款法律服务业务。

2.2　律师接受经政府金融主管部门批准设立的融资担保公司、融资租赁公司、典当行、小额贷款公司、投资咨询公司、农村资金互助合作社及业务相对人等主体委托，办理因担保、租赁、典当、小额贷款等相关的诉讼和非诉讼法律服务业务，适用本操作指引。

2.3　本操作指引不适用于：律师办理经金融监管部门批准设立的从事贷款业务的金融机构及其分支机构，因发放贷款等相关金融业务引发的诉讼和非诉讼法律服务业务。

第3条　主要概念

3.1　民间借贷，系指自然人、法人、其他组织之间及其相互之间进行资金融通的行为。具体而言，是出借人与贷款人以合同形式形成的一种以借贷货币为标的，出借人向贷款人提供资金后对贷款人享有债权，到期有权收回本金并取得利息，借款人取得资金使用后对出借人负有债务，到期偿还本金支付利息的债权债务法律关系，以及因相关的担保、租赁、典当而形成的权利义务法律关系。经金融监管部门批准设立的从事贷款业务的金融机构及其分支机构，因发放贷款等相关金融业务，不属于民间借贷。

3.2　民间借贷主体，系指进行民间借贷资金融通的自然人、法人和其他组织，以及相关联的其他人。经政府金融主管部门批准设立的从事担保、租赁、典当、小额贷款等业务的融资担保公司、融资租赁公司、典当行、小额贷款公司、投资咨询公司、农村资金互助合作社等，也视为民间借贷主体。但经金融监管部门批准设立的从事贷款业务的金融机构及其分支机构，不属于民间借贷主体。根据在民间借贷关系中地位的不同，各主体又可分为不同的主体身份，其中：

3.2.1　出借人，系指在民间借贷关系中提供货币的一方。

3.2.2　借款人，系指在民间借贷关系受领货币的一方。

3.2.3　担保人，系指在民间借贷关系中提供担保的一方。

3.2.4　自然人，系指即生物学意义上的人，是基于出生而取得民事主体资格的人，是在自然状态之下而作为民事主体存在的人，代表着人格，代表其有权参加民事活动，享有权利并承担义务。

3.2.5　法人，系指具有民事权利能力和民事行为能力，依法独立享有民事权利和承担民事义务的组织。

3.2.6　其他组织，系指合法成立、有一定的组织机构和财产，但又不具备法人资格的组织，包括：(1)依法登记领取营业执照的私营独资企业、合伙组织；(2)依法登记领取营业执照的合伙型联营企业；(3)依法登记领取我国营业执照的中外合作经营企业、外资企业；(4)经民政部门核准登记领取社会团体登记证的社会团体；(5)法人依法设立并领取营业执照的分支机构；(6)中国人民银行、各专业银行设在各地的分支机构；(7)中国人民保险公司设在各地的分支机构；(8)经核准登记领取营业执照的乡镇、街道、村办企业；(9)符合本条规定条件的其他组织。

3.2.7　代理人，系指民间借贷活动中，接受出借人或借款人的委托，代理委托人进行民间借贷活动，其代理行为由委托人承担的受托人。

3.2.8　介绍人，也称居间人或中介人，系指民间借贷关系中在借款人与出借人之间介绍借贷情况、说合借贷的人。

3.2.9　见证人，系指民间借贷关系中，当场目睹出借人与借款人发生借贷关系，可以并愿意作证的人。

3.3　借款本金，系指出借人对借款人提供的并按约定的利率和期限还本付息的货币资金。

3.4　民间借款合同，又称民间贷款合同，系指民间借贷关系中，借款人向贷款人借款，到期返还借款并支付利息的合同。由于民间借贷主体差异较大，订立民间借贷合同的方式也比较复杂，有书面合同、口头协议、借条、收条、欠条等形式。

3.4.1　书面借款合同，系指民间借贷主体之间采用书面形式订立的借款合同，内容包括借款种类、币种、用途、金额、利率、期限和还款方式等条款。这是法人之间、其他组织之间以及它们相互之间订立民间借贷合同的主要形式。

3.4.2　借条或借据，系指由贷款人向出借人出具的，由借款本人书写并签字盖章的，表明借款人已经欠下出借人借条注明金额的借款的书面凭证。借条的基本内容包括：借款人姓名、借款金额(本外币)、利息计算、还款时间、违约(延迟偿还)罚金、纠纷处理方式,以及贷款人姓名、借款日期等要件。这是民间借贷关系中尤其是自然人之间发生借贷关系最常见的形式。

3.4.3　收条或收据,系指借款人收到借款人借款时写给出借人的一种凭据性书面凭证,也是民间借贷关系中常见的一种形式。

3.4.4　欠条或欠款条,系指借款人在欠款时写给出借人的凭证性书面凭证,也是民间借贷关系中常见的一种合同形式。一般发生在借款人借了出借人的借款到时不能归还,或不能全部归还,有部分的拖欠,或借了出借人的借款,事后补写的凭证。

3.5　民间借贷关系,系指基于不同民间借贷主体之间发生的借贷关系,包括自然人之间借贷关系、自然人与企业法人之间借贷关系、企业法人之间借贷关系、其他组织之间借贷关系、自然人与其他组织之间借贷关系、企业法人与其他组织之间借贷关系。

3.6　利息,系指出借人即货币所有者因为出借货币资金给借款人而从借款人手中获得的报酬,同时也是借款者使用出借人提供的货币资金必须支付的代价。利息的计算公式为:利息 = 本金 × 利率 × 借款期限。

3.7　逾期利息,系指由逾期贷款造成的罚息,具体是指借款人不按照合同的约定归还借款的超期罚息。

3.8　复利,系指由本金和前一个利息期内应记利息共同产生的利息,即由未支付利息按照本金的利率赚取的新利息,俗称息上息、利滚利。

3.9　违约金,系指借款人由于过错不履行或不完全履行借款合同,应当依照借款合同的约定或由法律的规定,支付给出借人一定数量的货币。

3.10　网络借贷,系指借贷过程中,资料与资金、合同、手续等全部通过网络实现,它是随着互联网的发展和民间借贷的兴起而发展起来的一种新的金融模式。包括个体网络借贷和网络小额贷款两种方式。

3.11　个体网络借贷(P2P 网络贷款,或称 Peer to Peer 网络贷款),系指个体和个体之间通过互联网平台实现的直接借贷,是有资金并且有理财投资想法的个人,通过有资质的中介机构牵线搭桥,使用信用贷款的方式将资金贷给其他有借款需求的个人与个人之间的小额信用借贷交易。受《合同法》《民法通则》等法律法规以及最高人民法院相关司法解释规范。

3.12　网络小额贷款，系指互联网企业通过其控制的小额贷款公司，利用互联网向客户提供的小额贷款。网络借贷业务由银监会负责监管。

第4条　律师办理民间借贷业务的主要法律依据

4.1　《中华人民共和国民法通则》（节录）（1986年4月12日第六届全国人民代表大会第四次会议通过，1986年4月12日中华人民共和国主席令第三十七号公布，自1987年1月1日起施行。）

4.2　《中华人民共和国民法总则》（节录）（2017年3月15日第十二届全国人民代表大会第五次会议通过，自2017年10月1日起施行。）

4.3　《中华人民共和国担保法》（1995年6月30日第八届全国人民代表大会常务委员会第十四次会议通过，1995年6月30日中华人民共和国主席令第五十号公布，自1995年10月1日起施行。）

4.4　《中华人民共和国合伙企业法》（节录）（1997年2月23日第八届全国人民代表大会常务委员会第二十四次会议通过，自2007年6月1日起施行，2006年8月27日第十届全国人民代表大会常务委员会第二十三次会议修订。）

4.5　《中华人民共和国合同法》（节录）（1999年3月15日第九届全国人民代表大会第二次会议通过，1999年3月15日中华人民共和国主席令第十五号公布，自1999年10月1日起施行。）

4.6　《中华人民共和国物权法》（节录）（2007年3月16日第十届全国人民代表大会第五次会议通过，自2007年10月1日起施行。）

4.7　《中华人民共和国刑法》（节录）（1979年7月1日第五届全国人民代表大会第二次会议通过，1997年3月14日第八届全国人民代表大会第五次会议修订。）

4.8　《中华人民共和国民事诉讼法》（节录）（1991年4月9日第七届全国人民代表大会第四次会议通过，2007年10月28日第十届全国人民代表大会常务委员会第三十次会议第一次修正，2012年8月31日第十一届全国人民代表大会常务委员会第二十八次会议第二次修正。）

4.9 《中华人民共和国刑事诉讼法》(节录)(1979 年 7 月 1 日第五届全国人民代表大会第二次会议通过,1996 年 3 月 17 日第八届全国人民代表大会第四次会议第一次修正,2012 年 3 月 14 日第十一届全国人民代表大会第五次会议第二次修正。)

4.10 《贷款通则》(节录)(1996 年 6 月 28 日中国人民银行令第 2 号公布,自 1996 年 8 月 1 日起施行。)

4.11 《最高人民法院关于审理民间借贷案件适用法律若干问题的规定》(法释〔2015〕18 号)(2015 年 6 月 23 日最高人民法院审判委员会第 1655 次会议通过。)

4.12 《最高人民法院关于人民法院审理借贷案件的若干意见》(1991 年 7 月 2 日最高人民法院审判委员会第 502 次会议讨论通过,最高人民法院以法(民)发〔1991〕21 号通知于 1991 年 8 月 13 日下发。)

4.13 《最高人民法院关于如何确认公民与企业之间借贷行为效力问题的批复》(1999 年 1 月 26 日由最高人民法院审判委员会第 1041 次会议通过,现予公布,自 1999 年 2 月 13 日起施行。)

4.14 《最高人民法院关于适用〈中华人民共和国担保法〉若干问题的解释》(法释〔2000〕44 号)(2000 年 9 月 29 日最高人民法院审判委员会第 1133 次会议通过,自 2000 年 12 月 13 日起施行。)

4.15 《最高人民法院关于适用〈中华人民共和国物权法〉若干问题的解释(一)》(2015 年 12 月 10 日由最高人民法院审判委员会第 1670 次会议通过,现予公布,自 2016 年 3 月 1 日起施行。)

4.16 《最高人民法院关于适用〈中华人民共和国合同法〉若干问题的解释(一)》(法释〔1999〕第 19 号) (1999 年 12 月 1 日由最高人民法院审判委员会第 1090 次会议通过,于 1999 年 12 月 29 日起施行。)

4.17 《最高人民法院关于适用〈中华人民共和国合同法〉若干问题的解释(二)》(法释〔2009〕5 号)(2009 年 2 月 9 日由最高人民法院审判委员会第 1462 次会议通过,自 2009 年 5 月 13 日起施行。)

4.18 《最高人民法院关于在审理经济纠纷案件中涉及经济犯罪嫌疑

若干问题的规定》（本规定于2010年11月22日由最高人民法院审判委员会第1502次会议通过，自2011年1月4日起施行。）

4.19　《最高人民法院关于审理非法集资刑事案件具体应用法律若干问题的解释》（于2010年11月22日由最高人民法院审判委员会第1502次会议通过，现予公布，自2011年1月4日起施行。）

4.20　《最高人民法院、最高人民检察院、公安部〈关于依法处理非法集资犯罪的通告〉》（本通告经最高人民法院、最高人民检察院、公安部联合发布，自2015年9月29日起施行。）

4.21　《最高人民法院关于债务人在约定的期限届满后未履行债务而出具没有还款日期的欠款条诉讼时效期间应从何时开始计算问题的批复》（法复〔1994〕3号）（1994年3月26日颁布并实施。）

4.22　《最高人民法院、最高人民检察院、公安部关于办理非法集资刑事案件适用法律若干问题的意见》（经最高人民法院、最高人民检察院、公安部制定，自2014年3月25日发布。）

4.23　《关于小额贷款公司试点的指导意见》（2008年5月4日经中国银行业监督管理委员会、中国人民银行发布。）

4.24　《关于依法妥善审理民间借贷纠纷案件促进经济发展维护社会稳定的通知》（2011年12月2日经中华人民共和国最高人民法院发布。）

4.25　《广东省深圳市中级人民法院关于民间借贷纠纷案件的裁判指引》（2015年10月15日深圳市中级人民法院审判委员会民事行政执行专业委员会第14次会议讨论通过。）

4.26　《网络借贷信息中介机构业务活动管理暂行办法》（经中国银行业监督管理委员会、工业和信息化部、公安部、国家互联网信息办公室制定，经国务院批准，自2016年8月17日起施行。）

4.27　《中国人民银行关于人民币贷款利率有关问题的通知》（本通知2003年12月10日颁布，自2004年1月1日起执行。）

第5条　律师办理民间借贷业务的原则

5.1　合法性原则。律师在办理民间借贷业务过程中，必须遵守宪法和法律，始终坚持以事实为依据，以法律为准绳，用宪法和法律的规范约束自己的行为，指导自己的业务服务活动，防范法律风险。

5.2　独立性原则。律师在办理民间借贷业务过程中，不论是参与业务洽谈、为重大民间借贷行为等出具合法性审查意见，还是为民间借贷提供专项法律顾问服务、代理民间借贷纠纷案件时，都应依法独立提出法律意见，不受任何干涉。

5.3　专业性原则。律师在办理民间借贷业务过程中，应当具备相应的专业能力和水平，以扎实的专业知识和精湛的业务技能为委托人提供优质的法律服务。

5.4　积极性原则。律师在办理民间借贷业务过程中，应当严格执行律师执业行为规范、律师职业道德和执业纪律规范，诚实守信，勤勉尽职，主动与委托人沟通，积极开展工作，提高服务效率。

第6条　业务范围

6.1　对民间借贷主体资格及借贷关系提供合法性审查。

6.2　为委托人建立民间借贷关系提供法律意见（出具法律意见书）、风险告知书。

6.3　拟制、审查、修改民间借贷合同、担保合同等相关文书。

6.4　代表委托人参加谈判、签约、履约交割。

6.5　代表委托人监督借贷合同相对人诚实履约。

6.6　代表委托人调解和处理履约过程中发生的矛盾和纠纷。

6.7　代理委托人处理民间借贷纠纷诉讼事务。

6.8　代理委托人参与的其他相关法律事务。

第7条　服务类型

7.1　一般法律咨询。系指律师面向自然人、法人企业和其他社会组织提出的有关民间借贷法律事务问题，以口头、邮件、微信、QQ或者书面形式作出解释、说明，并提出建议和解决方案的业务活动。

7.2　常年法律顾问。系指律师依法接受民间借贷主体的聘请，在约定的期限内（通常为一年或一年以上），为聘请方提供法律顾问服务，顾问关系随期限届满而结束。

7.3　专项法律顾问。系指律师依法接受民间借贷主体的聘请,处理某项专门民间借贷法律事务,顾问关系随该事务的完成而结束。

7.4　诉讼(仲裁)代理。系指律师依法接受民间借贷主体的委托,就委托人与民间借贷关系相对人发生纠纷须通过诉讼途径解决时,代理委托人向仲裁机构或人民法院提起诉讼或出庭应诉,代理关系随案件的结案而结束。

第8条　特别说明

本操作指引旨在向律师提供办理民间借贷法律服务业务的经验,供律师在实践中参考,而非强制性规定,无强制性效力,尤其是不可作为判断律师执业过错的依据。

第二章　民间借贷一般法律咨询业务指引

第9条　一般法律咨询往往是更高服务需求的前奏或基础，律师应当予以足够重视，并根据当事人（自然人、法人企业和其他社会组织）提出的有关民间借贷法律问题，依照专业的规范、方法和程序或步骤，给予专业、客观和有效的答复。

第10条　一般法律咨询形式多样，不拘一格，包括但不限于口头咨询、书面咨询、邮件咨询、电话咨询、微信咨询、QQ咨询及其他网络咨询，咨询时间地点也具有不确定性，律师应当保持良好的状态，随时作好回答咨询的准备。

第11条　作好客户信息登记。律师应制作和填写《法律咨询登记表》，将当事人的姓名、性别、身份证号、单位或住址、联系方式等基本信息填写表格。如有条件，应复印相关证件资料，以备后续服务之需。如遇不愿意提供真实身份信息、不愿意配合登记的客户，律师可以拒绝解答。

第12条　作好咨询记录。通常当事人向律师咨询民间借贷法律问题时，都会涉及许多相关问题，会介绍许多背景情况，甚至有些问题会比较复杂。因此，律师在提供咨询服务时，应当作好咨询记录，将客户提出的主要问题、主要事实、主要证据以及主要疑点，记录清楚，以便分析解答。

第13条　认真聆听客户陈述。律师提供民间借贷法律咨询时，一定要认真聆听客户陈述,让客户完整地陈述咨询的问题,通过完整聆听,了解客户在所涉民间借贷关系中的角色定位、事情的真相、来龙去脉,以及询问之目的或诉求,理顺法律关系,找准问题的实质、解决的关键、争议的焦点,为有的放矢地解答问题打好基础。

第14条　认真审查证据。通常客户前来询问时,都会带上与民间借贷相关的证据材料,在陈述过程中,出示相关的证据材料以证明其观点,或请求律师帮助辨别。这些证据材料对于律师作出判断具有重要意义,因此,律师应结合客户的陈述,认真审查核实相关证据,并对证据的真实性、合法性、关联性进行认真分析。

第15条　有针对性提问。律师在聆听客户陈述并审查相关证据之后,应当根据发现的疑点和漏项,及时发现问题,并有针对性地向客户提问,让客户作出回答或补充,可以帮助律师更加完整地了解民间借贷关系的全貌,更准确地把握问题的本质。

第16条　进行综合分析。通过前述的聆听、审查和提问,律师应对客户询问的问题、相关事实或过程有了一定的了解。随后,应当根据相关法律和政策以及专业知识,对相关情况进行综合分析,对相关法律关系和问题的实质进行判断,形成专业解答意见。

第17条　有的放矢解答。律师在通过综合分析并得出正确的判断和结论之后,应当有的放矢地向客户进行解答。解答时要实事求是、具体明确、通俗易懂,切忌答非所问、模棱两可、不知所云。

17.1　对于简单的民间借贷法律问题,应当当面或即时作出解答;对于情况复杂的民间借贷问题,不便于或难于当面或即时解答,可以告知客户需经律师团队研究后再作解答。

17.2　对于情况复杂、涉及面广或专业性较强的专项民间借贷法律问题,律师提出方案要依法有据、客观科学、切实可行。律师在提供一般法律咨询的同时,可建议其聘请专项法律顾问提供专业顾问服务。

17.3　对于长期从事以民间借贷业务或长期需要民间借贷的客户,律师在提供一般法律咨询的同时,可建议其聘请常年法律顾问提供常年顾问服务。

17.4　对涉及民间借贷纠纷案件，在基本事实和证据弄清楚之前，律师的解答应留有余地，切忌“打包票”绝对化的承诺。但可以根据纠纷的轻重缓急，建议其聘请律师作为其代理人，通过法律途径，依法维权。

17.5　律师对已经作出的解答，或者已提供的方案，事后发现有错误，或因相关政策法规修改或调整，致使之前的解答和方案不再适用，应当及时联系客户，并予以纠正。

第18条　保守客户秘密。律师应当妥善保存客户咨询资料，对于咨询过程中了解到的客户信息，包括但不限于个人身份信息、家庭成员信息、财产信息、联系方式、居住地址、个人隐私、商业秘密等，应当保密，未经客户本人同意，不得向任何第三方泄露。

第三章　民间借贷常年法律顾问业务指引

第19条　律师担任民间借贷常年法律顾问业务，系指律师事务所依法接受民间借贷主体（自然人、企业法人和其他社会组织）聘请，指定本律师事务所的律师，以其专业知识和技能，在约定的民间借贷工作范围和工作期间（通常为一年及以上），提供与民间借贷业务相关的法律服务的专业性活动。其中：

19.1　提供常年法律顾问业务的主体，系合法开办及依法存续，接受本民间借贷主体聘请为其提供民间借贷常年法律顾问服务的律师事务所。

19.2　接受聘请后的律师事务所指派的，为聘请方提供民间借贷具体法律顾问服务的执业律师（但不包括不具律师执业资格证的助理），为顾问律师。

19.3　与律师事务所签订民间借贷常年法律顾问服务合同，聘请律师事务所指派律师为其提供民间借贷法律服务的自然人、企业法人、其他组织等法律顾问服务对象，为聘请方。

第20条　律师担任自然人、企业法人及其他社会组织即聘请方的民间借贷常年法律顾问，应当按照以下程序进行：

20.1　由聘请方先向律师事务所提出聘请律师担任民间借贷常年法律顾问的请求（要约），说明聘请法律顾问的原因、名额、期限、工作方式及要求等，并负责提供本单位的具体情况。

20.2　律师事务所接到聘请方请求后，经过对聘请方合法资质、资信及需求情况的调查，了解聘请方的内部情况，包括但不限于企业性质、经营范围、内部组织结构及负责人、隶属关系、主要关联方等，认为符合接受聘请条件的，作出同意指派律师为其担任常年法律顾问的承诺。

20.3　聘请方与律师事务所就聘请律师担任民间借贷常年法律顾问的具体事项进行深入协商，并就委托事项、顾问费用、聘请期限、双方权利义务等相关事项达成一致。

20.4　由聘请方与律师事务所签订《聘请民间借贷常年法律顾问协议》。《聘请民间借贷常年法律顾问协议》是双方深入协商结果的文字体现，也是律师事务所及顾问律师开展相关民间借贷常年法律顾问业务的依据。

第21条　《聘请民间借贷常年法律顾问协议》应具备以下重要条款：

21.1　律师事务所的名称、聘请方的名称或姓名，以及双方的住所地、通信方式等身份事项条款。

21.2 法律顾问服务的工作目标、工作范围、工作地点、授权范围、服务形式等。

21.3　法律顾问协议履行期限及起止时间，以及法律顾问合同的续签等。

21.4　法律顾问费用的种类、金额及支付方式。

21.5　律师事务所拟指派顾问律师人数、姓名，以及聘请方指派配合律师工作的人员姓名、职务、联系方式、工作对接方式等。

21.6　双方为履行法律顾问协议而必须具备的硬件条件，以及需要常驻现场办工时的办公条件要求等条款。

21.7　法律顾问协议生效、中止、终止及解除的条件。

21.8　违约责任，以及因任何一方违约而发生协议变更或解除时的处理以及损失承担方式。

21.9　解决争议的处理原则及解决方式，最终处理时的法院管辖等条款。

21.10　法律顾问协议必须加盖聘请方与受聘请方双方单位的公章，并由其法定代表人签字或盖章方能生效。

第22条　民间借贷常年法律顾问工作范围

22.1　就聘请方涉及民间借贷法律方面的事务，特别是重大民间借贷事项的决策，依法进行论证，提供法律意见和建议。

22.2　应聘请方的要求，草拟、审查、修改民间借贷法律事务文书和相关规章制度。

22.3　参与处理聘请方在开展民间借贷业务过程中尚未形成诉讼的民间借贷纠纷，或代理聘请方参加民间借贷诉讼或仲裁活动，依照事实和法律维护聘请方的合法权益。

22.4　参与聘请方民间借贷项目的谈判，协助制定谈判方案等，为主谈人提供法律意见，准备或审核谈判所需的文件资料，并在合同或协议签字前，严把法律关。

22.5　代为聘请方发布有关民间借贷事项的声明、公告、致函等文书。

22.6　为聘请方开展民间借贷业务活动提供有关的法律信息。

22.7　根据聘请方的要求，进行民间借贷法律事务处理技能培训，帮助其提高风险意识，增强防范和处理民间借贷风险的能力。

22.8　为聘请方办理其他相关法律事务，如小额贷款公司等民间借贷机构的设立、经营、变更、清算、解散等过程中的所有法律事务等。

第23条　小额贷款公司常年法律顾问工作范围

23.1　对小额贷款公司在经营过程中遇到的法律问题给予解答，必要时出具专门的律师建议或法律意见书。

23.2　协助小额贷款公司完善公司治理结构，主要包括：协助修改公司章程、确定股东会、董事会、监事会、高级管理人员的职责范围及议事规则，建立有效的公司治理机制。

23.3　协助小额贷款公司完善信贷流程，指导小额贷款公司进行贷前调查、贷款审批、合同签订、贷后管理等工作。

23.4　规范小额贷款公司常用业务合同，修改与现行法律法规不符之处的条款。根据小额贷款公司及客户的要求,制定适用的特殊合同文本。

23.5　协助小额贷款公司起草、修改、审核相应规章制度;跟踪、监督合同履行,对合同履行过程中所出现的法律问题,及时提供律师建议,协助小额贷款公司解决。

23.6　为小额贷款公司提供处理突发事件及其他重大事件的法律依据。

23.7　整理汇编小额贷款业务需要的法律法规,及时提供最新的法律信息。

23.8　根据小额贷款公司的需求,有针对性地对小额贷款公司的高级管理人员、普通员工进行法律知识培训,增强员工的法律意识,提高防范和化解法律风险的能力。

23.9　依照小额贷款公司的指示,就已经出现的风险、事故、纠纷,出具解决方案。

23.10　接受小额贷款公司委托,向不履行民间借贷合同或履行合同不规范的公司及个人发送律师函。

23.11　接受小额贷款公司委托,担任代理人,参与相应诉讼、仲裁、劳动仲裁。

23.12　接受小额贷款公司委托,对相应客户进行尽职调查,出具尽职调查报告,并对相应项目的可行性出具法律意见书。

23.13　参与重大项目的策划、运作,进行相关调查,出具法律意见书或风险分析报告。

第24条　民间借贷常年法律顾问服务的工作目标

律师为聘请方提供的民间借贷业务常年法律顾问服务,应以律师的专业法律知识和业务素养、工作技能为基础,以常年全程服务的方式为聘请方提供民间借贷专业法律服务,解决法律问题,防范法律风险。

第25条　民间借贷常年法律顾问律师的职业操守

25.1　客户至上。顾问律师应以维护客户合法权益为中心,通过提供法律意见或建议、参与决策、设计解决方案、参与事务处理过程等方式,以合法手段,防范法律风险,扩大其收益。

25.2　坚守底线。顾问律师在履行职责时应严格遵守法律规定,以维护客户合法权益及遵守律师职业操守为底线,拒绝为聘请方的违法行为或取得违法利益的行为提供服务。

25.3　关注环境。顾问律师应当充分注意聘请方所涉行业相关法律环境的变化,以及公司治理、市场交易、税收等法律规范的变化,以确保工作成果的合法性、有效性和及时性甚至前瞻性。还应关注社会、经济等形势所发生和可能发生的变化,提醒聘请方预防相关的法律风险。

25.4 研究行业。顾问律师应充分关注或研究聘请方所涉行业的知识结构、工作方法等要求,以便更好地理解聘请方的需求、完善知识结构和服务方式、扩大服务范围和深度,增强顾问业务的工作效率和可持续性。

25.5　保守秘密。顾问律师在为聘请方提供法律顾问服务过程中,对于接触、了解到的各级国家秘密、聘请方商业秘密,以及不宜公开的信息、个人隐私等,均负有保密的义务。该义务既属于法律规范、行业行为准则所要求的义务,也属于服务合同中的附随义务。

25.6　控制风险。顾问律师应充分关注和防范自身服务环节中可能出现的执业风险。

25.6.1　顾问律师应严格按照法律顾问合同的规定及授权权限,不得超越委托权限。

25.6.2　顾问律师勤勉尽职地提供法律服务,避免因工作过失、过错而造成顾问单位的经济损失或其他损失。

25.6.3　顾问律师不得以顾问律师身份和地位从事任何盈利性活动。

25.6.4　顾问律师应以书面方式提交工作成果,其文字内容应措词严谨、考虑周全、表述准确,避免因文字表述不当而引起歧义或成为工作过失甚至追究执业过错的依据。

25.6.5　顾问律师对聘请方提出的违法要求应当予以拒绝,以避免聘请方及律师陷入更大的风险。

25.7　避免冲突。法律顾问律师在为聘请方提供法律顾问服务过程中,应当关注聘请方内部的部门之间、个人之间是否存在利益冲突,并在实际工作中尽最大可能避免因卷入相关冲突而影响判断的独立性和解决方案的客观性。当面临聘请方内部不同意见时，应当理解并向冲突各方解释，顾问律师为企业服务，只能对依法代表企业或依授权代表企业一方的意见为准。

25.8　团队协作。顾问律师以团队方式为客户提供服务的，应当明确团队各成员之间的职责分工，同时要注重团结协作，并根据业务进程及时确定具体的责任人和及时通报制度，避免因工作质量控制和沟通上的缺陷而影响客户利益。

第26条　民间借贷常年法律顾问业务的落实

在签订《民间借贷常年法律顾问服务协议》后，顾问律师随即进入工作状态，着手履行协议约定的各项义务。

26.1　应尽快熟悉聘请方的内部情况，包括但不限于企业性质、经营范围、内部组织结构及负责人、隶属关系、主要关联方等，以便了解其法律服务需求及管理习惯。并通过聘请方网站、宣传资料、实地调查等途径了解聘请方所在行业的普遍情况，以及与该企业、该行业相关的法律环境状况，以便更深入地提供适合聘请方实际情况的解决方案。

26.2　顾问律师在接受聘请方的每一项工作指示时，应与聘请方明确具体工作内容、工作目标、完成时间、质量标准、内容要素，以及相关事务的背景情况、处理中的主要风险、主要防控目标等。

26.3　顾问律师在为聘请方提供法律顾问服务过程中，应当充分了解所交办事项的预期目标及背景资料，对聘请方所提供的资料本身的真实性、合法性、准确性不做实质审查，但聘请方所提供的其他方的文件除聘请方声明外，应当视需要进行相关审查。对于涉及其他方身份事项、资产状况、法定资格资质等事项，应当通过尽职调查核实其合法性、真实性、完整性。

26.4　顾问律师在为聘请方出具法律意见之前，应结合调研以及尽职调查的情况，从国家法律、行政法规、部门规章、地方法规、地方政府规章、强制性质量标准等不同层面的合法性要求，为维护聘请方的合法权益找出解决方案。

26.5　顾问律师在提供法律顾问服务过程中，应当记录为聘请方提供服务的交办事项、工作要求、工作内容、工作时间、工作成果等相关事项，原则上做到一次一记、一事一记，以便总结工作经验，提高工作质量及工作效率。

26.6　顾问律师提供法律顾问服务时，除现场答复外，其他事项的工作成果应当以邮件等可以保留内容及发送记录并便于管理的方式向聘请方提交，对于涉及重大企业商业机密或聘请方提出保密要求的工作事项，其工作成果应直提交给法定代表人或其指定联系人，以免泄密。

26.7　顾问律师在提供法律顾问服务过程中如遇重大法律问题，或因参与重大项目法律服务、参与商务合同谈判而需要律师事务所配合时，应及时向律师事务所汇报，律师事务所应根据情况调配资源，协助解决。

26.8　顾问律师应定期或在年度法律顾问服务结束时，将工作记录整理成书面工作报告等方式提交给聘请方，同时交律师事务所备案，说明工作情况、工作量情况等，以便作为下一阶段合作时的调整收费参考或工作改进依据。

26.9　律师事务所应定期听取顾问律师的工作汇报、定期走访聘请方征求意见，不断提高服务质量。顾问律师因故不能履行法律顾问职责时，律师事务所应当及时与聘请方协商另行指派顾问律师事宜，以保证顾问工作的连续性和工作质量。

第27条　顾问律师在实际工作中应当充分注意资料的收集、保存及文档管理，避免因文档管理不善而导致重复劳动及效率低下，相关档案管理应确保一户一卷、一事一档。每一年度终结，或法律顾问服务合同关系终结，顾问律师应及时整理服务中所接收的各类资料以及完成的工作成果，并制作工作总结报告一并归档，以便妥善保管和今后查询。

第四章 民间借贷专项法律顾问业务指引

第28条 专项法律顾问也叫单项法律顾问。系指律师事务所依法接受自然人、企业法人及社会组织等民间借贷主体的聘请，指派顾问律师在固定服务期间，按约定的内容和方式，在民间借贷某个服务领域，提供民间借贷某个具体法律顾问服务，处理某项民间借贷法律事务，并收取固定费用。由于专项法律服务具有服务事项重大、耗时费力、要求律师专业水平高、不是常态性的法律需求等特点，所以，一般都不包含在常年法律顾问项目中，而是根据具体事项另行委托，另行收费。

第29条 律师担任自然人、企业法人及社会组织即聘请方的民间借贷专项法律顾问，应当按照以下程序进行：

29.1 由聘请方先向律师事务所提出聘请律师担任民间借贷专项法律顾问的请求（要约），说明聘请专项法律顾问的原因、名额、期限、工作方式及要求等，并负责提供本单位的具体情况。

29.2 律师事务所接到聘请方请求后，经过对聘请方合法资质、资信及需求情况的调查，了解聘请方的内部情况，认为符合接受聘请条件的，作出同意指派律师为其担任专项法律顾问的承诺。

29.3 聘请方与律师事务所就聘请律师担任民间借贷专项法律顾问的具体事项进行深入协商，并就委托事项、顾问费用、聘请期限、双方权利义务等相关事项达成一致。

29.4　由聘请方与律师事务所签订《聘请民间借贷专项法律顾问协议》。《聘请民间借贷专项法律顾问协议》是双方深入协商结果的文字体现，也是律师事务所及顾问律师开展相关民间借贷专项法律顾问业务依据。

第 30 条　《聘请民间借贷专项法律顾问协议》应包含但不限于如下内容：

30.1　律师事务所的名称、聘请方的名称或姓名，以及双方的住所地、通信方式等身份事项条款。

30.2　专项法律顾问服务的工作目标、工作范围、工作地点、授权范围、服务形式等。

30.3　专项法律顾问协议履行期限及起止时间，以及协议的续签等。

30.4　专项法律顾问费用的金额及支付方式，专项法律顾问律师的工作经费安排。专项法律顾问的酬金应略高于常年法律顾问，且应在合同生效时交清全部酬金。

30.5　律师事务所拟指派顾问律师人数、姓名，以及聘请方指派配合律师工作的人员姓名、职务、联系方式、工作对接方式等。

30.6　双方的权利义务，如为履行专项法律顾问协议而必须具备的硬件条件，以及需要常驻现场办工时的办公条件要求等条款。

30.7　专项法律顾问协议生效、中止、终止及解除的条件。

30.8　违约责任，以及因任何一方违约而发生协议变更或解除时的处理以及损失承担方式。

30.9　解决争议的处理原则及解决方式，最终处理时的法院管辖等条款。

30.10　专项法律顾问协议必须加盖聘请方与受聘请方双方单位的公章，并由其法定代表人签字或盖章方能生效。

第 31 条　民间借贷专项法律顾问工作范围

31.1　解答拟已进行的专项民间借贷项目的法律咨询。

31.2　参与聘请方同相关当事方就专项民间借贷项目的磋商、谈判。

31.3 起草、审查或者修改因专项民间借贷项目而需签订的各种协议等法律文件，对存在问题的相关条款、内容提出法律建议或者处置措施。

31.4 对专项民间借贷项目涉及的（如有）抵押、质押、担保和保证等事项进行规范，并提出法律建议或者处置措施。

31.5 对专项民间借贷项目实施过程中涉及的其他事项和风险，提出法律意见。

31.6 对与专项民间借贷项目相关的法律事实进行尽职调查，并出具尽职调查报告。

31.7 根据专项民间借贷项目相关行政部门的要求代聘请方草拟申请、呈批文件。

31.8 审核聘请方提供的申请文件及相关材料，依据法律法规的要求提出法律建议或者处置措施。

31.9 审核聘请方全部申请文件和相关材料的真实性、合法性，并根据需要出具法律意见书。

31.10 参与处理聘请方与对方当事人之间的民间借贷纠纷，或代理聘请方参加民间借贷诉讼或仲裁活动，依照事实和法律维护聘请方的合法权益。

第32条 民间借贷专项法律顾问律师的职业操守及业务技能

32.1 民间借贷专项法律顾问律师的职业操守与第25条关于民间借贷常年法律顾问律师的职业操守要求相同。

32.2 由于民间借贷专项法律服务具有服务事项重大、耗时费力、专业性更强，对专项法律顾问律师的职业技能要求更高、更严格。应当具备下列条件：

32.2.1 熟悉国家法律、行政法规及监管规则。

32.2.2 熟悉民间借贷法律风险管理的制度和操作流程。

32.2.3 熟悉民间借贷业务的操作流程、运行管理规则。

32.2.4 具有与民间借贷业务相关的金融业专业知识，具有法律工作经验和工作能力。

第 33 条　民间借贷专项法律顾问业务的落实

由于民间借贷专项法律顾问委托事项重大、情况复杂、工作量大，聘请方对律师的专业水平和工作质量的要求更高。因此，民间借贷专项法律顾问业务的落实，除了与民间借贷常年法律顾问业务落实各项要求相同之外，还要突出专业性、权威性、高标准、高规格。

第 34 条　顾问律师在提供专项法律服务过程中，应当充分注意资料的收集、保存及文档管理，相关档案管理应确保一项目一档案。专项法律顾问服务合同关系终结，顾问律师应及时整理服务中所接收的项目资料以及完成的工作成果进行汇总并制作工作总结报告，一并归档，以便妥善保管和今后查询。

第五章　民间借贷主体的调查和认定业务指引

第35条　在聘请方与对方当事人建立民间借贷关系之前，律师应当根据聘请方的委托和指示，对对方当事人（自然人、法人和其他组织）的民间借贷主体身份及申请材料的真实性、合法性、完整性，以及借贷用途的合法性、正当性进行调查核实。

第36条　民间借贷主体为自然人的调查与认定

36.1　民间借贷主体为自然人时，应当调查了解对方当事人（主要是借款人）的基本信息，如借款人的姓名、身份证号码、户籍地址、常住地址、婚姻状况、联系方式等。

36.2　应当调查了解对方当事人的民事行为能力状况，并根据其不同民事行为能力状况分别处理。

36.2.1　完全民事行为能力是民间借贷的合格主体。如已满十八周岁、精神健全的人，为完全民事行为能力人，可以独立实施民间借贷行为；十六周岁以上的未成年人，以自己的劳动收入为主要生活来源的，视为完全民事行为能力人，也可以独立实施民间借贷行为。

36.2.2　限制民事行为能力可以进行与之相适应的民间借贷活动。八周岁以上不满十八周岁的未成年人，是限制民事行为能力人，可以进行与他的年龄、智力相适应的民间借贷活动；不能完全辨认自己行为的精神病人，是限制民事行为能力人，可以进行与他的精神状况相适应的民间借贷活动。超出其年龄、智力和精神状况的民间借贷行为需由其法定代理人代理，或者征得其法定代理人同意，或得到其法定代理人的追认。

36.2.3　无民事行为能力人不是适格民间借贷主体。不满八周岁的未成年人，以及不能辨认自己行为的精神病人，为无民事行为能力人，不能从事民间借贷活动，或民间借贷行为无效，需由他的法定代理人代理完成民间借贷行为。

36.3　应当调查了解借款人借款的目的或贷款用途，确保借款人借款的目的用于合法用途。如果借款人借款用于赌博、贩毒、走私等违法犯罪活动，那就要提醒和建议出借人拒绝对方的请求。

36.4　应当调查了解借款人的个人信用、财产状况等信息。如通过约见约谈，观察其表面印象、衣食住行、谈吐举止是否得体；通过走访，了解周围的人对借款人的评价；通过查询银行征信记录、近三个月的银行对账单和个人信用卡对账单，了解其信用状况；通过查询其工作单位、岗位、社保资料以及日常生活中水、电费票据等，判断其个人品德、信用状况，以及是否具有还款能力。

36.5　如果是法人或其他组织向个人借款，还需要对法人或其他组织与作为出借人的自然人之间的关系进行调查。如果出借人是借款法人或其他组织的特定自然人（如企业员工、亲戚、朋友等），只要双方意思表示真实，则合法有效。如果出借人与法人或其他组织没有经营、人缘关系，属于不特定自然人，则应认定出借人主体不适格，如发生借贷关系，可能涉嫌非法集资。

36.6　律师在调查了解对方当事人的上述基本情况之后，应当对相关材料进行综合分析，并对这些信息的有效性、完整性和真实性进行专业判断和认定，并向聘请方提供法律意见。

第37条　民间借贷主体为法人的调查与认定

当借款人主体为法人时，律师应当根据聘请方的委托和指示，对法人主体身份的真实性、合法性以及借贷用途的正当性进行调查核实。

37.1　应当调查了解借款人法人的基本情况，包括但不限于营业执照、税务登记证、组织机构代码证、法人代表及身份证号、注册资本验资报告、银行授信额度、贷款卡（密码）及贷款卡回执单、资信证明、公司章程及公司基本账户和其他账户情况。

37.2　应当调查了解借款人法人的生产经营状况和财务状况。公司合同，公司主要存货、长期投资、固定资产、银行借款明细表，应收账款账龄分析表和或有负债等明细表；当期财务报表及近三年的财务报表和中介机构出具的审计报告（报表主要包括：资产负债表、损益表、现金流量表、纳税申报表等）、近三个月的银行对账单和法人信用卡对账单。

37.3　应当调查了解借款人法人借款目的和用途。如与借款用途有关的资料，购销协议、合作协议，借款项目可行性报告及主管部门批件，申请借款的董事会（股东会）决议等，以此判断其借款目的和用途的合法性、正当性。

37.3.1　如果作为借款人的法人是因自己生产经营需要，而向不特定的自然人、非法人企业或向其他法人借款，则借款具有合法性和正当性。

37.3.2　如果作为借款人的法人不是因自己生产经营需要，而是为了将借款转贷给其他借款人牟利，或其他违法犯罪活动，而向不特定的自然人、非法人企业或向其他法人借款，则借款不具有合法性和正当性。

37.4　应当调查了解借款人法人的还款能力，如查询企业征信资料、了解借款担保（抵押、质押、保证等）安排，以此保证借款能够按合同约定正常收回。还可以实地勘察，主要从办公环境、不动产资产价值数量、员工数量、其他硬件设施标准、产业类型、市场份额和前景分析。

37.5　应当调查了解借款人法人负债及涉诉情况。如看公司有没有大量负债、有没有涉诉情况，公司主要领导是否牵连重大违纪、违法或被索赔事件；公司价值大的资产是否干净，即是否有抵押或被查封、冻结的情况。

37.6　律师在调查了解法人的上述基本情况之后，应当对相关材料进行综合分析，并对这些信息的有效性、完整性和真实性进行专业判断和认定，并向聘请方提供法律意见。

第38条　民间借贷主体为其他组织的调查与认定

38.1　其他组织，系指合法成立、有一定的组织机构和财产，但又不具备法人资格的组织。民间借贷关系中的其他组织包括：

38.1.1　依法登记领取营业执照的私营独资企业、合伙组织。

38.1.2　依法登记领取营业执照的合伙型联营企业。

38.1.3　依法登记领取我国营业执照的中外合作经营企业、外资企业。

38.1.4　经民政部门核准登记领取社会团体登记证的社会团体。

38.1.5　法人依法设立并领取营业执照的分支机构。

38.1.6　经核准登记领取营业执照的乡镇、街道、村办企业。

38.1.7　符合本条规定条件的其他组织。但不包括：中国人民银行、各专业银行设在各地的分支机构和中国人民保险公司设在各地的分支机构。

38.2　律师应当调查了解其他组织的基本情况，包括但不限于企业登记信息、社团登记信息、税务登记证、组织机构代码证、法人代表或负责人及身份证号、注册资本验资报告、资信证明、章程及基本账户和其他账户情况。

38.3　应当调查了解其他组织的运行状况和财务状况。如业务合同、固定资产、银行借款明细表，应收账款账龄分析表和或有负债等明细表；当期财务报表及近三年的财务报表和中介机构出具的审计报告（报表主要包括：资产负债表、损益表、现金流量表、纳税申报表等）、近三个月的银行对账单和信用卡对账单等。

38.4　应当调查了解其他组织借款目的和用途。如与借款用途有关的资料，购销协议、合作协议，借款项目可行性报告及主管部门批件，申请借款的董事会（股东会）决议等，以此判断其借款目的和用途的合法性、正当性。如果借款目的不存在《合同法》第五十二条和《最高人民法院关于审理民间借贷案件适用法律若干问题的规定》第十四条规定的情形，则可判断借款具有合法性和正当性。

38.5　应当调查了解其他组织的还款能力，如查询征信资料、了解借款担保（抵押、质押、保证等）安排。实地勘察办公环境，了解不动产资产价值数量、员工数量、其他硬件设施标准、产业类型、市场份额和前景。

38.6 应当调查了解其他组织的负债及涉诉情况。如看其有没有大量负债、有没有涉诉情况，主要领导是否牵连重大违纪、违法或被索赔事件；组织的资产是否干净，即是否有抵押或被查封、冻结的情况。

38.7 律师在调查了解其他组织的上述基本情况之后，应当对相关材料进行综合分析，并对这些信息的有效性、完整性和真实性进行专业判断和认定，并向聘请方提供法律意见。

第39条 民间借贷保证人、担保人主体调查与认定

39.1 借款人对民间借贷关系设定担保条件的，作为出借人的代理律师，应当对借款抵押物、质物、保证人和担保人（一般情况下特指提供保证担保的单位或自然人）的资质进行调查和认定。具有代为清偿债务能力的法人、其他组织或者公民，才可以作为保证人。

39.2 民间借贷抵押物、质物的调查评估，包括调查了解借款抵押物、质物的我名称、属性、功能，审查抵押、质押相关手续，抵押物、质物的权属是否完整、是否存在争议，现场察看抵押物、质物，评估审查抵押物、质押的价值，确定可抵押、质押额，在借款人无法偿还到期还款义务时，提保物能否实现担保责任等。

39.3 对民间借贷保证人（提供保证担保的单位或自然人）资质的调查、审查和评估，应对借款保证人进行实地调查，着重审查借款保证人有关材料，核实复印材料，翻阅有关总账、明细账和凭证，审核财务报表、分析财务报表，调查担保人的资信情况，检查其担保能力。

39.4 自然人提供保证担保的审查要格外慎重。一般情况下，出借方不可接受自然人提供的保证担保，尤其是只有自然人提供保证担保而没有其他担保方式的情形，但该自然人是公司的最大股东除外。

39.5 单位提供保证担保不得违反法律禁止性规定。提供保证担保单位的资信调查内容与对法人借款人的资信调查内容相同，但是要特别注意：一是国家机关、事业单位、公益法人（学校、公立医院、公益性社会团体等）提供保证担保无效，因为法律禁止其对外提供保证担保。二是企业的分支机构（分公司、分厂）、职能部门提供保证担保无效，但该分支机构已经得到企

业的书面授权除外。

第40条　网络借贷主体的调查与认定

40.1　网络借贷主体，不论是个体网络借贷（P2P网络借贷）和网络小额贷款，都包括有借款人、出借人、网络借贷信息中介机构（网络借贷平台）及相关当事人（资金存管机构、担保人）等主体。由于当前网络借贷行业处于无门槛、无监管、无标的的初始阶段，网络借款平台鱼龙混杂，借贷双方真假难辨，面临较大法律风险，律师在为网络借贷法律服务时，有必要对各方主体进行严格调查、审查和认定。

40.2　对借款人主体的调查认定，主要是其个人信用调查与审查，要根据借款人提供的身份证明、财产证明、缴费记录、熟人评价、在网络借贷信息中介机构是否实名注册用户等信息，评价借款人的信用。如有必要，还应当采取实地调查、视频约谈、征信查询等方式，核实借款人的相关信息，做出正确、客观的信用评价。防止证明信息造假，给信用评价提供错误依据。

40.3　对于出借人主体的调查，主要是调查出借人、在网络借贷信息中介机构是否实名注册用户，其用于P2P网络借贷的资金来源的合法性。一般情况下，这些资金是从正当渠道而来的，但是，也不能排除其来源的非法性，但P2P网络贷款平台也缺乏对资金来源合法性审查的手段，网络借贷平台有被用作洗钱工具或者从事高利贷的风险。因此，律师应当重视对出借人资金来源合法性的审查，防范可能存在的法律风险。

40.4　网络借贷信息中介机构（网络借贷平台）的调查和认定，是网络借贷主体认定的重点。律师应当对照《关于促进互联网金融健康发展的指导意见》《网络借贷信息中介机构业务活动管理暂行办法》《网络借贷信息中介机构备案管理登记指引》等规定，审查和确认其真实性和合法性。

40.4.1　要审查网络借贷平台备案登记情况，即拟开展网络借贷信息中介服务的网络借贷信息中介机构及其分支机构，在领取营业执照后，是否按规定向工商登记注册地的地方金融监管部门备案登记。是否按照通信主管部门的相关规定申请相应的电信业务经营许可。机构备案登记事项发生变更的，是否向工商登记注册地的地方金融监管部门报告并进行备案信息变更。

40.4.2　要审查网络借贷平台是否具备完善的内部业务管理、运营操作、稽核监控和风险控制的相关制度，是否认真履行《网络借贷信息中介机构业务活动管理暂行办法》第九条规定的各项义务，是否存在违反该办法第十条等法律法规规定禁止的其他活动，是否有对网络借贷出借人与借款人保护措施，是否按规定在其官方网站上充分披露网络借贷情况等有关信息。

40.4.3　由网络交流具有较大局限性，对于存在疑点的网络借贷信息中介机构（网络借贷平台），律师应当对其进行实地调查，通过投资者和平台管理者直接面对面的交流，取得感性认识材料，再作出理性判断。

40.4.4　鉴于借贷双方对网络借贷平台实地考察具有局限性，律师应当建议借贷双方委托第三方平台对网络借贷平台进行考察并作出评估结论。

40.5　鉴于网络借贷管理实行客户资金第三方存管制度，即网络借贷资金存管制度，由银行业金融机构作为存管人，接受网络借贷信息中介机构的委托，按照法律法规的规定和合同约定，履行网络借贷资金专用账户的开立与销户、资金保管、资金清算、账务核对、信息披露等职责。因此，有必要对资金存管机构主体的合法性进行调查和认定。又因银行业金融机构属经国家金融监管部门审批设立的金融机构，其主体资质毋庸置疑。律师主要是审查其与网络借贷信息中介机构是否签订有借贷资金存管委托协议、存管措施是否完善，存管责任是否落实，托管资金是否安全等。

第41条　民间借贷其他相关人主体的调查认定

41.1　民间借贷关系中，除了出借人、借款人和担保人之外，通常还涉及代理人、居间人、见证人等其他主体，律师应当对其主体资质进行调查认定。

41.2　当代理人、居间人、见证人为自然人时，应当调查了解其基本信息，如姓名、身份证号码、户籍地址、常住地址、婚姻状况、联系方式等，以及其民事行为能力状况，并根据其不同民事行为能力状况分别处理。

41.2.1　如是完全民事行为能力人，则可认定为民间借贷代理人、居间人、见证人适格主体。如已满十八周岁、精神健全的人，为完全民事行为能力人，可以独立实施民间借贷行为；十六周岁以上的未成年人，以自己的劳动收入为主要生活来源的，视为完全民事行为能力人，也可以独立实施民间借贷代理、居间和见证行为。

41.2.2　如是限制民事行为能力人，则可认定为不完全适格代理人、居间人、见证人主体。八周岁以上不满十八周岁的未成年人，不能完全辨认自己行为的精神病人，是限制民事行为能力人，可以进行与其年龄、智力及精神状况相适应的代理、居间、见证活动。超出其年龄、智力及精神状况的代理、居间、见证行为无效。

41.2.3　如是无民事行为能力人不是适格民间借贷主体。不满八周岁的未成年人，以及不能辨认自己行为的精神病人，为无民事行为能力人，其从事的民间借贷代理、居间、见证行为无效。

41.3　如果代理人、居间人、见证人是法人或其他组织，应当调查了解其基本情况，包括但不限于企业登记信息、社团登记信息、法人代表或负责人及身份证号、资信证明、运行状况、财务状况、资产负债情况等，以认定其是否具备相关主体条件。

41.4　对民间借贷代理人主体的认定，还应当审查以下内容：

41.4.1　委托人与代理人必须有明确的委托代理关系的自愿约定，没有取得委托人委托授权的代理行为无效。

41.4.2　代理人必须以委托人的名义进行借贷代理活动。

41.4.3　代理人必须向相对人表示代理借入或贷出的意思。

41.4.4　代理人必须在代理权限内和代理期限内进行代理活动，超越代理权限或代理期限的代理行为无效，但事后取得委托人追认或构成表见代理情形的除外。

41.5　对民间借贷居间人（介绍人）主体的调查，还应当就居间人对借款人的借款需求、借款用途和还款能力等情况的熟悉程度进行深入了解，并辨别其介绍是善意介绍还是恶意介绍，防止居间人与贷款人以欺诈手段骗取借款或者非法占有借款的风险。

41.6　对民间借贷见证人主体的调查，应当着重审查见证人的见证行为是否发生在民间借贷行为（借贷协议签订、借款交付）的现场，是否为“当场目睹”即亲眼所见。

41.6.1　如果见证人是当场目睹借贷行为的发生,则是直接见证。

41.6.2　如果不是当场目睹,而是借贷双方订立借贷协议或付款之后,借贷一方或双方告知见证人、或在借贷协议和交付凭证上要求见证人签字,则是间接见证。

41.6.3　由于直接见证的证据效力高于间接见证,书面证据的证据效力高于言词证据,因此,在见证事项尚未发生时,律师应当告知民间借贷各方当事人,应当让见证人当场目睹借贷事实发生过程,并且尽量采用书面见证的形式进行见证,如有条件还可以同时进行录音、录像。

第六章　民间借贷合同签订及完善中的业务指引

第一节　民间借贷合同的签订、成立、生效

第 42 条　民间借贷合同的形式（种类）可以采取书面合同，也可以采用口头合同两种形式。而书面合同形式又包括以文字记载出借人、借款人的借贷权利义务内容的合同书、信件和数据电文（包括电报、电传、传真、电子数据交换和电子邮件），以及 QQ 聊天、微信交流等可以有形地表现所载内容的形式。

第 43 条　虽然法律允许民间借贷合同可以采取书面合同和口头合同两种形式，但律师在开展民间借贷合同业务时，应当建议借贷双方当事人尽量采用书面的形式订立借贷合同，并提示不签订书面借贷合同可能存在的巨大法律风险。

第 44 条　订立书面民间借贷合同，应当包含以下内容：

44.1　民间借贷合同首部

由合同名称、借贷双方当事人身份（名称、姓名、身份证号、统一社会信用代码、住所等）、合同描述三部分组成。

44.2 民间借贷合同正文

44.2.1 借款目的或用途:确保借款安全,合同应明确约定借款的具体去向,用于解决生产经营活动哪一方面的资金需要,借款将同哪些生产要素相结合,或用在再生产过程哪个环节上。应防止将借款用于违法目的。

44.2.2 借款币种:由于民间借贷主体身份复杂、对借款的使用需求也繁多,合同应明确约定借款币种,如人民币、港元、美元等。

44.2.3 借款数额:合同应当明确约定借款的具体数额,为了避免发生借款数额上的纠纷,应当在合同上书写借款数额时使用大写。

44.2.4 借款利率:合同应当明确约定借款的利率。利率的具体表示方法有:年利率用"%",月利率用"‰",日利率用"/万"。借贷双方对利率的约定应当符合《最高人民法院关于审理民间借贷案件适用法律若干问题的规定》(法释〔2015〕18 号)第二十六条"两线三区"规定,即年利率 24% 以内为法律保护区,年利率 24% ~36% 为自然债务区,年利率超出 36% 为"高利无效区"。合同不得约定预先在借款本金中扣除借款利息。

44.2.5 借款期限:借款期限虽不是民间借贷合同的必备条款,但借贷双方在订立借款合同时,应当根据借款人需要的期限和出借人可以出借的时间,明确约定借款期限,以便借款人有计划地使用借款和按时偿还借款,也便于出借人实现债权。

44.2.6 还款方式:借贷双方在订立借款合同时,应当明确约定借款的偿还方式,可以约定借款到期前一次性还款,也可以约定分若干期还款,还可以约定按月或一定期限定期还款等方式还款。

44.2.7 违约责任:借贷双方可以在借款合同中明确约定违约责任,如借款人未按照约定的期限返还借款的,应当按照约定支付逾期利息,如出借人未按照约定的期限交付借款的,应当按照约定支付违约金,甚至还可以约定违约方应当支付守约方由此发生的律师费、评估费等其他费用。逾期利息、复利、违约金及其他费用可以在合同中一并约定,如发生纠纷时也可以一并主张,但司法保护限在年利率 24% 限度内,自愿支付的保护在利率 36% 限度内。

44.2.8 争议解决:借贷双方应当在借款合同中明确约定争议解决方

式，如本合同在履行过程中发生的争议，由当事人双方友好协商解决，也可由第三人调解，协商或调解不成的，可由任意一方依法向仲裁委员会申请仲裁，或向有管辖权的人民法院起诉。

44.2.9　如果借贷双方对借款设定附条件（附生效条件、附解除条件或附失效条件）或附期限（附生效期限、附终止期限）事项，则应当在借款合同中详细列明，以便附随条件成就双方作相应安排。

44.3　民间借贷合同尾部

民间借贷合同尾部主要是签署栏，主要内容有：借贷双方当事人（或委托代理人）、见证人名称栏签署栏、日期栏、地址栏、联系方式栏。如果有附件，还应当把附件名称列上，并将附件附在合同之后。

第45条　民间借贷合同的成立

民间借贷合同的成立，系指民间借贷关系中，出借人与借款人就借款事项的意思表示达成一致。《合同法》第二十五条规定，承诺生效时合同成立。但民间借贷合同的成立有几种情况：

45.1　借款人向出借人提出借款要求，出借人承诺同意借款，并及时提供借款，该借款合同即时成立并生效。

45.2　借款人与出借人就借款事项达成一致，出借人口头答应在一定时间内提供借款，出借人口头答应便是一种承诺，该借款合同自出借人答应之日成立。

45.3　借款人与出借人已经订立民间借贷合同，虽未提供借款，该借款合同成立。

45.4　借款人出具借据或借条给出借人，出借人答应借款并收受借据或借条，虽未提供借款，但自出借人收受到借据或借条之日起借款合同成立。

45.5　出借人与借款人订立的是附条件民间借贷合同，自合同订立之日起成立。

第46条　民间借贷合同的生效

46.1　自然人之间的民间借贷合同，自贷款人提供借款时生效。实践中，自然人之间订立民间借贷合同的生效有以下五种情形：

46.1.1　以现金支付的,自借款人收到借款时。

46.1.2　以银行转账、网上电子汇款或者通过网络贷款平台等形式支付的,自资金到达借款人账户时。

46.1.3　以票据交付的,自借款人依法取得票据权利时。

46.1.4　出借人将特定资金账户支配权授权给借款人的,自借款人取得对该账户实际支配权时。

46.1.5　出借人以与借款人约定的其他方式提供借款并实际履行完成时。

46.2　除自然人之间的借款合同外,法人和其组织签订的民间借贷合同,除当事人另有约定或者法律、行政法规另有规定外,自合同成立时生效。

46.3　法人之间、其他组织之间以及它们相互之间为生产、经营需要订立的民间借贷合同,除存在《合同法》第五十二条、本规定第十四条规定的情形外,自合同成立时生效。

46.4　法人或者其他组织在本单位内部通过订立民间借贷合同形式向职工筹集资金,用于本单位生产、经营,且不存在《合同法》第五十二条、本规定第十四条规定的情形,自合同成立时生效。

第47条　无效民间借贷合同的审查与认定

47.1　无效民间借贷合同,系指不符合法定条件和要求或违反法律规定,依法不能发生出借人和借款人预期法律后果的民间借贷合同。要求律师办理民间借贷合同业务,应当十分注重民间借贷合同合法性及法律效力的审查与认定,防范民间借贷合同无效引发的法律风险。根据法律规定,具有下列情形之一,应当认定民间借贷合同无效,且自始无效:

47.1.1　一方以欺诈、胁迫的手段订立的,损害国家利益的民间借贷合同。

47.1.2　恶意串通,损害国家、集体或者第三人利益订立的民间借贷合同。

47.1.3　以合法形式掩盖非法目的订立的民间借贷合同。

47.1.4　损害社会公共利益订立的民间借贷合同。

47.1.5　套取金融机构信贷资金又高利转贷给借款人，且借款人事先知道或者应当知道的民间借贷合同。

47.1.6　以向其他企业借贷或者向本单位职工集资取得的资金又转贷给借款人牟利，且借款人事先知道或者应当知道的民间借贷合同。

47.1.7　出借人事先知道或者应当知道借款人借款用于违法犯罪活动，仍然提供借款的民间借贷合同。

47.1.8　违背社会公序良俗订立的民间借贷合同。

47.1.9　其他违反法律、行政法规效力性强制性规定订立的民间借贷合同。

47.1.10　签订合同的主体为无行为能力人签订的民间借贷合同。

47.1.11　代理人没有代理权、超越代理权或代理权终止后未经被代理人追认的民间借贷合同。

47.1.12　代理人以被代理人名义同自己签订的民间借贷合同，及代理人以被代理人名义同自己代理的其他人签订的民间借贷合同。

47.2　出借人与借款人订立的民间借贷合同被依法认定无效后，如果出借人已经提供借款，则借款人应当返还借款。如果合同无效是一方当事人过错所致，并造成对方经济损失，则过错方应当承担赔偿责任；如果合同无效是双方当事人均有过错所致，并造成经济损失，则根据双方当事人的过错承担相应赔偿责任。

第二节　民间借贷合同的补充、变更

第 48 条　民间借贷合同的补充

48.1　民间借贷合同的补充，系指民间借贷双方当事人，在合同生效后或合同履行过程中，由于某种原因，或因发现合同约定条款存在空缺，依法采取补充完善的法律行为。合同的补充，应当坚持平等自愿、协商一致的原则,并采取签订书面补充协议的形式。

48.2　由于引起民间借贷合同内容补充的原因比较复杂,律师在为民间借贷当事人提供法律服务时,应密切关注合同履行进程,当发现发生可能导致合同无法履行,需要补充的情形时,应当及时向委托人提出,并协助委托人与对方进行沟通、谈判,争取就补充事项达成一致,订立补充协议。

48.3　律师向委托人提出补充借贷合同建议时,应当提供相应的证据加以证明,并以法律意见书的形式,向委托人阐明补充合同的必要性、紧迫性,并提供可行的补充或变更方案及具体条文,供委托人决策参考。

48.4　在实践中,如果通过沟通、协商和谈判无法就补充合同达成一致,可以通过法院判决和仲裁裁决的方式促成合同的补充。律师应当协助委托人收集证据,调查取证,作好起诉和应诉准备,维护委托人的合法权益。

48.5　如果借款合同期限届满前,借款人需要继续使用借款或者暂时无力偿还借款的,可以向贷款人提出展期的申请,贷款人同意展期的,应当与借款人另行签订展期协议。

48.6　在借贷双方当事人就借贷合同补充事项达成一致,并签署补充协议后,律师应当及时提醒借贷双方当事人全面、适当履行补充协议重新约定的各项义务。

第49条　民间借贷合同的变更

49.1　民间借贷合同的变更,系指民间借贷双方当事人,在合同生效后或合同履行过程中,由于某种原因,或因原条款对意思表示不准确,或因一方严重违约影响合同履行,或因借贷主体关系发生变化等,依法作出修改变更的法律行为。合同的补充和变更,应当坚持平等自愿、协商一致的原则,并采取签订书面协议的形式。

49.2　由于引起民间借贷合同内容变更的原因比较复杂,律师应提醒双方当事人,严格履行合同义务,不能擅自变更合同。同时密切关注合同履行进程,当发现可能导致合同无法履行,需要变更的情形时,应当及时向委托人提出,并协助委托人与对方进行沟通、谈判,争取就变更事项达成一致,订立书面变更协议。

49.3　律师向委托人提出变更借贷合同建议时，应当提供相应的证据加以证明，以法律意见书的形式，向委托人阐明变更合同的理由，并提供可行的变更方案及具体条文，供委托人决策参考。

49.4　在实践中，如果通过沟通、协商和谈判无法就变更合同达成一致，可以通过法院判决和仲裁裁决的方式促成合同的变更。律师应当协助委托人收集证据，调查取证，作好起诉和应诉准备，维护委托人的合法权益。

49.5　在借贷双方当事人签署变更协议后，律师应当及时提醒借贷双方当事人全面、适当履行变更协议重新约定的各项义务。

第三节　民间借贷债权债务的协议转让

第 50 条　民间借贷合同的转让

民间借贷合同的转让，系指民间借贷关系中债权人或者债务人将债权或债务全部或者部分转让给第三人的行为。债权债务的转让，是债权债务主体变更，由新的债权人代替原来的债权人承接合同的债权，新的债务人代替原来债务人承担合同的债务，但合同的内容不发生改变。

第 51 条　民间借贷债权协议转让

51.1　在民间借贷合同履行期间，出借人即债权人与第三人协商一致，可以将其债权全部或部分让与第三人。转让之后，合同的债权由出借人变更为第三人，出借人与借款人即债务人的债权债务关系消灭，第三人与借款人的债权债务关系产生。

51.2　民间借贷债权转让的方式，可以采取书面合同方式转让，也可以口头方式转让。但是，为了完善手续，降低风险，律师应当建议转让双方尽可能地采用订立书面转让合同的方式转让。

51.3　民间借贷债权转让合同应当独立于原民间借贷合同之外，单独订立，转让合同应当载明将转让借款本金的数额、时间、利息、担保权同时转让、受让人姓名(名称)、地点、联系方式等条款,转让合同应打印两份,让与人与受让人签字盖章后,各执一份。同时,让与人即出借人应当将其持有的原民间借贷合同原件移交给受让人,以便受让人行使债权人权利。

51.4　出借人将民间借贷合同的主债权转让给第三人即受让人后,保证担保从权利应当随着主权利的转移而转移,保证人在原保证担保的范围内继续承担保证责任。

51.5　出借人将民间借贷合同债权转让给第三人,应当通知债务人。未经通知,该转让对债务人不发生效力。律师应当提醒债权让与人和受让人,在发生民间借贷合同债权转让或转移时,应当以书面或其他有效方式及时通知债务人,使债权转让对债务人发生法律效力。

51.6　民间借贷债权转让合同签订并通知债务人之后,受让人取得原出借人的地位,成为新的债权人,借款人即债务人应当向新的债权人继续履行债务。

51.7　自然人在订立民间借贷合同之后,或以将债权全部或部分赠与或遗赠给第三人,原合同约定的出借人的民间借贷债权依法转移受赠与人或受遗赠人,其民间借贷债权由受赠与人或受遗赠人承接。

第 52 条　民间借贷债务协议转让

52.1　在民间借贷合同履行期间,借款人即债务人与第三人协商一致,并经债权人同意,可以将其债务全部或部分让与第三人履行。转让之后,合同的债务由借款人变更为第三人,出借人即债权人与借款人即原债务人的债务关系消灭,第三人与出借人即债权人的债权债务关系产生。

52.2　民间借贷债务转让的方式,可以采取书面合同方式转让,也可以口头方式转让。但是,为了完善手续,降低风险,律师应当建议转让双方尽可能采用订立书面债务转让合同的方式转让。

52.3　借款人转让债务应当另行订立债务转让合同,转让合同应当载明转让债务的数额、利息、被担保权同时转让、受让人地址及电话等条款,转让合同应打印两份,让与人与受让人签字盖章后,各执一份。同时,让与人即借款人应当将其持有的原民间借贷合同原件移交给受让人,以便受让人继续履行债务。

52.4 借款人将民间借贷合同的主债务转让给受让人后，相关的保证担保等从权利应当随着主权利的转让而转移，新债务人应当承担主债务及与主债务有关的从债务，保证人在原保证担保的范围内继续承担保证责任。

52.5 借款人将民间借贷合同债务转让给第三人，必须经过债权人的同意。否则，该债务转让合同无效。律师应当提醒债权让与人和受让人，在发生民间借贷合同债权转让或转移之前，应当先取得债权人的同意，以免发生债务转让无效的风险。

52.6 民间借贷债务转让合同签订并经债权人同意之后，受让人取得原借款人的地位，成为新的债务人，应当由新债务人向债权人继续履行债务。

第四节 民间借贷债权债务的法定转移

第53条 一般规定

法律规定，当事人订立合同后合并的，由合并后的法人或者其他组织行使合同权利，履行合同义务。当事人订立合同后分立的，除债权人和债务人另有约定的以外，由分立的法人或者其他组织对合同的权利和义务享有连带债权，承担连带债务。据此，民间借贷合同订立之后，一方或双方当事人发生合并、分立、更替、终止等变化后，原民间借贷合同债权债务依法必然随之发生转移，无须签订债权债务转让协议，这便是民间借贷债权债务的法定转移。

第54条 民间借贷债权的法定转移

54.1 法人或其他组织在订立民间借贷合同之后，发生合并的，原合同约定的民间借贷债权依法随之转移至合并后的法人或其他组织。被合并的法人或其他组织主体资格消灭，不能再行使债权，其民间借贷债权由合并后的法人或其他组织承接。

54.2　法人或其他组织在订立民间借贷合同之后，发生分立的，原合同约定的民间借贷债权依法随之转移至分立后新的法人或其他组织。

54.2.1　法人或其他组织分立有两种情况。一是从原法人或其他组织分出一部分财产设立新法人或其他组织，原法人或其他组织主体不终止，能继续行使债权。二是原法人或其他组织分立为两个及以上的法人或其他组织，原法人或其他组织解体，主体资格消灭，不能再行使债权。其民间借贷债权由分立后的法人或其他组织承接。但不论哪一种分立方式，除分立中与债务人另有约定外，分立后的新的法人或其他组织享有连带债权。

54.2.2　法人或其他组织分立后，应当将债权的处理情况一并通知债务人。

54.3　法人或其他组织在订立民间借贷合同之后，因整体转让、收购等原因而发生更替的，原合同约定的民间借贷债权依法随之转移至更替后的法人或其他组织。被更替的法人或其他组织主体资格消灭，不能再行使债权，其民间借贷债权由更替后的法人或其他组织承接。

54.4　法人或其他组织在订立民间借贷合同之后，因破产、解散、撤销等原因而终止的，原合同约定的民间借贷债权依法随之转移至清算组织。原法人或其他组织主体资格消灭，不能再行使债权，其民间借贷债权由清算组织承接。

54.5　出借人是自然人在订立民间借贷合同之后，因结婚等原因发生家庭关系合并，除另有约定之外，原合同约定的个人民间借贷债权依法可以随之转移至合并后的夫妻或家庭连带共有，其民间借贷债权由合并后的夫妻或家庭成员共同承接。

54.6　出借人是自然人家庭在订立民间借贷合同之后，发生分家的，除分家时约定之外，原合同约定的民间借贷债权依法随之转移至分立后的各小家享有连带。但应将分家时对债权的处理情况一并通知债务人。

54.7　出借人是自然人在订立民间借贷合同之后死亡的，除有遗嘱之外，原合同约定的出借人的民间借贷债权依法转移至其法定继承人连带共有，其民间借贷债权由其继承人承接。

第55条　民间借贷债务的法定转移

55.1　法人或其他组织在订立民间借贷合同之后，发生合并的，原合同约定的民间借贷债务依法随之转移至合并后新的法人或其他组织。被合并的法人或其他组织主体资格消灭，不能再承担还款义务，其民间借贷债务由合并后新的法人或其他组织承担。

55.2　法人或其他组织在订立民间借贷合同之后，发生分立的，原合同约定的民间借贷债务依法随之转移至分立后的法人或其他组织。

55.2.1　除分立中与债权人另有约定外，分立后的新的法人或其他组织负有连带清偿债务的义务，且不得以分立后的法人或其他组织内部约定按份承担债务为由进行抗辩。

55.2.2　法人或其他组织分立后，应当将债务的处理情况一并通知债权人。

55.3　法人或其他组织在订立民间借贷合同之后，因整体转让、收购等原因而发生更替的，原合同约定的民间借贷债务依法随之转移至更替后新的法人或其他组织。被更替的法人或其他组织主体资格消灭，不能再行使债务，其民间借贷债务由更替后的法人或其他组织承担。

55.4　法人或其他组织在订立民间借贷合同之后，因破产、解散、撤销等原因而终止的，原合同约定的民间借贷债务依法随之转移至清算组织。原法人或其他组织主体资格消灭，不能再行使债权，其民间借贷债务由清算组织负担。

55.5　借款人是自然人在订立民间借贷合同之后，因结婚等原因发生家庭关系合并，除另有约定之外，原合同约定的个人民间借贷债务依法可以随之转移至合并后的夫妻或家庭，由合并后的夫妻或家庭承担。

55.6　借款人是自然人家庭在订立民间借贷合同之后，发生分家的，除分家时约定之外，原合同约定的民间借贷债务依法随之转移至分立后的各小家享有连带。但应将分家时对债务的处理情况一并通知债权人。

55.7　自然人之间在订立民间借贷合同之后死亡的，除有遗嘱之外，原合同约定的借款人的民间借贷债务依法转移至其法定继承人，其民间借贷债务由其继承人连带承担。

第五节　民间借贷合同的解除、终止

第56条　民间借贷合同签署后，律师应当关注合同的履行动态，如果出现下面几种情况，应当建议委托人解除借款合同：

56.1　民间借贷合同双方当事人协商一致解除。

56.2　借款人发生如逾期还款等实质违约的情形。

56.3　出借人在签署民间借款合同后，在约定期限内未提供借款。

56.4　借款人改变借款用途，利用借款从事转贷或其他违法犯罪活动。

56.5　借款人利用借款从事违法活动或违背社会公序良俗的活动。

56.6　其他双方约定的情形。

第57条　民间借贷双方在履行借款合同的过程中，如发生合同约定的以下情形时，民间借款合同终止：

57.1　借款合同履行完毕的。

57.2　双方协商或者一方依法解除合同的。

57.3　债务相互抵销的。债务的抵销可分为法定抵销与合意抵销。法定抵销由法律规定其构成要件，法定抵销只需有抵销权的当事人的单方意思表示即可发生法律效力。合意抵销只要民间借贷双方当事人就债权债务抵销达成一致，即可发生效力。

57.4　债务人依法借款本金及利息提存的。由于债权人的原因致使债务人无法向其偿还借款本金及利息时，债务人将该借款本金及利息交给提存机关，双方债权债务关系消灭。

57.5　债权人免除债务的。债权人免除部分债务的，债务部分消灭；免除全部债务的，债务全部消灭。

57.6　债权债务同归于一人的。由于某种事实的发生，使一项民间借贷合同中，原本由一方当事人享有的债权，而由另一方当事人负担的债务，统归于一方当事人，使得该当事人即是合同的债权人，又是合同的债务人，使合同的履行不再必要。

57.7　法律法规规定或者当事人约定的合同终止情形发生的。

第58条　律师在为当事人提供民间借贷合同业务服务过程中，如果遇到解除借款合同和终止民间借款合同情况时，应当配合委托人做好结算工作，包括财务对账、资金(本息)结算、手续移交、相关文件签署、制作与接收。对于解除合同问题，应着手收集违约方的相关证据，作好起诉或仲裁准备工作。

第七章　民间借贷合同履行中的业务指引

第 59 条　在民间借贷合同生效后，律师应当督促民间借贷双方当事人恪守诚实信用的原则，严格按照合同约定，全面、适当地履行合同义务、行使合同权利。即出借人要按照合同约定的币种、数额、时间、方式提供借款给借款人，借款人要在收到借款之后按照合同约定的借款用途使用借款、按约定的利率、期限、方式偿还借款本金及支付利息。

第 60 条　律师应当清楚，民间借贷合同履行的重点和难点，是债务的清偿。借款人应遵循全面清偿、实际清偿、正确清偿和如期清偿的原则履行清偿义务。但由于民间借贷形式多样，清偿的方式也多种多样。

第 61 条　债务人对同一债权人多笔债务的清偿

当债务人的还款不足以清偿其对同一债权人所负的多笔相同种类的全部债务，除债权人与债务人对清偿的债务或者清偿抵充顺序有约定的之外，律师应当主动提醒借款人按照如下顺序清偿：

61.1　优先清偿已到期的借款。

61.2　几项债务均到期的，优先抵充对债权人缺乏担保或者担保数额最少的借款。

61.3　担保数额相同的，优先抵充债务负担较重的借款。

61.4　负担相同的，按照借款到期的先后顺序抵充。

61.5　数笔借款到期时间相同的，按比例抵充。

第62条　多个借款人对同一债权人所负借款债务的清偿

对于两个或两个以上借款人在同一借款合同对同一债权人借款所产的借款债务，律师应当提醒各借款人按照以下方式清偿：

62.1　如各借款人在向同一债权人借款时，已经约定各自借款份额，且出借人已经同意，所产生的借款债务是按份债务，由各借款人按约定的份额承担清偿责任；

62.2　如各借款人在向同一债权人借款时，虽约定各自借款份额，但出借人不清楚或不同意，所产生的借款债务是连带债务，由各借款人先承担连带清偿责任后，再按约定份额向其他债务人追偿；

62.3　如两个或两个以上借款人在向同一债权人借款时，没有约定各自借款份额，或者已约定连带清偿债务，所产生的借款债务是连带债务，由各借款人承担连带清偿责任。

第63条　民间借贷法定连带债务的清偿

借款人与出借人订立民间借贷合同时虽没有约定连带债务，但出现如下法定连带债务时，律师须告知每个借款人，每人都应当承担清偿全部借款债务的义务。

63.1　当合伙企业作为民间借贷借款人时，合伙企业的财产不足以清偿到期债务时，各合伙人承担无限连带责任；一个或数个合伙人承担连带清偿责任之后，有权向其他合伙人追偿。但有限合伙企业中有限合伙人承担有限责任除外。

63.2　如果委托代理民间借贷关系中，借款代理人与第三人串通，损害被代理人利益的，代理人与第三人承担连带责任。

63.3　第三人明知行为人无代理权仍与其实施借款行为，给他人造成损害的，第三人与行为人承担连带责任。

63.4　法人与其他组织作为民间借贷借款人分立的，除债权人与债务人另有约定外，分立后的新的法人或其他组织对借款债务承担连带责任。

63.5　借款人死亡后由多个继承人不按份额继承其遗产的，各继承人在继承财产范围内对被继承人的借款债务承担连带责任。

第64条 夫妻一方或双方对民间借贷债务的清偿

当夫妻一方或双方是民间借贷借款人对债权人负有民间借贷债务时，律师应当结合借款目的和用途、财产的性质和归属等情况具体分析，提醒当事人分别处理：

64.1 夫妻共同作为借款人与出借方订立民间借贷合同，不论借款目的和用途如何，均属夫妻共同债务，应当由夫妻共同财产清偿。夫妻共同财产不足清偿的，债权人可以主张夫妻各自的财产清偿。

64.2 夫妻关系存续期间，夫妻一方或双方为了夫妻共同生活，或为履行抚养、赡养义务等夫妻其他共同义务而对借款人所负的借款债务，为夫妻共同债务，应当由夫妻共同财产清偿。

64.3 夫妻关系存续期间，一方从事个体经营或承包经营的，其收入为夫妻共同财产，所发生的借款债务亦为夫妻共同债务，应以夫妻共同财产清偿。

64.4 夫妻关系恶化虽然分居，但一方确因履行抚养子女、赡养老人义务所负的债务，应认定为夫妻共同债务，应以夫妻共同财产清偿。

64.5 夫妻一方的下列债务不能认定为夫妻共同债务，应由一方以个人财产清偿：

64.5.1 夫妻双方约定由个人负担，且债权人知道该约定的债务，但以逃避债务为目的的除外。

64.5.2 夫妻一方未经对方同意，擅自资助与其没有抚养义务的亲朋所负的债务。

64.5.3 夫妻一方未经对方同意，独自筹资从事经营活动，其收入确未用于共同生活所负的债务。

64.5.4 夫妻一方与第三人串通虚构的债务。

64.5.5 夫妻一方在从事赌博、吸毒等违法犯罪活动中所负的债务。

第65条 民间借贷债务的法定抵销与约定抵销

民间借贷关系中遇到出借人与借款人之间互负到期借款债务的情况，

律师应当指导双方当事人，在双方互负到期借款债务情况下可以采取以下方式抵销双方之间的债权债务。

65.1　只要该互负的到期借款债务币种相同，任何一方可以将自己的债务与对方的债务相抵销，主张抵销一方只需将债务抵销通知送达对方即可生效，且债务抵销不得附条件或附期限。这是法定抵销。

65.2　出借人与借款人之间虽有互负到期借款债务，但如果双方已约定不得抵销的，一方当事人未经对方同意，不得单方行使抵销权。

65.3　只要出借人与借款人双方协商一致，即使互负借款债务尚未到期，或币种不同，或以实物抵销，或用劳务抵销，都可以将自己的债务与对方的债务相抵销。这是约定抵销。

第66条　民间借贷债务的免除

66.1　民间借贷的债权人可以免除债务人部分或者全部借款本金和利息，免除债务通知送达债务人即可生效。出借人表示部分免除借款人债务，则双方已免除部分的债权债务关系完全消灭，借款人不需再履行清偿义务。

66.1.1　出借人表示全部免除借款人债务，则双方债权债务关系完全消灭，借款人不需再履行已免除全部债务的清偿义务。

66.1.2　如出借人表示部分免除借款人债务，则双方被免除部分债权债务关系消灭，借款人不需再履行已免除部分债务的清偿义务，未免除的债务仍然存在。

66.1.3　如出借人表示部分免除借款人借款本金债务，但要求支付利息，则双方被免除借款本金的债权债务关系消灭，借款人无须再履行已免除借款本金债务的清偿义务，未免除的利息从债务仍然存在，仍需清偿。

66.1.4　如出借人表示部分免除借款人利息债务，但要求偿还借款本金，则双方被免除借款利息的债权债务关系消灭，借款人不需再履行已免除利息从债务的清偿义务，未免除的借款本金债务仍然存在，仍需清偿。

66.1.5　如出借人表示部分免除借款人借款本金债务，但未明确要求支付利息，由于利息是从债务，则可视为从债务利息随着主债务借款本金的免除而随之免除，双方债权债务关系消灭，借款人不需再履行清偿义务。

66.1.6　如出借人表示全部或部分免除借款人债务，被免除的全部或部分债权债务关系消灭，担保责任也随之全部或部分消灭。

66.2　民间借贷出借人免除借款人的借款债务是一种非要式行为，只需出借人向贷款明确表示免除意思，免除债务即产生法律效力，具有不可撤销性，因此，律师应提醒出借人应当慎重考虑，再作决定。

66.3　出借人作出免除借款债务的意思表示可以采用口头形式，也可以采用书面形式，或其他如电子数据等形式，律师应当提醒借款人，口头形式具有较大风险，除非有第三人现场作证，应当尽量要求出借人采用书面的形式表示免除意思。

66.4　非出借人对借款人免除借款债务，不发生免除法律效力，但事后得到出借人的追认除外。

66.5　出借人与借款人约定附条件免除借款债务，免除条件不成立时，不产生法律效力。

第67条　借款人向第三人清偿借款债务

67.1　民间借贷双方在订立民间借贷合同时可以约定，或在合同履行过程中可以补充约定，由借款人向第三人清偿借款债务。

67.2　借款人向第三人清偿借款债务时，原出借人处于债权人的地位不变，第三人由此取得次债权人地位，但第三人不具有请求债务人履行清偿借款债务或承担违约责任的权利。

67.3　由于借款人向第三人清偿借款债务的情形容易与民间借贷债务转移相混淆，律师应当提醒民间借贷双方当事人及第三人，在订立民间借贷合同或补充协议时，一定要对此项内容作出明确约定，在合同条款中准确表述，以免引起歧义或相关风险。

第八章　民间借贷债权担保业务指引

第一节　一般规定

第68条　在民间借贷活动中，出借人、借款人或第三人可以约定，当借款人不履行到期借款债务或者发生当事人约定的实现担保债权的情形时，由担保人代为清偿或者以担保物保证清偿借款债务。民间借贷担保法律关系中，被担保人是民间借贷合同的借款人（债务人），担保权人是出借人（债权人），担保人可以是借款人，也可以是第三人，但保证人必须是第三人。

第69条　民间借贷债权的担保有保证、抵押、质押三种方式

69.1　保证担保，系指保证人和出借人（债权人）约定，当借款人（债务人）不履行债务时，保证人按照约定履行债务或者承担责任的行为。

69.2　抵押担保，是指债务人或者第三人不转移对用于提供担保（抵押物）的占有，将该财产作为债权的担保。债务人不履行债务时，债权人有权依照本法规定以该财产折价或者以拍卖、变卖该财产的价款优先受偿。在抵民间借贷担保关系中，债务人或者第三人为抵押人，债权人为抵押权人，提供担保的财产为抵押物。

69.3　质押担保，系指借款或者第三人为担保民间借贷债务的履行，将其动产或财产权利交付给出借人占有或登记，借款人不履行到期债务或者

发生当事人约定的实现质押权的情形，出借人有权就该动产或者财产优先受偿的一种担保方式。在民间借贷质押担保法律关系中，债务人或者第三人为出质人，债权人为质权人，移交的动产或财产为质物。

第 70 条 出借人在民间借贷民事活动中，为保障实现其债权，需要担保的，可以依照法律的规定设立担保物权。担保物权的担保范围包括民间借贷主债权及其利息、违约金、损害赔偿金、保管担保财产和实现担保物权的费用等。

第 71 条 第三人为民间借贷债务人向出借人提供担保的，第三人为了保证其追偿权的实现，可以依法要求借款人提供反担保。设立反担保的各方当事人（保证人、债务人以及反担保保证人）应当签订担保合同。

第 72 条 民间借贷当事人设立担保物权，或设立保证担保，应当依法订立担保合同。担保合同是民间借贷主债权债务合同的从合同。

第 73 条 有下列情形之一的，民间借贷担保责任消灭：（一）主债权消灭；（二）担保权利实现；（三）债权人放弃担保权利；（四）法律规定担保责任消灭的其他情形。

第二节　民间借贷保证担保

第 74 条 保证人资质审查

74.1　律师提供保证担保法律服务时，首先应作好保证人资质的审查和把关，具有代为清偿债务能力的符合法律规定的法人、其他组织或者完全民事行为能力的自然人，可以作保证人。

74.2　国家机关，学校、幼儿园、医院等以公益为目的的事业单位、社会团体，企业法人的分支机构（取得法人授权除外）、职能部门，以及没有民事行为能力的自然人，不得作为保证人。

第 75 条 保证合同的订立

75.1　保证人与出借人设立保证担保，应当依法订立担保合同。保证合同可以采取口头形式，也可以采取书面形式或电子邮件数据等方式。鉴于口头形式保证协议日后发生保证纠纷难以举证，律师应当建议双方当事人尽量采取书面形式。

75.2　保证人与出借人可以就单个主合同分别订立保证合同，也可以协议在最高债权额限度内就一定期间连续发生的民间借贷合同订立一个保证合同。

75.3　律师应当协助民间借贷保证人与债权人订立保证合同，保证合同应当包括并明确约定以下内容：

75.3.1　被保证的民间借贷主债权的币种、数额。

75.3.2　债务人履行债务的期限。

75.3.3　保证的方式：需明确是一般保证，还是连带保证。

75.3.4　保证担保的范围：（包括民间借贷主债权及利息、违约金、损害赔偿金和实现债权的费用等。）如果当事人对保证担保的范围没有约定或者约定不明确的，保证人应当对全部债务承担责任。

75.3.5　保证的期间：需明确是约定期间，还是法定期间。

75.3.6　双方认为需要约定的其他事项。

75.4　下列情形，民间借贷保证合同的成立条件如下：

75.4.1　保证人采取口头形式表示提供保证，出借人表示同意的，保证担保关系成立。

75.4.2　保证人和出借人以书面形式订立保证合同，保证合同自双方签字后成立。

75.4.3　保证人以具有保证性质的信函、传真等表示愿为借款人提供担保，出借人接受的，保证合同成立。

75.4.4　出借人与借款人在民间借贷主合同中订立保证条款，保证人该民间借贷主合同以保证人身份签字、盖章或捺指印的，保证合同成立。

75.4.5　保证人在借款人对出借人出具的借条、借据上以保证人的身份签字、盖章或捺指印的，保证合同成立。

第 76 条 律师应提醒当事人选择恰当的保证担保方式

76.1 当事人在保证合同中约定,借款人不能清偿借款债务时,由保证人承担保证责任的,为一般保证。一般保证的保证人在主合同纠纷未经审判或者仲裁,并就债务人财产依法强制执行仍不能履行债务前,对债权人可以拒绝承担保证责任。但借款人(债务人)住所变更,致使债权人要求其履行债务发生重大困难,或人民法院受理债务人破产案件中止执行程序的除外。

76.2 当事人在保证合同中约定保证人与借款人对债务承担连带责任的,为连带责任保证。连带责任保证的债务人在民间借贷主合同规定的债务履行期届满没有履行债务的,债权人可以要求借款人(债务人)履行债务,也可以要求保证人在其保证范围内承担保证责任。

76.3 当事人对保证方式没有约定或者约定不明确的,按照连带责任保证承担保证责任。

第 77 条 律师应当告知当事人不同条件下的保证责任

77.1 当事人在保证合同中对保证担保的范围没有约定或者约定不明确的,保证人应当对全部债务承担责任。

77.2 变更民间借贷主合同的保证责任:保证期间,债权人与债务人对主合同数量、价款、币种、利率等内容作了变动,未经保证人同意的,如果减轻债务人的债务的,保证人仍应当对变更后的合同承担保证责任;如果加重债务人的债务的,保证人对加重的部分不承担保证责任。债权人与债务人对主合同履行期限作了变动,未经保证人书面同意的,保证期间为原合同约定的或者法律规定的期间。

77.3 债权转移的保证责任:如保证期间,债权人依法将主债权转让给第三人的,保证人在原保证担保的范围内继续承担保证责任。

77.4 债务转移的保证责任:保证期间,债权人许可债务人转让债务的,应当取得保证人书面同意,保证人对未经其同意转让的债务,不再承担保证责任。

77.5 超过法定保证期间的保证责任:一般保证的保证人与债权人未约定保证期间的,保证期间为主债务履行期届满之日起六个月。在合同约定的保证期间和前款规定的保证期间,债权人未对债务人提起诉讼或者申请仲裁的,保证人免除保证责任。

77.6　连带责任保证的保证人与债权人未约定保证期间的,债权人有权自主债务履行期届满之日起六个月内要求保证人承担保证责任。在合同约定的保证期间和前款规定的保证期间,债权人未要求保证人承担保证责任的,保证人免除保证责任。

77.7　同一个担保合同为连续产生多个债权提供保证的担保责任:保证人在最高债权额限度内就一定期间连续发生的多个债权作的一个保证,未约定保证期间的,保证人可以随时书面通知债权人终止保证合同,但保证人对于通知到债权人前所发生的债权,承担保证责任。

77.8　同一个债权有多个保证人提供保证的担保责任:如有两个或两个以上保证人为同一个民间借贷合同的同一笔借款提供保证,即共同保证。如果在保证合同约定按份承担保证责任,应当按照保证合同约定的保证份额,各自承担保证责任。如各保证人在保证合同中没有约定保证份额,则由各保证人相互承担连带保证责任,债权人可以要求任何一个保证人承担全部保证责任。

77.9　同一债权既有保证又有物的担保的保证责任:被担保的债权既有物的担保又有人的担保的,债务人不履行到期债务或者发生当事人约定的实现担保物权的情形,债权人应当按照约定实现债权;没有约定或者约定不明确,债务人自己提供物的担保的,债权人应当先就该物的担保实现债权;第三人提供物的担保的,债权人可以就物的担保实现债权,也可以要求保证人承担保证责任。提供担保的第三人承担保证责任后,有权向债务人追偿。

77.10　无效代理订立保证合同的责任:企业法人的分支机构未经法人书面授权或者超出授权范围与债权人订立保证合同的,该合同无效或者超出授权范围的部分无效,债权人和企业法人有过错的,应当根据其过错各自承担相应的民事责任;债权人无过错的,由企业法人承担民事责任。

77.11　保证人不承担责任的情形:主合同当事人双方串通,骗取保证人提供保证的;民间借贷主合同债权人采取欺诈、胁迫等手段,使保证人在违背真实意思的情况下提供保证的,保证人不承担民事责任。

第78条 律师应当提醒保证人,承担保证责任后,有权向债务人追偿。人民法院受理债务人破产案件后,债权人未申报债权的,保证人可以参加破产财产分配,预先行使追偿权。

第三节 民间借贷抵押担保

第79条 抵押物的审核

79.1 律师提供民间借贷抵押担保服务,需审查抵押人即借款人或第三人的主体资格之外,应着重审核抵押物的真实性、合法性、可抵押性、可能性情况及存在状态,以确定抵押物属于抵押人享有所有权和处分权的合法的无争议的且法律允许进入市场流通的财产。

79.2 根据法律规定,下列财产可以抵押:

79.2.1 抵押人所有的建筑物、房地产和其他地上附着物。

79.2.2 抵押人所有的建设用地使用权。

79.2.3 以招标、拍卖、公开协商等方式取得的荒地等土地承包经营权。

79.2.4 抵押人依法有权处分的生产设备、原材料、半成品、产品。

79.2.5 抵押人正在建造的建筑物、船舶、航空器。

79.2.6 抵押人所有的交通运输工具。

79.2.7 抵押人依法承包并经发包方同意抵押的荒地的土地使用权。

79.2.8 法律、行政法规未禁止抵押的其他财产。

79.3 律师应特别注意,根据法律规定,下列财产不得抵押:

79.3.1 土地所有权。

79.3.2 耕地、宅基地、自留地、自留山等集体所有的土地使用权,但法律规定可以抵押的除外。

79.3.3 学校、幼儿园、医院等以公益为目的的事业单位、社会团体的教育设施、医疗卫生设施和其他社会公益设施。

79.3.4　所有权、使用权不明或者有争议的财产。

79.3.5　依法被查封、扣押、监管的财产。

79.3.6　依法不得抵押的其他财产。

79.4　民间借贷抵押物担保关系中，提供担保最常见的最多的是房产，但律师应当清楚，不是所有房产都可以作抵押物。如果拟作抵押物的房产未取得合法手续的，所有权不明或有争议的，被依法查封、监管或者被以其他方式限制的，被列为国家文物保护和具有重要纪念意义的，已依法公告列入拆迁范围的，没以担保资格的国家机关、公益事业单位和社会团体的房产等，不能作为抵押物抵押担保。

第 80 条　抵押人所担保的债权不得超出其抵押物的价值。财产抵押后，该财产的价值大于所担保债权的余额部分，可以再次抵押，但不得超出其余额部分。

第 81 条　抵押人和抵押权人设立抵押，应当以书面形式订立抵押合同

81.1　律师应当协助抵押人和抵押权人草拟抵押合同，抵押合同应当包括以下内容：

81.1.1　被担保的主债权种类、数额。

81.1.2　债务人履行债务的期限。

81.1.3　抵押物的名称、数量、质量、状况、所在地、所有权权属或者使用权权属。

81.1.4　抵押担保的范围：包括主债权及利息、违约金、损害赔偿金和实现抵押权的费用等。

81.1.5　当事人认为需要约定的其他事项。

81.2　订立抵押合同时，抵押权人和抵押人在合同中不得约定，在债务履行期届满抵押权人未受清偿时，抵押物的所有权转移为债权人所有。

81.3　抵押合同在下列情况下成立。

81.3.1　出借人与借款人在民间借贷主合同中订立了抵押担保条款，抵押人在该合同中签字、盖章或捺指印的，抵押合同成立。

81.3.2　抵押人与出借人在民间借贷主合同之外单独订立书面的抵押

担保合同的,抵押人在该合同中签字、盖章或捺指印的,抵押合同成立。

81.3.3 抵押人向民间借贷债权人发出的具有担保性质的信函、传真,债权人接受的,抵押合同成立。

81.4 抵押合同生效条件分为法定生效和约定生效两种情况。

81.4.1 根据法律规定须办理抵押登记手续的,抵押合同自登记之日起生效。

81.4.2 根据法律规定不须办理抵押登记手续的,抵押合同自签订之日起生效。

81.4.3 抵押合同附条件的情况下,条件成就时生效。

81.4.4 抵押权人的抵押权自抵押合同生效之日起成立。

81.5 出借人(抵押权人)与借款人(抵押人)就某一项目在一定期间内连续发生民间借贷而签订民间借贷合同时,可以同时附最高额抵押合同,约定在最高债权额限度内,以抵押物对同期内连续发生的民间借贷债权作担保。

第82条 抵押物抵押登记

82.1 应当提醒抵押人和抵押权人,抵押物属法律规定必须办理抵押登记的,必须到登记机关办理抵押物抵押登记手续。应办理登记的抵押物种类及办理抵押物登记的部门如下:

82.1.1 以无地上定着物的土地使用权抵押的,为核发土地使用权证书的土地管理部门。

82.1.2 以城市房地产或者乡(镇)、村企业的厂房等建筑物抵押的,为县级以上地方人民政府规定的部门。

82.1.3 以林木抵押的,为县级以上林木主管部门。

82.1.4 以航空器、船舶、车辆抵押的,为运输工具的登记部门。

82.1.5 以企业的设备和其他动产抵押的,为财产所在地的工商行政管理部门。

82.1.6 当事人以其他财产抵押的,可以自愿办理抵押物登记。

82.2 当事人对应办理抵押物登记而未办理的,不得对抗第三人。当事人办理抵押物登记的，登记部门为抵押人所在地的公证部门。

第83条　抵押合同履行中应注意的事项

83.1　抵押期间抵押物被转让的处理

83.1.1　抵押期间，抵押人转让已办理登记的抵押物的，应当通知抵押权人并告知受让人转让物已经抵押的情况；抵押人未通知抵押权人或者未告知受让人的，转让行为无效。

83.1.2　转让抵押物的价款明显低于其价值的，抵押权人可以要求抵押人提供相应的担保；抵押人不提供的，不得转让抵押物。

83.1.3　抵押人转让抵押物所得的价款，应当向抵押权人提前清偿所担保的债权或者向与抵押权人约定的第三人提存。超过债权数额的部分，归抵押人所有，不足部分由债务人清偿。

83.2　抵押权不得与债权分离而单独转让或者作为其他债权的担保。

83.3　抵押人的行为足以使抵押物价值减少的，或者已经导致抵押物价值减少时，抵押权人有权要求抵押人恢复抵押物的价值，或者提供与减少的价值相当的担保。抵押人对抵押物价值减少无过错的，抵押权人只能在抵押人因损害而得到的赔偿范围内要求提供担保。抵押物价值未减少的部分，仍作为债权的担保。

83.4　抵押权与其担保的债权同时存在，债权消灭的，抵押权也消灭。抵押权与抵押物同时存在，抵押物灭失的，抵押权也消灭。因灭失所得的赔偿金，应当作为抵押财产。

第84条　当借款人不能清偿到期债务时，律师应当协助出借人（抵押权人）促成未受清偿的抵押权的实现。

84.1　实现途径的选择：出借人（抵押权人）可以与抵押人（借款人或第三人）协议以抵押物折价或者以拍卖、变卖该抵押物所得的价款受偿；协议不成的，抵押权人可以向人民法院提起诉讼。抵押物折价或者拍卖、变卖后，其价款超过债权数额的部分归抵押人所有，不足部分由债务人清偿。

84.2　同一财产向两个以上债权人抵押的，拍卖、变卖抵押物所得的价款按照以下方式清偿：

84.2.1　抵押合同以登记生效的，按照抵押物登记的先后顺序清偿；顺序相同的，按照债权比例清偿。

84.2.2　抵押合同自签订之日起生效的，该抵押物已登记的，按照前一项方式清偿；未登记的，按照合同生效时间的先后顺序清偿；顺序相同的，按照债权比例清偿。抵押物已登记的先于未登记的受偿。

84.3　城市房地产抵押合同签订后，土地上新增的房屋不属于抵押物。需要拍卖该抵押的房地产时，可以依法将该土地上新增的房屋与抵押物一同拍卖，但对拍卖新增房屋所得，抵押权人无权优先受偿。

84.4　拍卖划拨的国有土地使用权所得的价款，在依法缴纳相当于应缴纳的土地使用权出让金的款额后，抵押权人有优先受偿权。

第85条　为民间借贷借款人（债务人）抵押担保的第三人，在抵押权人实现抵押权后，有权向借款人（债务人）追偿。

第四节　民间借贷质押担保

第86条　民间借贷质押担保有动产质押担保和权利质押担保两种形式，律师在提供相关法律服务时，应当根据情况分别处理。

第87条　在用动产财产作为质物的质押担保中，律师应当对拟作质物的动产财产状况进行审查和核实。

87.1　质物为动产的，凡是出质人享有处分权的不存在权属争议的，同时法律法规没有禁止的可转让的动产均可用于出质。

87.2　法律、行政法规禁止转让的动产不得出质。如出质人没有处分权的动产，非法取得的动产，被依法查封、扣押、监管的动产，禁止在市场流通的动产，所有权、使用权不明的动产，以公益为目的的事业单位、社会团体的教育设施、医疗设施和其他社会公益设施中的动产，不能强制执行的其他动产。

第88条　动产质押合同

88.1　质权人、出质人为民间借贷合同设立动产质押担保时，律师应当提醒并协助各方当事人应当订立书面质押合同。质押合同应当包括以下内容：

88.1.1　被担保的主债权种类、数额。

88.1.2　借款人(债务人)履行债务的期限。

88.1.3　质物的名称、数量、质量、状况。

88.1.4　质押担保的范围。包括主债权及利息、违约金、损害赔偿金、质物保管费用和实现质权的费用等。

88.1.5　质物交付的时间。

88.1.6　当事人认为需要约定的其他事项。

88.1.7　出质人与质权人可以协议设立最高额质权。

88.2　出质人(借款人和第三人)和质权人(出借人)在质押合同中,或在债务履行期届满前,不得约定在借款债务履行期届满质权人未受清偿时,质物的所有权转移为质权人所有。

88.3　质押合同自质物移交于质权人占有时生效,质权自出质人交付质押财产时设立。

第89条　质押合同生效后,除质押合同另有约定外,质权人有权收取质物所生的孳息。但收到的孳息应当先充抵收取孳息的费用。

第90条　对质物的保管与损坏、贬值,律师应当根据不同情况分别处理。

90.1　质权人负有妥善保管质物的义务。因保管不善致使质物灭失或者毁损的,质权人应当承担民事责任。

90.2　质权人在质权存续期间,未经出质人同意,擅自使用、处分质押财产,给出质人造成损害的,应当承担赔偿责任。

90.3　质权人在质权存续期间,未经出质人同意转质,造成质押财产毁损、灭失的,应当向出质人承担赔偿责任。

90.4　质权人不能妥善保管质物可能致使其灭失或者毁损的,出质人可以要求质权人将质物提存,或者要求提前清偿债权而返还质物。

90.5　质物有损坏或者价值明显减少的可能,足以危害质权人权利的,质权人可以要求出质人提供相应的担保。

90.6　出质人不提供担保的，质权人可以拍卖或者变卖质物，并与出质人协议将拍卖或者变卖所得的价款用于提前清偿所担保的债权或者向与出质人约定的第三人提存。

第91条　动产质押合同质权的实现与消灭

91.1　民间借贷债务履行期届满，借款人（债务人）履行债务的，或者出质人（借款人、第三人）提前清偿所担保的借款债权的，质权人应当返还质物，出质人与质权人的质押法律关系消灭。

91.2　民间借贷债务履行期届满，质权人的债权未受清偿的，可以与出质人协议以质物折价，也可以依法拍卖、变卖质物。质物折价或者拍卖、变卖后，其价款超过债权数额的部分归出质人所有，不足部分由债务人清偿。

91.3　债务人以自己的财产出质，质权人放弃该质权的，其他担保人在质权人丧失优先受偿权益的范围内免除担保责任，但其他担保人承诺仍然提供担保的除外。

91.4　质权人放弃质权的，自质权人通知出质人时质权消灭；质权与其担保的债权同时存在，债权消灭的，质权也消灭；质权因质物灭失而消灭，但因灭失所得的赔偿金，应当作为出质财产。

第92条　为民间借贷借款人（债务人）动产质押担保的第三人，在质权人（出借人）实现质权后，律师应当协助第三人向借款人（债务人）追偿。

第93条　在用财产权利作为质物的质押担保中，律师应当对拟作质物的财产权利状况进行审查和核实。债务人或者第三人有权处分的下列权利可以出质：

93.1　汇票、支票、本票、债券、存款单、仓单、提单。

93.2　依法可以转让的股份、股票、基金份额、企业股权。

93.3　依法可以转让的商标专用权，专利权、著作权等知识产权中的财产权。

93.4　应收账款。

93.5　法律、行政法规规定可以出质的其他财产权利。

第94条　权利质押合同

94.1　质权人、出质人为民间借贷合同设立权利质押担保时,律师应当提醒并协助各方当事人应当订立书面质押合同。质押合同应当包括以下内容:

94.1.1　被担保的主债权种类、数额。

94.1.2　借款人(债务人)履行债务的期限。

94.1.3　质物即权利凭证的种类、名称、数额。

94.1.4　质押担保的范围。包括主债权及利息、违约金、损害赔偿金、质物保管费用和实现质权的费用等。

94.1.5　质物交付的时间。

94.1.6　当事人认为需要约定的其他事项。

94.1.7　出质人与质权人可以协议设立最高额质权。

94.2　权利质押合同的成立与生效。

94.2.1　以汇票、支票、本票、债券、存款单、仓单、提单出质的,应当在合同约定的期限内将权利凭证交付质权人。质押合同自权利凭证交付之日起生效。质权自权利凭证交付质权人时设立;没有权利凭证的,质权自有关部门办理出质登记时设立。

94.2.2　以依法可以转让的股票出质的,出质人与质权人除订立书面合同外,还应向证券登记机构办理出质登记。质押合同自登记之日起生效。

94.2.3　以有限责任公司的股份出质的,质押合同自股份出质记载于股东名册之日起生效。

94.2.4　以依法可以转让的商标专用权,专利权、著作权中的财产权出质的,出质人与质权人除订立书面合同外,还应向其管理部门办理出质登记。质押合同自登记之日起生效。

94.2.5　以应收账款出质的,出质人与质权除订立书面合同外,还应向信贷征信机构办理出质登记。质权从出质登记之日设立。

第95条　权利凭证质押合同履行中,对质押权利转让情况的处理。

95.1　以载明兑现或者提货日期的汇票、支票、本票、债券、存款单、仓单、提单出质的,汇票、支票、本票、债券、存款单、仓单、提单兑现或者提货日期先于债务履行期的,质权人可以在债务履行期届满前兑现或者提货,并与出质人协议将兑现的价款或者提取的货物用于提前清偿所担保的债权或者向与出质人约定的第三人提存。

95.2　以依法可以转让的股票出质的,股票出质后,非经出质人与质权人协商同意,不得转让。出质人转让股票所得的价款应当向质权人提前清偿所担保的债权或者向与质权人约定的第三人提存。

95.3　以依法可以转让的商标专用权,专利权、著作权中的财产权出质的,权利出质后,出质人,非经出质人与质权人协商同意,不得转让或者许可他人使用。出质人所得的转让费、许可费应当向质权人提前清偿所担保的债权或者向与质权人约定的第三人提存。

95.4　以应收账款出质的,应收账款出质后,非经出质人与质权人协商同意,不得转让。出质人转让应收账款所得的价款,应当向质权人提前清偿债务或者提存。

第 96 条　权利质押合同质权的实现与消灭

96.1　民间借贷债务履行期届满,借款人(债务人)履行债务的,或者出质人(借款人、第三人)提前清偿所担保的借款债权的,质权人应当返还权利凭证等质物,出质人与质权人的质押法律关系消灭。

96.2　民间借贷债务履行期届满,质权人的债权未受清偿的,可以与出质人协议以权利质物折价,也可以依法拍卖、变卖质物。质物折价或者拍卖、变卖后,其价款超过债权数额的部分归出质人所有,不足部分由债务人清偿。

96.3　质权人放弃质权的,其他担保人在质权人丧失优先受偿权益的范围内免除担保责任,但其他担保人承诺仍然提供担保的除外。

96.4　质权人放弃质权的,自质权人通知出质人时质权消灭;质权与其担保的债权同时存在,债权消灭的,质权也消灭;质权因质物灭失而消灭,但因灭失所得的赔偿金,应当作为出质财产。

第 97 条　为民间借贷借款人(债务人)提供权利质押担保的第三人,在质权人(出借人)实现质权后,律师应当协助第三人向借款人(债务人)追偿。

第九章　民间借贷违约责任追究业务指引

第98条　民间借贷违约，是民间借贷关系中出借人、借款人违反民间借贷合同约定，不履行合同或履行合同不符合约定义务的行为。民间借贷违约责任，是指民间借贷合同包括出借人、借款人不履行合同或者履行合同不符合约定义务而应承担的民事责任。律师应当协助委托人查明并追究违约方的违约责任。

第99条　民间借贷出借人缔约过失及违约主要情形及责任

99.1　出借人缔约过失：当民间借贷合同为实践合同时，民间借贷合同成立后，出借人不向借款人交付借款，此行为违背诚实信用原则，损害的是借款人的预期利益，如果给借款人造成损失的，出借人应当承担损害赔偿责任。

99.2　出借人违约的情形

99.2.1　逾期交付借款：当民间借贷合同是诺成合同时，民间借贷合同自订立时即生效，出借人未按约定的时间向借款人交付借款，构成违约。

99.2.2　未足额交付借款：民间借贷合同生效后，出借人未按约定的数额向借款人交付借款，构成违约。

99.2.3　提前收回借款：民间借贷合同履行过程中，出借人提前向借款人收回借款，构成违约。

第 100 条 民间借贷借款人违约的主要情形及责任

100.1 不按约定接受借款:借款人没有按民间借贷合同约定的日期、数额收取借款的,构成违约。

100.2 不按约定用途使用借款:借款人不按民间借贷合同约定用途使用借款,构成违约,给出借人造成损失的,应当承担赔偿责任。

100.3 未按约定支付利息:借款人未按民间借贷合同约定支付利息,构成违约。

100.4 未按约定期限偿还贷款:借款合同明确约定还款期限,但借款人未按约定期限偿还借款本金及利息的,构成违约。

100.4.1 迟延还款,即借款人到期不能偿还借款,出借人依法享有要求保证人偿还借款本金和利息或对担保物优先受偿的权利。

100.4.2 提前还款,即借款人在约定的偿还借款期限届满前提前偿还借款,如损害出借人利益的,出借人有权拒绝借款人提前还款要求。

100.5 拒绝履行还款义务:民间借贷合同履行中,收到出借人交付借款后,借款人明确表示或者以自己的行为表示不履行借款合同义务的,构成违约。

第 101 条 民间借贷违约责任的承担方式

101.1 继续履行合同:继续履行也称强制实际履行,是指违约方根据对方当事人的请求继续履行合同规定的义务。如果是金钱债务,则可以直接适用继续履行。

101.2 赔偿经济损失:民间借贷当事人一方不履行合同义务或者履行合同不符合约定,造成对方经济损失的,应当赔偿。赔偿范围一般应包括:对方订立合同所支出的必要费用,因相信合同能适当履行而做准备所支出的必要费用,合同解除后处理善后事宜发生的损失,因不履行合同而发生的预期利益损失等。赔偿标准应以造成借款人实际损失为限。

101.3 支付逾期利息:民间借贷借款人未按约定期限清偿借款债务的,应当支付逾期利息。

第 102 条　民间借贷违约责任的追究途径

102.1　协商途径:民间借贷当事人一方不履行合同义务或者履行合同不符合约定,首先应由借贷双方当事人协商解决,促使违约方自觉承担违约责任。

102.2　诉讼途径:如果协商不成,应当向人民法院起诉,通过诉讼途径追究违约方的违约责任。

102.3　仲裁途径:民间借贷双方当事人在订立民间借贷合同时,可以约定相关争议由仲裁委员会裁决,通过仲裁途径追究违约方的违约责任。

102.4　此外,民间借贷违约责任的追究办法还有发函催告、申请支付令、组织调解等途径。

第 103 条　出借人行使优先受偿权

103.1　当设立抵押担保和质押担保的民间借贷借款人未能清偿到期债务时,作为抵押权人或质权人的出借人可以就抵押物或质物的价款先于其他债权受偿。

103.2　出借人行使抵押权或质权优先受偿权主要有协商、诉讼、仲裁三条途径。

103.2.1　协商途径:出借人与抵押人或质押人通过协商拍卖或者变卖抵押物或质物,然后从价款中优先受偿,也可由出借人与抵押人或质押人协商直接以抵押物或质物作价抵偿债务。

103.2.2　诉讼途径:出借人与抵押人或质押人协商不成或不愿协商,出借人可以在借款债权诉讼时效内提起民事诉讼,经人民法院判决生效后,申请强制执行拍卖抵押物或质物,然后,从所拍卖所得价款中优先受偿。

103.2.3　仲裁途径:如果出借人与借款人在民间借贷主合同中约定有仲裁条款,双方协商不成或不愿协商时,出借人可以在借款债权仲裁时效内申请仲裁,经仲裁委员会裁决生效后,申请被执行人住所地或者被执行的抵押物或质物所在地的中级人民法院强制执行拍卖抵押物或质物,然后,从所拍卖所得价款中优先受偿。

103.3　如质物上并存有多项担保物权,如在同一质物上又设定抵押权时,同一财产法定登记的抵押权与质权并存时,抵押权人优先于质权人受偿。

103.4　如设定质权的质物的质押人企业破产时,质物不列入破产财产,由质权人优先受偿,剩余部分才可列入破产财产。

第104条　出借人行使抵押物上追及权

104.1　设立抵押担保的民间借贷借款人或第三人,未经出借人(抵押权人)同意,将抵押物转让给他人或继承人继承抵押物,出借人(抵押权人)可以追及改变了所有权人的抵押物而主张抵押权。

104.2　出借人行使抵押物上追及权主要有协商、诉讼、仲裁三条途径。

104.2.1　协商途径:出借人与抵押人或取得抵押物所有权人通过协商拍卖或者变卖抵押物或质物,然后,从价款中优先受偿,也可由出借人与抵押人或取得抵押物所有权人协商直接以抵押物作价抵偿债务。

104.2.2　诉讼途径:协商不成或不愿协商,出借人可以将抵押人和取得抵押物所有权人作为共同被告,在借款债权诉讼时效内提起民事诉讼,经人民法院判决生效后,申请强制执行拍卖抵押物,然后,从所拍卖所得价款中优先受偿。

104.2.3　仲裁途径:如果出借人与借款人在民间借贷主合同中对抵押物上追及权事宜约定有仲裁条款,双方协商不成或不愿协商时,出借人可以在借款债权仲裁时效内申请仲裁,经仲裁委员会裁决生效后,申请被执行人住所地或者被执行的抵押物所在地的中级人民法院强制执行拍卖抵押物或质物,然后,从所拍卖所得价款中优先受偿。

104.3　取得抵押物所有权人代替借款人清偿借款债务后,可以向借款人追偿。

第105条　出借人行使担保物上代位权

105.1　民间借贷担保期间,如果担保财产毁损、灭失或者被征收等,担保物权人可以代替提保人就获得的保险金、赔偿金或补偿金等优先受偿。

105.2　出借人行使担保物上代位权,主要有协商、诉讼、仲裁三条途径。

105.2.1　协商途径:由出借人(担保物权人)先向担保人和第三人(损害赔偿人、保险人、征收人)协商,或直接向第三人提出行使代位权主张,由第三人直接将保险金、赔偿金或补偿金等交付出借人优先受偿。

105.2.2　诉讼途径:协商不成或不愿协商,出借人可以将担保人和第三人作为共同被告,在借款债权诉讼时效内提起代位民事诉讼,经人民法院判决生效后,申请强制执行拍卖保险金、赔偿金或补偿金等。

105.2.3　仲裁途径:如果出借人与借款人在民间借贷主合同中对抵押物上追及权事宜约定有仲裁条款,双方协商不成或不愿协商时,出借人可以在借款债权仲裁时效内申请仲裁,经仲裁委员会裁决生效后,申请被执行人住所地或者被执行的抵押物所在地的中级人民法院强制执行拍卖抵押物或质物,然后,从所拍卖所得价款中优先受偿。

第106条　出借人行使债上代位权

106.1　民间借贷借款人未履行到期借款债务,又怠于行使对其债务人(次债务人)享有的到期债权,对出借人造成损害,出借人为了实现自己的债权,可以行使债上代位权。

106.2　出借人行使债上代位权主要有协商、诉讼、仲裁三条途径。

106.2.1　协商途径:出借人与借款人及次债务人通过协商,由借款人的债务人(次债务人)直接向出借人履行清偿借款债务。

106.2.2　诉讼途径:协商不成或不愿协商,出借人可以在借款债权诉讼时效内提起民事诉讼,请求以自己的名义取代借款人向次债务人要求履行清偿借款债务。经人民法院判决生效后,申请强制执行借款人的债务人财产清偿借款债务。

106.2.3　仲裁途径:如果出借人与借款人在民间借贷主合同中约定有仲裁条款,双方协商不成或不愿协商时,出借人可以在借款债权仲裁时效内申请仲裁,经仲裁委员会裁决生效后,申请被执行人住所地的中级人民法院强制执行借款人的债务人的财产清偿借款债务。

第107条　多个债权债务主体的债上代位权处理

如遇多个出借人只有一个次债务人,或者一个出借人有多个次债务人,或者多个出借人有多个次债务人的情况时,应当分别处理。

107.1　在多个出借人而只有一个次债务人的情况下,每个出借人对同一次债务人都可行使代位权。

107.1.1　如果其中一个出借人或部分出借人已经行使了代位权，且次债务人已经全部清偿自己的债务的，次债务人的债务消灭，其他出借人不得再对其行使代位权。

107.1.2　如果次债务人向已行使代位权的出借人清偿债务后还有剩余债务未清偿的，其他出借人可就剩余部分行使代位权。

107.1.3　如果多个出借人对同一次债务人同时行使代位权的，应当按债权比例清偿。

107.2　在只有一个出借人却有多个次债务人的情况下，该出借人对多个次债务人都可行使代位权。如选择其中一个或部分次债务人行使代位权已足够清偿其代位债权的，不得再向其他次债务人行使代位权。

107.3　在多个出借人只有一个次债务人的情况下，每个出借人对每个次债务人都要可以行使代位权。

107.3.1　如其中一个次债务人的债务已能清偿一个或几个债权人的代位债权时，已行使代位权的出借人不得再向其他次债务人行使代位权。

107.3.2　如一个次债务人的债务不能清偿一个或几个出借人的代位债权时，该出借人可就不足部分向其他次债务人行使代位权。

107.3.3　如次债务人向一个或几个行使代位权出借人履行了全部债务时，不再向其他出借人履行债务。

第108条　出借人提起撤销权诉讼

108.1　出借人对借款人放弃对第三人享有的到期债权、无偿转让、或以明显不合理价格低价转让财产等而对借款债权造成损害的行为，可以诉请人民法院予以撤销而使之无效。

108.2　根据《中华人民共和国民法总则》和《中华人民共和国合同法》规定，出借人提起撤销权诉讼的时效有五种情况：

108.2.1　知道或者应当知道期限：自出借人知道或者应当知道撤销事由之日起1年内为行使撤销权的诉讼期限。

108.2.2　重大误解期限：出借人因重大误解的，自知道或者应当知道撤销事由之日起3个月内,为行使撤销权的诉讼期限。

108.2.3　受胁迫期限:出借人受胁迫的,自胁迫行为终止之日起1年内为行使撤销权的诉讼期限。

108.2.4　行为发生期限:自借款人的行为发生之日起5年内为行使撤销权的诉讼期限。此种情形适用于出借人由于客观原因无法知道借款人已放弃债权或处分财产的情况。

108.2.5　出借人知道撤销事由后明确表示或者以自己的行为表示放弃撤销权的,撤销权消灭,不得再行使撤销权。

108.3　法律规定或者民间借贷双方当事人约定的撤销权、解除权的存续期间,不适用有关诉讼时效中止、中断和延长的规定。

108.4　出借人提起撤销权诉讼的诉讼请求数额应以其对借款人所享有的借款债权(包括借款本金和利息)数额为限。

第109条　出借人向人民法院申请支付令

109.1　支付令是人民法院根据债权人的申请,依法作出的督促债务人履行给付金钱或有价证券的法律文书。针对民间借贷中借款人的违约行为,出借人可以直接向人民法院申请支付令,要求借款人履行清偿借款债务义务。

109.2　出借人向人民法院申请支付令,应当符合以下条件:申请标的限于给付金钱和有价证券,证据确凿充分,借贷双方对借贷事实、数额均无争议,给付期限已经到期,出借人与借款人之间没有对待给付义务,双方没有其他债权债务关系。

109.3　人民法院支付令送达借款人之日起15日内不提出异议的,支付令发生法律效力。借款人应当自收到支付令之日起15日内清偿债务,如不按照支付令规定履行清偿义务,出借人可以依据支付令向人民法院申请强制执行。

第110条　出借人提起民间借贷纠纷诉讼

110.1　民间借贷借款人不履行合同约定的清偿借款债务义务,导致出借人的借款债权无法实现,出借人可以依据《中华人民共和国民事诉讼法》

之规定，向人民法院提起民间借贷纠纷诉讼，通过人民法院的审理和判决，确定债权债务关系，并通过向人民法院申请强制执行，迫使借款人清偿借款债务，实现借款债权。

110.2　提起诉讼是民间借贷违约责任追究的最常用、最有效及最权威的途径，但涉及内容多，详细情况，下章分解。

第十章　民间借贷纠纷诉讼业务指引

第一节　一般规定

第111条　民间借贷纠纷诉讼，是人民法院在民间借贷纠纷各方当事人和全体诉讼参与人的共同参与下，依据《中华人民共和国民事诉讼法》及相关法律法规，审理和解决民间借贷纠纷的各种诉讼活动以及由这些活动所产生的各种关系的总和。律师从事民间借贷纠纷诉讼业务的任务是，代理委托人通过提起民间借贷纠纷诉讼、参与开庭审理、民事判决或裁定申请强制执行等诉讼活动，追究对方当事人的违约责任，最大限度地维护委托人的合法权益。

第112条　律师从事民间借贷诉讼业务的主要工作有：从准备民间借贷纠纷诉讼、参与开庭审理、到民事判决或裁定完全执行完毕全过程，所有与诉讼相关的法律事务。按时间过程排列，有洽谈收案、调查取证、制作文书、起诉立案、参与开庭（举证质证、答辩辩论）申请执行、上诉申诉等。

第113条　律师从事民间借贷诉讼业务时须坚持恪尽职守、勤勉尽责、以礼待人等原则，兼顾工作的质量与效率，注意防范和回避执业风险，妥善处理与委托人、对方当事人、第三人、审判人员及其他诉讼参与人等各方关系，营造有利的工作氛围。

第二节　民间借贷纠纷案件的受理

第114条　律师承办民间借贷纠纷业务，由律师事务所统一接受委托，以律师事务所名义办理收案登记手续和收费手续，然后，由律师事务所根据当事人或其法定代理人的委托，指派律师参与民间借贷纠纷案件的诉讼活动。律师个人不得私自收案、私自收费。

第115条　民间借贷纠纷案件收案条件

115.1　律师事务所接收民间借贷纠纷案件，首先应审查纠纷案件所处的状态，以及委托人的资质情况。

115.1.1　接受原告的委托，应当在原告具备了起诉所要求的基本事实和证据等基本条件，并作出起诉的决定之后（已担任原告民间借贷业务常年法律顾问或专项法律顾问除外）。

115.1.2　接受被告或第三人委托，应在被告或第三人知道或者收到人民法院起诉状副本之后。

115.1.3　接受上诉人或被上诉人的委托担任上诉代理人的，应当在一审判决书、裁定书送达之后。但已代理案件一审并与委托人另有约定除外。

115.1.4　律师代理执行民间借贷执行案件，应当另外办理委托手续，明确代理权限范围，或者以诉讼代理合同中特别约定授权执行代理事项。

115.1.5　接收再审案件当事人或其法定代理人委托，应当在判决、裁定生效之后，但已代理原审并与委托人另有约定的除外。

115.1.6　接受集团、群体诉讼案件，应当与其代表人办理委托手续，但应审查该代表人的产生方式是否有合法，手续是否齐全。

115.1.7　无民事行为能力、限制民事行为能力的当事人委托律师，应当与其法定代理人办理委托手续，应注意当事人民事行为能力的相关证据。

115.1.8　接受侨居国外的中国公民委托的，应当符合《中华人民共和国民事诉讼法》相关规定。

115.1.9　接受外国当事人委托的，应当符合《中华人民共和国民事诉讼法》相关规定。

115.1.10　接受我国港、澳、台地区当事人委托的，遵循内地有关规定。

115.2　律师事务所应当根据案件的事实、证据、法律和难易程度，为当事人选择合适的解决途径，明确提示案件的风险，并与当事人就上述事宜达成一致意见。

115.3　对于当事人提出的请求合乎情理，但因缺乏足够的证据和法律规定支持，人民法院可能不予立案的，一般不宜接受；对于当事人提出的请求违反法律规定的，应当予以拒绝。

115.4　对于民间借贷纠纷的当事人及所纠纷事项与律师事务所及其律师之间存在利益冲突的，律师事务所及其律师不得接受其委托。

第116条　律师事务所在收案之前应当进行利益冲突排查与处理

116.1　律师事务所及其律师与当事人或准当事人存在直接利益冲突时，不得接受对方当或双方当事人的委托。取得对方或各方当事人明确的书面豁免函除外。

116.2　民间借贷各方当事人之间存在利益冲突，律师事务所及其律师事先取得对方或各方当事人对利益冲突的书面豁免，可以谨慎接受对方或双方当事人的委托，同时要注意信息的保密。

116.3　法律明文禁止的具有利益冲突的民间借贷纠纷案件，律师事务所及律师不得接受委托代理。

116.4　如果律师事务所接受委托之后才发现存在利益冲突，应当按以下顺序代理：

116.4.1　已存在的代理优于拟进行的代理。

116.4.2　律师事务所同一律师在代理中发生利益冲突的情况，可以改由同一律师事务所的另一名律师进行代理。

116.5　律师事务所及律师在收案之前或代理过程中发现存在利益冲突情形时，应当及时如实告知相关当事人。

116.5.1　发生直接利益冲突情形时，应立即告知相关当事人相关事实和不能接受代理的原因。

116.5.2 发生可以豁免的利益冲突情形时，应当立即告知相关当事人基本事实以及代理可能产生的后果，尽早取得相关当事人的书面豁免。

116.5.3 律师事务所及律师在取得当事人的书面豁免后，若其后各方当事人间形成直接利益冲突时，律师必须及时告知各方当事人，并放弃对一方或双方的代理。

第117条 律师事务所对符合收案条件，并决定接受委托的案件，应当办理委托代理手续。委托代理手续包括：

117.1 订立委托代理协议。委托代理协议内容包括：首部为双方信息（律师事务所的名称、委托人的名称或姓名，以及双方的住所地、通信方式等），委托事项，指派律师姓名，代理权限，代理期限，收费方式（含收费项目、收费标准、收费数额或比例、付款方式和结算方式等），双方的权利义务，协议生效、中止、终止及解除的条件，违约责任，解决争议的处理原则及解决方式。落款处双方签名盖章。委托代理协议生效后，律师事务所与委托人之间的委托代理关系确立。

117.2 出具授权委托书。由委托人单方面签署并出具，授权委托书需列名委托人姓名及身份信息，受委托人姓名及职务信息，委托事项，委托代理权限（特别授权或一般授权），代理期限等，落款处由委托人签名盖章。鉴于律师代理民间借贷纠纷案件需要多次使用授权委托书，建议一次出具多份授权委托书为宜。

117.3 填写律师事务所函。由律师事务所根据案件所处的状态或阶段，向受理案件的相应的人民法院出具。所函的内容是告知人民法院，在其受时的民间借贷纠纷案件中，律师事务所已接受某方当事人委托，指派本所的律师代理其处理诉讼事务，代理律师的身份，代理权限及代理期限等。

117.4 提供证据材料。委托人应当将与委托事项相关当事人的主体信息资料和所有证据材料（复印件）提供给律师事务所及所指派的代理律师，同时提供未能提供的证据的相关线索，以便代理律师调查取证。

第三节　接受委托后的工作

第118条　了解案情,收集证据。律师接受委托后,首先要采取一切必要的方法和途径,细致地了解案情,全面地收集与案件相关的证据。

118.1　收集证据的范围:能证明起诉正确或答辩正确的证据,或能证明对方起诉或答辩事实失真的证据,与案件处理有关的其他证据。

118.2　律师全面收集证据,应当注意证据形式的多样性,凡与案件相关的当事人的陈述、书证、物证、视听资料、电子数据、证人证言、鉴定意见、勘验笔录等都应当收集。

118.3　律师应根据证据的用途,按照主体资格方面的证据、诉讼时效方面的证据和案件事实部分的证据三大类,将证据进行分类。

118.4　律师收集证据时,证据原件原则上应由当事人保管,确需律师保管的,建议制作证据原件交接清单及交接备忘录,明确双方的责任。

第119条　确认诉讼主体。在对了解案件基本事实和相关证据之后,律师应当并认真分析相关证据,厘清民间借贷纠纷的性质和纠纷各方的法律关系。在此基础上,查实原告、被告、第三人的具体身份信息及证明材料,准确地确定提起诉讼适格的各方主体。

第120条　审查诉讼时效

120.1　律师接受当事人委托后,应当审查民间借贷纠纷的诉讼时效,尤其要注意是否超过诉讼时效及有无诉讼时效中止、中断的事由,并根据不同情况分别处理。

120.1.1　根据《中华人民共和国民法总则》规定,自2017年10月1日起,民间借贷民事权利保护适用3年普通诉讼时效,最长权利保护不得超过20年。对于出借人与借款人在借款合同约定还款期限的民间借贷纠纷,诉讼时效为还款期限届满之日起3年。

120.1.2　对于出借人与借款人在借款合同约定还款期限的民间借贷纠

纷,债务人在约定期限届满后未履行债务而出具没有还款日期的欠款条,应当认定诉讼时效中断,从收到欠款条的次日起开始重新计算诉讼时效,诉讼时效为3年。

120.1.3　对于出借人与借款人在借款合同没有约定还款期限或者还款期限约定不明的民间借贷纠纷,不受诉讼时效规定的限制,债务人可以随时向债权人履行义务,债权人也可以随时要求债务人履行义务,但是受最长20年保护期的限制。

120.1.4　对于出借人与借款人在借款合同没有约定还款期限或者还款期限约定不明的民间借贷纠纷,如果借款人明确表示拒绝还款的,则从借款人明确表示拒绝还款之日起适用3年的诉讼时效期间。

120.1.5　对于超过诉讼时效期间的民间借贷纠纷,当事人双方就原债务达成还款协议,或者借款人在催款通知单上签章,视为对原债务的重新确认,从借款人对原债务重新确认的次日起开始重新计算诉讼时效,诉讼时效为3年。

120.1.6　诉讼时效中止:在诉讼时效期间最后6个月内,因不可抗力;无民事行为能力人或者限制行为能力人没有法定代表人,或者法定代理人死亡、丧失民事行为能力、丧失代理权;继承开始后,未确定继承人或者遗产管理人;出借人被借款人控制等原因,导致诉讼时效中止的,自中止时效原因消除之日起6个月内为诉讼时效期限。

120.1.7　诉讼时效中断:当出借人向借款人提出履行清偿借款债务请求时,借款人同意履行清偿借款债务义务时,或出借人提起诉讼或者仲裁申请,诉讼时效中断。自中断或相关程序终结时起,诉讼时效期间重新计算。

120.2　对于在诉讼时效内的民间借贷纠纷案件,律师应当告知当事人尽快起诉。

120.3　对于超过诉讼时间的民间借贷纠纷案件,律师应当告知当事人坚持起诉的诉讼风险,并建议当事人尽快采取补救措施,并作好告知笔录备查。

第121条　审查和确定诉讼管辖

121.1　律师代理民间借贷纠纷案件,无论是代理原告提起诉讼,还是代理被告或第三人应诉，律师都应注意审查管辖问题，尤其要注意：案件是否属法院受理范围，民间借贷合同中有无仲裁条款、书面仲裁协议及其效力，管辖条款及其效力，是否属于专属管辖，是否属于特殊地域管辖等。

121.2　级别管辖。因民间借贷纠纷诉争的标的悬殊巨大，各地人民法院根据诉讼标的的大小设定了级别管辖。通常标的较小的民间诉讼案件由基层人民法院管理，标的数额巨大或特别巨大的在各级人民法院所属辖区影响较大的民间借贷纠纷案件由该辖区中级人民法院、高级人民法院管辖。具体划分标准各地有所不同。

121.3　普通地域管辖。即根据被告就原告的原则，由民间借贷纠纷案件被告住所地的人民法院管辖。当被告人是自然人时，通常由其户籍所在地人民法院管辖；如被告的住所地与经常居住地不一致，由经常居住地人民法院管辖。如被告是法人或其他组织，则由其主要营业地或主要办事机构所在地人民法院管辖。

121.4　特别地域管辖。民间借贷合同纠纷，作为合同纠纷的一种，适用被告住所地或者合同履行地人民法院管辖。

若双方对合同履行地未约定或者约定不明确的，债权人作为接受货币一方，其所在地为合同履行地。即债权人可以选择在原告住所地人民法院提起民事诉讼。

121.5　合同履行地管辖。民间借贷双方就合同履行地未约定或者约定不明确，事后未达成补充协议，按照合同有关条款或者交易习惯仍不能确定的，以接受货币一方所在地为合同履行地。发生民间借贷纠纷由接受货币一方所在地人民法院管辖。

121.6　协议管辖。民间借贷双方当事人在订立民间借贷合同时，在不违反级别管辖和专属管辖的前提下，可以以书面形式约定发生争议时由被告住所地、原告住所地、合同签订地、合同履行地、标的物所在地等与争议有实际联系点的人民法院管辖。

121.7　共同管辖。当两个及两个以上人民法院对同一个民间借贷纠纷案件都有管辖权时，原告可以向任何一个人民法院提起诉讼。当同一个原告向两个及两个以上人民法院提起诉讼时,由最先立案受理的人民法院管辖。

121.8　移送管辖。某一人民法院受理民间借贷纠纷之后,发现自己没有管辖权,可将案件移送给有管辖权的人民法院审理。但当受移送的人民法院经审查认为受移送的民间借贷案件不属于其管辖的,不得将案件退回或自行再移送其他人民法院,而应当报请共同上级人民法院指定管辖。

第122条　准备诉讼材料

122.1　律师应在全面掌握民间借贷纠纷的案情、充分收集和分析证据的基础上,确定具体诉讼请求,认真撰写起诉状、答辩状或反诉状。

122.2　民事起诉状是民间借贷纠纷案件的原告向法院陈述自己的合法权益受到侵害的事实,阐明起诉理由,提出诉讼请求的法律文书。内容包括:

第一部分为首部。包括:(1)标题(《民事起诉状》或《民事诉状》);(2)当事人基本情况(①自然人,应写明姓名、性别、年龄、民族、籍贯、工作单位和住址。②未成年人、无民事行为能力人或限制民事行为能力人,还应写明法定代理人的基本情况,并注明其与当事人的关系。③法人或其他组织,应写明全称、地址、法定代表人姓名、职务、电话、企业性质、工商登记核准号、经营范围和方式、开户银行及账号等项内容。第三人同上)。

第二部分为正文。包括:(1)诉讼请求(民间借贷纠纷的诉讼请求主要有:①清偿借款本金。②支付利息。③支付逾期利息。④支付违约金。⑤赔偿损失等。但表述应当明确具体,切忌含糊笼统)。(2)事实与理由。应当写明原、被告之间民间借贷合同法律关系存在的事实以及权益发生争议的基本情况,并就双方发生争议的权益性质、损害后果以及被告应当承担的民事责任加以阐述和论证,依据事实和法律阐明原告诉讼请求的真实性、合理性和合法性。如需引用证据应注明证据和证据来源、证人姓名和联系方式。

第三部分为尾部。(1)结尾写明致送受诉法院名称、原告的签名或盖章、时间等。(2)附项应写明民事起诉状的副本数、附送证据的名称及件数。(《证据清单及说明》证据材料应当依照主体资格方面的证据、诉讼时效方面的证据、案件事实部分的证据顺序列举。)

122.3　答辩状是被告、被反诉人、被上诉人、被申请(诉)人为了减免答辩人的责任,针对民间借贷纠纷起诉状、反诉状、上诉状、再审申请(诉)书的内容,在法定期限内根据事实和法律进行回答和辩驳的文书。内容包括:

第一部分为首部。包括:(1)标题(《民事答辩状》或《答辩状》);(2)答辩人基本情况(①自然人,应写明姓名、性别、年龄、民族、籍贯、工作单位和住址。②未成年人、无民事行为能力人或限制民事行为能力人,还应写明法定代理人的基本情况,并注明其与当事人的关系。③法人或其他组织,写明全称、地址、法定代表人姓名、职务、电话、企业性质、工商登记核准号、经营范围和方式、开户银行及账号等项内容。第三人同上)。

第二部分为正文。内容为答辩理由,该部分是答辩状的主体部分,写法没有统一的规定,一定要针对原告在诉状中提出的事实和理由,或上诉人在上诉状中提出的上诉请求和理由,及反诉人在反诉状中提出的事实和理由,再审申请人在再审申请书中提出的事实和理由,以及申诉人在申诉状中提出的事实和理由,进行答辩和反驳,并依据相关事实和法律提出相反的事实、证据和理由,以证明自己的答辩主张。

第三部分为尾部。(1)结尾写明致送受诉法院名称、答辩人的签名或盖章、时间等。(2)附项应写明答辩状的副本数、附送证据的名称及件数。(《证据清单及说明》证据材料应当依照主体资格方面的证据、诉讼时效方面的证据、案件事实部分的证据顺序列举。)

122.4　在一个已经开始的民间借贷纠纷诉讼程序中,本诉的被告可以以本诉原告为被告,向受诉法院提出与本诉有牵连的独立的反诉请求。被告提出反诉主张,应当提交反诉状,反诉状的结构格式与起诉状民事诉状相同,首部部分标题为《民事反诉状》或《反诉状》,主体改为反诉人(本诉被告)和被反诉人(本诉原告)。正文部分阐明反诉的事实及理由。尾部落款由反诉人签名盖章。

122.5　代理申请财产保全。财产保全有诉前财产保全和诉讼财产保全两种。

122.5.1 鉴于大多数委托人是在民间借贷双方经过反复交涉无果、关系无法调和甚至反目为仇的情况下才委托律师提起诉讼,一般来说,情况比较紧急,如不立即申请财产保全,债务人随时有可能转移财产,会使委托人的合法权益受到难以弥补的损害。为防止对方接到诉状后转移财产,代理律师应当在起诉之前向法院申请财产保全。

122.5.2 在实践中,有些地方的人民法院不愿做诉前财产保全,那么,代理律师应当尽快起诉立案,在法院受理后,尽快申请诉讼财产保全。

122.5.3 代理律师在代理申请财产保全时,应当告知委托人,申请财产保全应当缴纳保全费用,还需提供相应的财产作为担保。并提示委托人相关风险,如保全错误或超标的保全还需承担赔偿责任。

第四节 民间借贷纠纷起诉立案

第123条 律师在拟好民间借贷纠纷民事诉状、备齐所有材料之后,应当及时到有管辖权的人民法院办理立案手续,向人民法院提交立案所需要的文书材料。包括:

123.1 《民事诉状》正本一份,按对方当事人人数提交副本。

123.2 当事人的身份证明材料:

123.2.1 当事人是自然人的,应当提交记载其姓名、性别、年龄、民族、住所、身份证号码等基本信息的材料,如身份证、户口簿、居住证明。

123.2.2 当事人是法人或者其他组织的,应当提交法人或者其他组织的营业执照(副本)复印件、注册登记证书或者组织机构代码证复印件,以及法定代表人或者主要负责人的身份证明书原件和身份证复印件。

123.2.3 如清算组(人)、信托监察人、遗产管理人、遗嘱执行人、失踪人财产代管人代权利主体起诉的,应提交具有上述身份证明材料复印件。

123.2.4 诉讼代表提起诉讼的,提交全部原告身份证明材料复印件外,还要提供共同原告推选其为诉讼代表人的证明材料。

123.2.5　外国人，提交护照、个人身份证件的复印件，本人因在境外不能到人民法院起诉的，应提交经过公证、认证的身份证明材料。

123.2.6　我国港、澳、台地区当事人，提交港澳台居民身份证、回乡证的复印件。在内地没有住所的中国香港居民，本人在内地以外不能到人民法院起诉的，应提交经我国司法部认可的中国香港律师公证的身份证明复印件。在内地没有住所的澳台居民，本人在内地以外不能到人民法院起诉的，应提交经公证的身份证明复印件。

123.2.7　在我国领域内没有住所的外国企业或组织的，应提交经过公证、认证的依法成立的证明材料复印件（注册登记证明等）。

123.2.8　外国企业在华办事处代该公司起诉或者上诉的，应提交经公证、认证的公司授权委托书。

123.2.9　在内地没有住所的中国香港企业或组织的，提交经我国司法部委托中国香港律师公证的依法成立的证明。在内地没有住所的中国澳门、中国台湾企业或组织，应提交依法成立的证明。

123.3　原告提交起诉状时应当一并提交与民间借贷纠纷案件相关的证据材料，并按照对方当事人的人数提交副本。

123.4　当事人委托律师事务所律师作为诉讼代理人进行诉讼的，应当一并提交委托授权材料，如授权委托书原件、委托人身份证明（与本条112.2相同）复印件、律师事务所函原件、律师执业证复印件。

123.5　为了便于人民法院送达相关诉讼文书，原告起诉时应当填写《送达地址确认书》。（如果原告提交的送达地址不准确、送达地址变更未及时告知法院或者拒不提交送达地址而导致诉讼文书未能接收，邮寄送达的以邮件回执上注明的退回之日视为送达之日，直接送达的以送达人当场在送达回证上记明情况之日视为送达之日。人民法院按照原告提交的被告送达地址或者其他联系方式无法通知被告应诉的，采用公告送达的方式向被告送达。）

第124条　原告提交的起诉文件符合：原告是与本案有直接利害关系的公民、法人和其他组织，有明确的被告，有具体的诉讼请求、事实和理由，属于人民法院受理民事案件的范围且受诉法院有权管辖等条件，人民法院应当立案受理，并开具《案件受理通知书》。

第 125 条 诉讼费用的计算与交纳

人民法院受理民间借贷纠纷案件后，依据诉讼请求的标的和《诉讼费用交纳办法》，以及适用的是普通程序或是简易程序情况，计算案件受理费收费标准（适用简易程序案件受理费减半收取），并向原告发出人民法院预交诉讼费用通知书，原告在收到该通知书次日起 7 日内预交，否则按自动撤回起诉处理。

第五节 民间借贷纠纷诉讼案件审理程序

第 126 条 一般规定

126.1 根据《中华人民共和国民事诉讼法》规定，民间借贷纠纷案通常实行两审终审制，诉讼标的额为各省、自治区、直辖市上年度就业人员平均工资百分之三十以下的，实行一审终审，不得提起上诉。其他案件当事人不服一审判决、裁定可以上诉，由二审终审。

126.2 民间借贷纠纷案件一审程序又分为简易程序和普通程序两种：

126.2.1 简易程序对于事实清楚、权利义务关系明确、争议不大的民间借贷纠纷案件适用简易程序，由审判人员一人独任审理，应当在立案之日起三个月内审结。

126.2.2 普通程序：对于案情复杂、争议较大、权利义务关系不明的民间借贷案件，适用普通程序，应当依法组成合议庭审理，应当在立案之日起六个月内审结，有特殊情况需要延长的，由法院院长批准，可以延长六个月，还需要延长的，报请上一级人民法院批准。

126.2.3 简易程序可转普通程序：适用简易程序审理的案件，在审理过程中，发现案情复杂，需要转为普通程序审理的，可以转为普通程序。但已经按照普通程序审理的案件，在审理过程中无论是否发生了情况变化，不得改用简易程序审理。

126.3　人民法院审理民间借贷纠纷案件，可以根据当事人自愿的原则，在事实清楚的基础上，分清是非，进行调解。调解达成协议，人民法院应当制作调解书。调解书由审判人员、书记员署名，加盖人民法院印章，送达双方当事人签收后，即具有法律效力。

126.4　当事人不服地方人民法院一审判决的，有权在判决书送达之日起十五日内向上一级人民法院提起上诉。当事人不服地方人民法院一审裁定的，有权在裁定书送达之日起十日内向上一级人民法院提起上诉。

126.5　当事人对已经发生法律效力的判决、裁定，认为有错误的，可以向上一级人民法院申请再审；当事人一方人数众多或者当事人双方为公民的案件，也可以向原审人民法院申请再审。

126.6　发生法律效力的民事判决、裁定，以及刑事判决、裁定中的财产部分，由一审人民法院或者与一审人民法院同级的被执行的财产所在地人民法院执行。法律规定由人民法院执行的其他法律文书，由被执行人住所地或者被执行的财产所在地人民法院执行。

第127条　民间借贷纠纷诉讼一审程序

127.1　民间借贷纠纷案立案受理之后，案件正式进入一审程序。其间，人民法院将进行诉讼文书送达、开庭排期及开庭传票送达、法庭审理和判决等工作。其中，法庭审理是一审程序的核心和重点。法庭审理一般包括：告知阶段、法庭调查阶段、法庭辩论阶段、最后陈述阶段、评议阶段和判决阶段等。在一审程序中，律师应当与审判人员保持良好沟通，密切跟进案件的进程，但工作的重点应放在法庭开庭审理中的法庭调查和法庭辩论两个阶段。

127.2　律师不论是作为民间借贷纠纷的原告委托代理人还是被告委托代理人，在参加开庭审理时，主要做以下工作：

127.2.1　代理申请回避。如果发现审判人员与本案有利害关系或者其他关系，可能影响公正审判的，律师有权代理当事人依法申请回避。

127.2.2　参与法庭调查。在法庭调查阶段，诉讼双方分别就自己的主张向法庭提供证据。律师既要全面出示委托方的证据并阐明证据的证明力，又要迅速对对方的证据进行分析、作出判断，提出质证意见。在双方质证完毕后，律师还要代表委托人回答法庭询问。

127.2.3　进行法庭辩论。在法庭辩论阶段，律师要根据相关事实和法律，以及法庭调查的情况和有关程序问题，及时归纳庭审调查的基本事实，对争议焦点、适用法律充分发表意见，阐明自己的观点和理由，并对对方的判断和理由进行反驳。律师应当在开庭之前草拟好代理词，作为法庭辩论的依据，针对法庭调查发现新的情况，可先发表口头补充辩论意见，休庭后，整理成书面补充意见，提交给审判人员。

127.3　辩论结束后，双方作最后陈述，法庭休庭合议。法庭休庭之后至判决之前，律师应继续保持与审判人员的联系，如休庭后发现新证据，应及时提交。

127.4　一审法院就民间借贷纠纷案件作出判决之后，代理律师应当认真阅读和研究判决书，并尽快通知委托人，向委托人进行分析和解读。尤其是对于判决驳回诉讼请求的案件，律师要细致分析败诉的原因，如己方的原因（证据不足、请求不当、缺乏事实和法律依据等），或是一审法院审判错误的原因（如认定事实不清、据以认定的证据不足、适用法律错误、程序违法等），并分析上诉的可行性，征求委托人是否上诉的意见，告知上诉可能存在的风险等。

第128条　民间借贷纠纷诉讼二审程序

128.1　民间借贷当事人不服人民法院所作的一审判决或裁定，作出上诉决定的，代理律师应当立即准备上诉状，在判决书送达之日起十五日内或在裁定书送达之日起十日内向上一级人民法院提起上诉。

128.2　上诉状的内容：首部为《民事上诉状》名称，上诉人和被上诉人的姓名及身份信息，法人的名称及其法定代表人的姓名或者其他组织的名称及其主要负责人的姓名及身份信息；原审人民法院名称、案件的编号和案由。正文为上诉的请求和理由等。尾部为上诉人的签名盖章及上诉日期。如有新证据的，应当制作证据清单作为附件。

128.3　上诉人提交上诉状时，应当一并提交与民间借贷纠纷案件相关的新证据,并按照对方当事人的人数提交副本。

128.4　当事人委托律师事务所律师作为上诉代理人的,应当一并提交相关授权委托材料,如授权委托书原件、委托人身份证明复印件、律师事务所函原件、律师执业证复印件。

128.5　上诉人提起上诉需交纳上诉费,上诉费应自上诉人收到诉讼费用通知书次日起7日内交清,否则按自动撤回上诉处理。

128.6　由于二审人民法院对上诉案件,可以开庭审理,也可以不开庭审理,因此,代理律师仍然应当高度重视二审的代理工作,并结合二审程序自身的特点,有针对性地进行代理活动。

128.6.1　要充分把握和利用好新证据。对于一审未能取得但在一审判决后取得的关键证据,应当充分出示和说明。对一审未被采纳的调取证据请求,宜在上诉状中表明,并在二审立案后重新以书面形式专门提出调取证据的申请。

128.6.2　要透彻地分析和指出原审判决中存在的缺陷,如哪些事实认定不清、哪些定性证据不足、哪些程序出现违法、哪些法律适用错误等。

128.6.3　一定要准备和提交二审代理词。由于二审可能事开庭审理,律师的代理词便成了律师向二审法院合议庭阐明主张的唯一方式和机会,因此,必须要准备好并提交代理词。代理词主要是针对具体案件的定性和适用法律展开,指出原审判决的缺陷,有的放矢地反驳对方意见,重申己方的主张。

128.7　二审人民法院审理有判决的上诉案件,应当在二审立案之日起三个月内审结。有特殊情况需要延长的,由本院院长批准。审理有裁定的上诉案件,应当在二审立案之日起三十日内作出终审裁定。代理律师在接收终审判决或裁定之后,应当认真阅读和研究判决书或裁定,并尽快通知委托人,向委托人进行分析和解读,并提出相关建议。对于情绪异常的委托人,要尽量做好抚慰工作。

第129条　民间借贷纠纷诉讼再审程序

129.1　民间借贷再审程序是人民法院对已经审结并发生法律效力的判

决书、裁定书和调解书存在或可能存在错误而再次进行审理的诉讼活动，该程序不是必经的程序，而是一种补救程序，也是代理律师为民间借贷纠纷委托人争取合法权益的最后机会，应当予以重视。如果发现符合再审条件的情形，应当提请再审申请。

129.2　律师代理申请再审的案件应当符合以下条件之一：

129.2.1　有新的证据，足以推翻原判决、裁定的。

129.2.2　原判决、裁定认定的基本事实缺乏证据证明的。

129.2.3　原判决、裁定认定事实的主要证据是伪造的。

129.2.4　原判决、裁定认定事实的主要证据未经质证的。

129.2.5　对审理案件需要的主要证据，当事人因客观原因不能自行收集，书面申请人民法院调查收集，人民法院未调查收集的。

129.2.6　原判决、裁定适用法律确有错误的。

129.2.7　审判组织的组成不合法或者依法应当回避的审判人员没有回避的。

129.2.8　无诉讼行为能力人未经法定代理人代为诉讼或者应当参加诉讼的当事人，因不能归责于本人或者其诉讼代理人的事由，未参加诉讼的。

129.2.9　违反法律规定，剥夺当事人辩论权利的。

129.2.10　未经传票传唤，缺席判决的。

129.2.11　原判决、裁定遗漏或者超出诉讼请求的。

129.2.12　据以作出原判决、裁定的法律文书被撤销或者变更的。

129.2.13　审判人员审理该案件时有贪污受贿，徇私舞弊，枉法裁判行为的。

129.2.14　当事人对已经发生法律效力的调解书，提出证据证明调解违反自愿原则或者调解协议的内容违反法律规定的。

129.3　民间借贷纠纷当事人申请再审的，应当在判决、裁定发生法律效力后六个月内提出。有《中华人民共和国民事诉讼法》第二百条第一项、第三项、第十二项、第十三项规定情形的，自知道或者应当知道之日起六个月内提出。

129.4　民间借贷纠纷当事人申请再审，须提交再审申请书及相关证据材料。委托律师事务所律师作为再审申请代理人的，应当一并提交相关授权委托材料，如授权委托书原件、委托人身份证明复印件、律师事务所函原件、律师执业证复印件。

129.5　律师代理民间借贷纠纷再审案件的主要工作，与二审程序大致相同，代理律师一定要准备和提交再审代理词，代理词的内容主要是说明再审申请符合再审案件的条件要求，重审己方主张。

第130条　民间借贷纠纷诉讼执行程序

130.1　人民法院对民间借贷纠纷案件作出的判决生效后，负有清偿义务的借款人拒不履行生效判决确定的给付义务时，法院根据出借人的申请或者依职权，强制其履行义务。执行程序有以下阶段：一是强制执行程序启动；二是对被执行人财产进行查明；三是依法处置财产；四是执行结案，包括强制执行程序的中止和执行终结。

130.2　执行程序是民间借贷纠纷诉讼活动的最后阶段，律师在接受执行阶段的委托时应当注意以下问题：

130.2.1　申请执行的法律文书是否已经生效。

130.2.2　申请执行的法律文书是否具有给付内容。

130.2.3　委托人是否为有权申请的当事人。

130.2.4　代理执行事项是否在法律规定的执行期限内。

130.3　律师在这个阶段的主要工作为：代为提出执行申请；接受被执行人的委托，代理和解；接受案外人的委托，代理提出执行异议等。

130.3.1　代理律师根据被执行人的财产状况和案件的实际情况，选择执行法院，并做好被申请人提出执行管辖异议的准备工作，以便为法院作出裁决提供依据。

130.3.2　律师应当研究案情细节，注意是否有其他被执行人，是否需要变更、追加被申请人。如需要，尽快收集变更、追加被申请人的依据和相关人员的身份及资产状况的有关证据材料。

130.3.3　收集适用执行措施的其他证据，如收集有能力履行义务的信息资料和线索，申请限制出境的依据，收集被执行人隐藏、转移、变卖、毁损财产的证据，抗辩案外执行异议的证据，对被申请人申报财产异议的证据。

130.3.4　在执行过程中根据执行工作需要提交各种申请或异议，如对违法执行行为提出异议，特定情况下向上一级人民法院申请执行，恢复执行申请，申请变更或追加被申请人，对执行管辖异议的裁定不服时申请复议，申请限制被执行人出境，申请将被执行人列入失信人员名单，申请对被执行人进行司法拘留，发现被申请人其他财产随时提出申请恢复强制执行，提起刑事自诉申请，追究被执行人刑事责任。

130.3.5　代理委托人参加执行程序中发生的各种诉讼，如参加案外人对执行异议的诉讼，由申请执行人提起的诉讼，对分配方案提起异议的诉讼等。

第131条　民间借贷纠纷仲裁程序

131.1　如果民间借贷双方在纠纷发生之前或发生之后，签订书面协议，自愿将民间借贷合同履行过程中发生的纠纷提交双方所同意的仲裁委员会裁决，有具体的仲裁请求和事实、理由，争议属于仲裁委员会的受理范围，在协商不成的情况下，应当申请仲裁解决。

131.2　由于仲裁实行一裁终局，具有简便、快捷、灵活等优势，选择仲裁方式也是解决民间借贷纠纷的有效途径。律师在从事民间借贷纠纷处理法律服务时，应当提倡通过仲裁解决争议。

131.3　仲裁时效：民间借贷纠纷申请仲裁保护的时效适用3年诉讼时效的规定。法律对仲裁时效另有规定的，依其规定。

131.4　当事人申请仲裁，应当向仲裁委员会递交仲裁协议、仲裁申请书及副本、相关证据。

131.5　仲裁申请书应当载明事项：第一部分为首部，载明当事人的姓名、性别、年龄、职业、工作单位和住所，法人或者其他组织的名称、住所和法定代表人或者主要负责人的姓名、职务；第二部分为正文，载明仲裁请求和所根据的事实、理由；第三部分为证据和证据来源、证人姓名和住所。

131.6　根据《仲裁法》对仲裁程序的有关规定，仲裁审理一般应经过以下阶段：开庭准备、开庭开始、庭审调查、庭审辩论、评议与裁决。在仲裁过程中，代理律师的主要任务与诉讼程序一样，需做好每个环节的应对工作。

131.7　裁决书自作出之日起发生法律效力。但当事人提出证据证明裁决有下列情形之一的，可以向仲裁委员会所在地的中级人民法院申请撤销裁决：

131.7.1　没有仲裁协议的。

131.7.2　裁决的事项不属于仲裁协议的范围或者仲裁委员会无权仲裁的。

131.7.3　仲裁庭的组成或者仲裁的程序违反法定程序的。

131.7.4　裁决所根据的证据是伪造的。

131.7.5　对方当事人隐瞒了足以影响公正裁决的证据的。

131.7.6　仲裁员在仲裁该案时有索贿受贿，徇私舞弊，枉法裁决行为的。

131.8　当事人申请撤销裁决的，应当自收到裁决书之日起六个月内提出。

131.9　裁决书发生法律效力负有履行义务一方当事人不履行的，另一方当事人可以依照《民事诉讼法》的有关规定向中级人民法院申请强制执行。

第六节　民间借贷纠纷诉讼案件质证技巧

第132条　一般规定

132.1　民间借贷纠纷诉讼案件所涉及的证据包括：当事人的陈述、书证、物证、视听资料、电子数据、证人证言、鉴定意见、勘验笔录八个方面。证据必须查证属实，才能作为认定事实的根据。

132.2　人民法院或仲裁机构查证民间借贷纠纷证据的途径主要是通过开庭举证和质证实现。由于证据的查证是决定案件定性及成败的关键所在,代理律师要高度重视举证质证环节的工作,重点对对方当事人的证据质证。

132.2.1 充分举证:律师应当在举证质证环节充分出示己方证据,并运用该证据证明主张的案件事实成立或有利于自己的主张。

132.2.2 全面质证:律师应对另一方出示的每一份证据的合法性、真实性及与本案争议事实的关联性进行质证,否定或削弱其证据效力。

132.3 证据只有符合合法性、真实性和关联性才能作为有效的证据,代理律师在举证和质证环节的工作,就是对证据是否具备合法性、真实性和关联性三性展开。在质证时,应注意以下三项原则:

132.3.1 可以确认真实的证据,对于虚假的证据材料不予确认。

132.3.2 可以确认来源合法的证据,对于来源不合法的证据材料不予确认。

132.3.3 可以确认与案件存在逻辑关系的证据,对于与案件没有关联、不存在逻辑关系的证据材料不予确认。

132.4 为了确保举证质证,代理律师应当在庭审前全面熟悉双方证据,做好举证和质证准备;对于关键证据,必要时采取相应法律措施:如申请证据保全、申请法院调查取证、提请司法鉴定。在开庭质证时,对方当庭提交的证据及对方发表的举证意见,要做好记录,并形成自己的质证意见,根据需要,庭后再向法庭提交书面质证意见。

第133条 对当事人陈述的质证

133.1 鉴于绝大多数当事人的陈述都以自己的利益为出发点发表陈述意见,存在隐瞒不利事实和夸大有利事实的倾向,具有"真实性"、"虚假性"、"争辩性"和"不稳定性"等特点。代理律师应当在肯定己方当事人陈述"真实性"的同时,重点对对方当事人陈述的"虚假性"进行质证。

133.1.1 要通过认真细致地倾听和分析,发现对方当事人陈述中存在的虚假性破绽,即可在质证时有理有据地推翻其主张。

133.1.2 在听对方当事人对借贷事实陈述时,应当观察其行为能力、理解能力、表达能力,以及当时的环境对其陈述是否产生影响。

133.1.3　要分析对方当事人陈述、辩解有无反复，陈述的内容、各个情节之间有无矛盾，各个事实之间的逻辑关系如何，与其他证据之间是否相互印证。

133.1.4　要注意当事人的陈述与证人的证人证言或其他有关人员之间，分析有无串供的可能等。

133.2　在委托人未参与庭审调查的情况下，应当制作并提供当事人的书面陈述意见，向法庭提交，保证其陈述的真实性和准确性。

133.3　如果己方当事人对于自己的主张，只有其个人的陈述，而不能提供其他相关证据证明时，应当通过对方当事人的陈述了解是否存在确认的内容，也可通过发问等方式，让对方当事人就相关事项作出确认性陈述或肯定性回答，并从中找到可以印证的内容。

第134条　对书证的举证与质证

134.1　民间借贷纠纷案件的书证范围涵盖了能够根据其表达的意思和记载的内容查明民间借贷真实情况的一切物品，常见的有借款（担保）合同（协议）、借条、借据、收据、欠条、银行转账凭证等。在民间借贷纠纷诉讼及仲裁活动中，代理律师应当向人民法院提供，并在质证环节中充分出示这些书证，并对对方提供的书证进行质证。

134.2　对对方的书证质证时，必须要求对方提供书证原件并进行核实，然后，再对该书证的真实性、合法性和关联性发表质证意见。

134.2.1　如果对方当事人不能提供原件的，应当对复印件发表质证意见，可以直接否定其真实性、合法性和关联性。但不宜轻易拒绝质证，以免被误解为放弃质证权利。

134.2.2　如果对方当事人不能提供原件，法庭要求附条件发表质证意见的，在核对笔录时，必须确认是否在笔录中明确了所发表质证意见的前提。

134.2.3　应当认真阅读对方当事人书证的全部内容，核实并确认证明对象是否与所质证的证据一一对应，在全面理解该证据之后再发表质证意见。

134.3　要查明书证取得的方式是否合法。书证制作人是否有制作该种文书的资格,是否存在暴力威胁、利诱、欺骗的情形,如果取得方式合法,则可确认。

134.4　要审查书证上的签名是否为本人亲自所写,签名时间是否与书证内容制作时间相同。如果对书证的形成时间、书证内容的产生时间、书证上签名时间,以及签字笔迹真伪有怀疑,应当就笔迹及形成时间申请进行司法鉴定。

134.5　如是有关单位和个人制作的书证,应当查实书证上有无加盖单位公章和有关人员的签名、盖章及签名是否属实,是否存在私刻公章、私盖公章的情形。如需核对印章时,如有怀疑,应就书证上的盖章及签名笔迹申请司法鉴定。

134.6　如书证为公文性书证,应辨别有无伪造、变造的痕迹。如有怀疑,应提请法院向原制作单位进行核查,以查清这些书证所记载的内容是否属实。

134.7　书证质证的核心,是对书证所记载内容表述含义的理解和解读,要查明书证的内容是否为有关人员的真实意思表示,书证与待证事实之间的关系,确认该书证同案件的关联性。

第135条　对物证的举证与质证

135.1　物证是以物品和物质痕迹等客观物质实体的存在状况、外部特征或者物质属性对案件起证明作用的实物证据。在民间借贷纠纷案件中,也有涉及物证的举证及质证。

135.2　代理律师在对物证质证时应当注意识别收集的物品和痕迹的真伪,判明这些物品和痕迹的来源,物证与待证事实有无关联性,以及各个物证在整个案件证据体系中的作用。如对对方当事人物证有异议或者是人的直接感知无法辨认的,应建议当事人申请鉴定。

第136条　对视听资料的举证与质证

136.1　民间借贷关系中的视听资料包括记录出借人与贷款人之间借贷事实的录音、录像和图形图片等,具有直观性、具象性、证据力强等特点。律师在代理民间借贷纠纷案件时，应当重视视听资料的举证和质证。

136.2　律师在对视听资料质证时，应当审查判断视听资料的真实性、合法性和关联性。

136.2.1　要查实视听资料的来源是否可靠，确认该视听资料形成的时间、地点，是在交易进程中形成，还是在争议发生后形成，在何地点形成等。

136.2.2　要查实确认视听资料是否完整，是否存在剪辑，有无遗漏等。

136.2.3　要查实视听资料的来源是否合法，来源合法则可确认，如果该视听资料是通过胁迫、欺诈、伪造等方式取得，则不予确认。

136.3　如果对视听资料真伪、完整性存在怀疑，应当申请鉴定。但申请鉴定应当慎重，以避免不利的鉴定结论，使法庭丧失对己方的信任。

第137条　对电子数据的举证与质证

137.1　随着信息技术的发展与普及，电子数据已在民间借贷关系中得到广泛运用。但电子数据易被复制，而且这种复制的复件与原件不论是形式还是内容上无法区别。因此，电子数据的质证最重要的一个难题和重点，就是如何查证、区分和质辩电子数据的"原件"。

137.1.1　要查实电子数据是否源自一个中立的第三方，以及是否容易被一方当事人修改或篡改。

137.1.2　要查明存储在电子计算机光盘和硬盘中的数据是原件，还是存储在其他介质中或者打印出来的内容是原件。

137.1.3　要查明保存的电子邮件是以发件人的为原件，还是收件人或者转发至第三人处的为原件。

137.1.4　电子数据的输出物和打印物与存储载体中的数据在内容上是否一致。

137.1.5　如对"原件"判断的重要电子数据，应当申请对对方的电子数据予以质辩和鉴定。

137.2　在确认电子数据为"原件"的前提下，应当对电子数据证据的合法性与本案的关联性发表质证意见，对于电子数据是真实、合法的，又有关联的，应当予以确认。

第 138 条 对证人证言的举证与质证

138.1 鉴于许多民间借贷事实的发生，当事人只是口头约定，借款以现金交付，发生纠纷只有当事人一方陈述，而无其他相关证据证明时，证人证言成了决定性证据。代理律师应重视证人证言的举证和质证。

138.2 根据法律规定，由于当事人提供的证人在人民法院通知的开庭日期没有正当理由拒不出庭的，由提供该证人的当事人承担举证不能的责任。律师必须充分评估证人证言在具体案件中的证据价值，并根据相应的评价结果，确保己方重要证人出庭作证。

138.3 代理律师应当把重点放在对对方当事人的证人证言的质证上。

138.3.1 要查明证人证言的证据能力：在作证时和在现场时间的年龄、认知水平、记忆能力和表达能力，还有生理上和精神上的状态是否影响作证。是否处于明显醉酒、麻醉品中毒或者精神药物麻醉状态，以致不能正确表达的证人所提供的证言，不能作为证据使用。

138.3.2 要查明证人证言的意见证据，即证人证言的内容应当是其亲身感知的表述，不应是揣测性的、推断性的、评论性的、推断性的证言。

138.3.3 要查明证人证言的取得程序方式是否合法：通过如暴力、威胁、欺骗、引诱等非法手段取得的，没有经过证人核对确认并签名（盖章）、捺指印的书面证言，取得方式不合法，不能确认。

138.3.4 对于出庭作证的证人，还要确认证人与当事人是否有利害关系，确认证人是否为案件事实知情人。要注意审判人员对证人的询问，没有把握不轻易向证人发问。

第 139 条 对鉴定意见的举证与质证

139.1 在民间借贷纠纷案件中，有许多情况下需要对证据进行鉴定，并对鉴定意见进行质证，代理律师应当针对己方单方委托鉴定的鉴定意见作出充分说明，同时重点对对方的鉴定意见进行质证。

139.2 律师对鉴定意见的质证应当围绕以下内容进行：

139.2.1 对鉴定主体资质进行审查，以确认是否具有鉴定资格，是否有鉴定能力，是否有回避的情形。

139.2.2　对鉴定过程的说明进行审查，以确认鉴定程序是否合法，委托鉴定的材料来源是否符合鉴定条件，是否真实可靠，与案件有无关联。

139.2.3　对鉴定书的结构形式进行审查，以确认鉴定书的结构形式是否规范。注意鉴定书结尾部分。鉴定人员及鉴定机构签名盖章、鉴定日期是否真实，多页鉴定书是否加盖了骑缝章，文字是否有涂改。

139.2.4　对鉴定书的内容进行审查，以确认鉴定事项、内容是否与委托鉴定的内容相一致，要重点审查分析说明部分。

139.2.5　对鉴定方法进行审查，要在对鉴定的依据及使用的科学技术手段审查的同时，从法律逻辑上审查其逻辑推理是否正确，审查其是否违背逻辑推理规则。

139.3　如果一方当事人自行委托有关部门作出鉴定结论，另一方当事人有证据足以反驳的，可以申请重新鉴定。如在质证中发现人民法院委托的鉴定部门作出的鉴定意见有以下情形，应当不予确认，并可申请重新鉴定：

139.3.1　鉴定机构或者鉴定人员不具备相关的鉴定资格。

139.3.2　鉴定程序严重违法。

139.3.3　鉴定结论明显依据不足。

139.3.4　经过质证认定不能作为证据使用的其他情形。

139.4　对有缺陷、有瑕疵的鉴定书，可以通过补充鉴定、重新质证或者补充质证等方法解决。

第140条　对勘验笔录的质证

140.1　民间借贷纠纷尤其是设立抵押担保或质押条件的民间借贷纠纷，也会运用到勘验笔录证据。因此类证据是人民法院指派的勘验人员对案件的诉讼标的物（如抵押物和质物）和有关证据，经过现场勘验、调查所作的记录。律师应当重视此类证据的质证。

140.2　律师在对勘验笔录质证时，真实性毋庸置疑，重点应当在合法性和关联性上。

140.2.1　应当复核勘验笔录形成的参与人员及形成时间，勘验人、当事人和被邀请参加人是否都签名或者盖章。

140.2.2　复核勘验笔录中记录的内容，对勘验当时情况的记载是否客观真实，是否掺杂勘验人员的任何主观推测和分析判断的内容。

140.2.3　复核勘验笔录文字用语是否确切肯定，是否存在模棱两可或不确定的词语。

140.2.4　复核勘验笔录是否在勘验过程中当场制作，是否存在事后追忆，是否完整反映勘验的经过和结果等。

第七节　民间借贷纠纷诉讼案件难点的处理

第141条　概述

141.1　民间借贷纠纷涉及面广，情况复杂，而且，随着科技的进步和社会的发展，不断衍生出许多新的情况，为此，最高人民法院颁布了《关于审理民间借贷案件适用法律若干问题的规定》（法释〔2015〕18号），为律师办理民间借贷纠纷案件业务提供了分析和判断的依据。

141.2　鉴于此，作为指导律师办理民间借贷业务的本操作指引，应当吸收《规定》的全部内容，并结合律师行业特点和业务热点、难点，加以综合提炼，使之成为指导律师办理民间借贷纠纷诉讼业务的具体指引。

141.3　作为指导律师办理民间借贷纠纷诉讼业务的具体指引，相关内容的表述已转换为"律言律语"，相关层次、顺序排列主要考虑律师阅读或运用方便，不强求与《规定》一一对应。

第142条　律师代理出借人向人民法院提起民间借贷纠纷诉讼时，应当提供借据、收据、欠条等债权凭证以及其他能够证明借贷法律关系存在的证据。如果当事人持有的借据、收据、欠条等债权凭证没有载明债权人，律师应当告知持有债权凭证的当事人，可以提起民间借贷诉讼，但被告对原告债权人资格提出有事实依据的抗辩，经人民法院经审理认为原告不具有债权人资格的，将面临驳回起诉的风险。

第 143 条　出借人以借据、收据、欠条等债权凭证为依据提起民间借贷诉讼，请求被告清偿债务，律师应当提醒原告，如果被告依据基础法律关系提出抗辩或者反诉，并提供证据证明债权纠纷非民间借贷行为引起的，人民法院将依据查明的案件事实，按照基础法律关系审理。当事人通过调解、和解或者清算达成的债权债务协议除外。

第 144 条　出借人仅依据借据、收据、欠条等债权凭证提起民间借贷诉讼，请求被告清偿债务，如果被告抗辩已经偿还借款，并对其主张提供证据证明后，原告代理律师应当提醒并协助原告就借贷关系的成立继续举证。被告抗辩借贷行为尚未实际发生并能作出合理说明，被告的代理律师应当协助被告提供被告的经济能力、相关财产变动情况以及证人证言等证据，以便人民法院应当结合借贷金额、款项交付、当事人的经济能力、当地或者当事人之间的交易方式、交易习惯、当事人财产变动情况以及证人证言等事实和因素，综合判断查证借贷事实是否发生。

第 145 条　原告仅依据金融机构的转账凭证提起民间借贷诉讼，如果被告抗辩转账系偿还双方之前借款或其他债务，并对其主张提供证据证明后，律师应当告知并协助原告继续就借贷关系的成立继续举证证明。

第 146 条　对必须到庭才能查清案件基本事实的原告，代理律师应当告知其必须到庭。如经两次传票传唤，无正当理由拒不到庭的，致使人民法院无法确认借贷行为、借贷金额、支付方式等案件主要事实，人民法院将对其主张的事实不予认定。

第 147 条　设立保证的民间借贷合同纠纷被告人的确定

147.1　保证人为借款人提供连带责任保证担保，律师应告知出借人，可以单独起诉借款人，如果仅起诉保证人的，人民法院可以追加借款人为共同被告。

147.2　保证人为借款人提供一般保证担保，律师应当告知出借人，仅起诉保证人的，人民法院应当追加借款人为共同被告；出借人仅起诉借款人的，人民法院可以不追加保证人为共同被告。

第 148 条　出借人委托律师代理民间借贷保证纠纷案件，律师应当审查借据、收据、欠条上与借款人同时签字或盖章的第三人，是否以保证人的身份，或者有承担保证责任的明确表示，或可以通过其他方式推定他是保证人，则可以列为被告提起诉讼。反之，如此人在借据、收据、欠条等债权凭证或者借款合同上签字或者盖章，但未表明其保证人身份或者承担保证责任，或者通过其他事实不能推定其为保证人，则出借人不得请求其承担保证责任。

第149条 借贷双方通过网络贷款平台形成借贷关系，发生民间借贷纠纷时，当事人请求其承担担保责任的，律师应当告知当事人分别处理：

149.1 如果网络贷款平台的提供者仅提供媒介服务，不能请求网络贷款平台承担担保责任。

149.2 如果网络贷款平台的提供者通过网页、广告或者其他媒介明示或者有其他证据证明其为借贷提供担保，出借人可以请求网络贷款平台的提供者承担担保责任。

第150条 企业法定代表人或负责人与出借人签订民间借贷合同发生纠纷的处理

150.1 如果是以企业名义与出借人签订民间借贷合同，出借人、企业或者其股东能够证明所借款项用于企业法定代表人或负责人个人使用，出借人提起诉讼时可以请求将企业法定代表人或负责人列为共同被告或者第三人。

150.2 如果是以个人名义与出借人签订民间借贷合同，所借款项用于企业生产经营，出借人可以请求企业与个人共同承担责任。

第151条 以买卖合同作为民间借贷合同担保纠纷的处理

151.1 当事人以签订买卖合同作为民间借贷合同的担保，借款到期后借款人不能还款，出借人请求履行买卖合同的，律师应当告知当事人案由已经由民间借贷法律关系转换为买卖合同法律关系，并提醒当事人及时变更诉讼请求。

151.2 按照民间借贷法律关系审理作出的判决生效后，借款人不履行生效判决确定的金钱债务，律师应当告知出借人，可以申请拍卖买卖合同标的物，以偿还债务。就拍卖所得的价款与应偿还借款本息之间的差额，借款人或者出借人有权主张返还或补偿。

第152条　关于民间借贷利息纠纷的处理

152.1　借贷双方在民间借贷合同中没有约定利息，发生纠纷提起诉讼时，律师应告知出借人不得主张支付借期内利息。

152.2　自然人之间借贷对利息约定不明，发生纠纷提起诉讼时，律师应告知出借人不得主张支付借期内利息。

152.3　法人或其他组织借贷双方对借贷利息约定不明，律师应告知出借人可以主张利息的，但是否成立须由人民法院结合民间借贷合同的内容，并根据当地或者当事人的交易方式、交易习惯、市场利率等因素确定。

第153条　关于民间借贷利率纠纷的处理

153.1　借贷双方在民间借贷合同中约定的利率未超过年利率24%。发生纠纷提起诉讼时，律师应告知出借人可以请求借款人按照约定的利率支付利息。

153.2　借贷双方约定的利率超过年利率36%，超过部分的利息约定无效。发生纠纷提起诉讼时，律师应告知借款人可以请求出借人返还已支付的超过年利率36%的部分利息。

第154条　民间借贷关系中，借据、收据、欠条等债权凭证载明的借款金额，一般认定为本金。律师应告知出借人不得预先在出借的本金中扣除利息，如预先在出借的本金中扣除利息，人民法院应当将实际出借的金额认定为本金。

第155条　借贷双方对前期借款本息结算后将利息计入后期借款本金并重新出具债权凭证，如果前期利率没有超过年利率24%，重新出具的债权凭证载明的金额可认定为后期借款本金；超过部分的利息不能计入后期借款本金。约定的利率超过年利率24%，当事人可以主张超过部分的利息不能计入后期借款本金。

按前款计算，借款人在借款期间届满后应当支付的本息之和，不能超过最初借款本金与以最初借款本金为基数，以年利率24%计算的整个借款期间的利息之和。出借人不得应借款人支付超过部分主张权利。

第156条 借贷双方对逾期利率有约定的,从其约定,但以不超过年利率24%为限。未约定逾期利率或者约定不明的,可以区分不同情况处理:

156.1 既未约定借期内的利率,也未约定逾期利率,出借人可以主张借款人自逾期还款之日起按照年利率6%支付资金占用期间利息。

156.2 约定了借期内的利率,但未约定逾期利率,出借人可以主张借款人自逾期还款之日起按照借期内的利率支付资金占用期间利息。

第157条 出借人与借款人既约定了逾期利率,又约定了违约金或者其他费用,出借人可以选择主张逾期利息、违约金或者其他费用,也可以一并主张,但总计不得超过年利率24%。

第158条 没有约定利息,但借款人自愿支付,或者超过约定的利率自愿支付利息或违约金,且没有损害国家、集体和第三人利益,借款人不得以不当得利为由要求出借人返还。但借款人要求返还超过年利率36%部分的利息除外。

第159条 借款人可以提前偿还借款,但当事人另有约定的除外。律师应告知借款人提前偿还借款可以主张按照实际借款期间计算利息。

第十一章　民间借贷刑民交叉处理业务指引

第一节　一般规定

第160条　刑民交叉，是指行为人实施同一个行为时既涉及刑事法律关系，又涉及民事法律关系，相互间存在交叉、牵连、影响，或根据同一法律事实所涉及的法律关系，一时难以确定是刑事法律关系还是民事法律关系。民间借贷关系中，也常出现借贷行为涉及刑事犯罪即刑民交叉的情形，一些民间借贷纠纷案件往往与非法吸收公众存款、集资诈骗、非法经营等案件交织在一起。如遇到此类情况，代理律师应当审慎处理。

第161条　律师在从事民间借贷法律业务时，如遇到借贷行为涉及刑事犯罪的处理方式：

161.1　法院立案后，发现借贷行为本身涉嫌非法集资犯罪的，应当裁定驳回起诉，并将涉嫌非法集资犯罪的线索、材料移送公安或者检察机关。代理律师应当告知当事人或者其亲属，服从法院的安排，等待公安或者检察机关的处理结果，再作下一步打算。

161.2　公安或者检察机关不予立案，或者立案侦查后撤销案件，或者检察机关作出不起诉决定，或者经人民法院生效判决认定不构成非法集资犯罪，律师应当告知并协助或代理出借人再以同一借贷事实向法院起诉借款人。

161.3　法院立案后，发现与民间借贷纠纷案件虽有关联但不是同一事实的涉嫌非法集资等犯罪的线索、材料的，人民法院应当继续审理民间借贷纠纷案件，并将涉嫌非法集资等犯罪的线索、材料移送公安或者检察机关。代理律师应当继续行使代理权，参与民间借贷纠纷案件的审理。

161.4　民间借贷的基本案件事实必须以刑事案件审理结果为依据，而该刑事案件尚未审结的，人民法院应当裁定中止诉讼。代理律师应当告知当事人或者其亲属，服从法院的安排，等待公安或者检察机关的处理结果。

第162条　民间借贷纠纷中借款人因涉嫌犯罪或者生效判决认定其有罪，律师应当告知并协助出借人可以民间借贷纠纷直接起诉借款担保人请求承担民事责任。

第163条　当事人借贷行为涉嫌犯罪或者已生效判决认定构成犯罪后合同效力的认定

163.1　借款人或者出借人的借贷行为涉嫌犯罪，或者已经生效的判决认定构成犯罪，律师应当告知当事人，可以提起民事诉讼，主张民间借贷合同有效。民间借贷合同的效力由人民法院根据《合同法》第五十二条、本规定第十四条之规定认定。

163.2　担保人以借款人或者出借人的借贷行为涉嫌犯罪或者已经生效的判决认定构成犯罪为由，代理律师应当告知担保人可以主张不承担民事责任。担保人是否承担民事责任，由人民法院依据民间借贷合同与担保合同的效力、当事人的过错程度依法确定。

第164条　借款人或者出借人因同一借贷行为同时应当承担民事责任（清偿、赔偿或补偿）、行政责任（行政罚款）和刑事责任（判处有期徒刑并处罚金、没收赃款赃物）的，律师应当告知债权人，责任人应当优先承担民事责任。如果借款人或者出借人的财产不足以支付的，优先用于承担民事责任。

第二节　民间借贷涉及的主要刑事犯罪

第 165 条　集资诈骗罪

165.1　集资诈骗罪是指以非法占有为目的，使用诈骗方法非法集资，数额较大的行为。行为人具有"非法占有"的主观目的，即永久性地非法占有社会不特定公众的资金。行为人在募集资金时，就不打算还本付息。

165.2　律师应当告知当事人，借款人使用诈骗方法非法集资，具有下列情形之一的，可以认定为以非法占有为目的，涉嫌集资诈骗犯罪：

165.2.1　集资后不用于生产经营活动或者用于生产经营活动与筹集资金规模明显不成比例，致使集资款不能返还的。

165.2.2　肆意挥霍集资款，致使集资款不能返还的。

165.2.3　携带集资款逃匿的。

165.2.4　将集资款用于违法犯罪活动的。

165.2.5　抽逃、转移资金、隐匿财产，逃避返还资金的。

165.2.6　隐匿、销毁账目，或者搞假破产、假倒闭，逃避返还资金的。

165.2.7　拒不交代资金去向，逃避返还资金的。

165.2.8　其他可以认定非法占有目的的情形。

165.3　律师应当提醒当事人，民间借贷中，借款人根本没有还款的能力，也没有还款的主观意愿，但是，为了达到非法占有集资款项的目的，虚构一些事实，以借贷的形式向不特定多数人借入款项，然后，将借入的款项非法转移或者挥霍，这种行为就是集资诈骗。但因生产经营亏本或天灾人祸而不能偿还借款的，不构成集资诈骗。

165.4　律师应当告知当事人，集资诈骗的数额以行为人实际骗取的数额计算，案发前已归还的数额应予扣除。行为人为实施集资诈骗活动而支付的广告费、中介费、手续费、回扣，或者用于行贿、赠与等费用，不予扣除。行为人为实施集资诈骗活动而支付的利息，除本金未归还可予折抵本金以外，应当计入诈骗数额。

165.5　律师应当了解集资诈骗罪的处罚标准：根据《中华人民共和国刑法》第一百九十二条规定，以非法占有为目的，使用诈骗方法非法集资，数额较大的，处五年以下有期徒刑或者拘役，并处二万元以上二十万元以下罚金；数额巨大或者有其他严重情节的，处五年以上十年以下有期徒刑，并处五万元以上五十万元以下罚金；数额特别巨大或者有其他特别严重情节的，处十年以上有期徒刑或者无期徒刑，并处五万元以上五十万元以下罚金或者没收财产。第二百条规定，单位犯本节第一百九十二条、第一百九十四条、第一百九十五条规定之罪的，对单位判处罚金，并对其直接负责的主管人员和其他直接责任人员，处五年以下有期徒刑或者拘役，可以并处罚金；数额巨大或者有其他严重情节的，处五年以上十年以下有期徒刑，并处罚金；数额特别巨大或者有其他特别严重情节的，处十年以上有期徒刑或者无期徒刑，并处罚金。

165.6　律师在为当事人提供民间借贷法律服务时，应当注意防范借款人陷入集资诈骗犯罪的风险，如果发现借款人没有还款的能力，虚构事实，以借贷的形式向不特定多数人借款的动机和行为时，应当及时提醒和制止，告知其可能构成集资诈骗犯罪的风险，监督其纠正。如果当事人不听劝说，应当果断解除或终止法律顾问服务合同。

165.7　律师在为公众提供民间借贷法律服务时，如果遇到公司向不特定公众借款时，要帮助他们辨别集资诈骗的本质，做好防范工作。如遇下列情形之一，则有可能涉嫌集资诈骗：

165.7.1 要看借款形式是否合法。凡是企业或其他组织向不特定社会公众进行“借款”的，或打着投资的名义向不特定公众“借款”的。

165.7.2　要看借款利息是否畸高。如果贷款人向不特定公众承诺的年利率24%甚至更高的。

165.7.3　要看企业管理是否严格。如在借款收款环节，如果发现借款的企业出纳和会计是一个人，或者加盖公章的空白合同、法人印签章、公司财务专用章由一人保管的。

165.7.4　要看转账方式是否规范。如借款企业采取交纳现金或银行本票的方式,或者指示公众将钱打入个人银行卡。或企业要求员工开立银行账户,开设的银行卡由公司主要负责人保管,公众的现金、本票或者转账会转至个人银行卡的。

165.7.5　要核实审批手续是否完备。公众可通过政府网站,查询借款企业是否合法设立上市公司,是否取得发行公司股票、债券资格。如果不具备发行、销售股票、出售金融产品以及开展存贷款业务的主体资格,向不特定公众借款或从事相关活动的。

165.7.6　要查询工商登记是否真实。查明相关企业是否是经过法定注册的合法企业,是否办理了税务登记等。主体身份不合法、不真实的。

165.7.7　要向相关部门进行咨询。如遇亲朋好友提出的低风险、高回报的投资建议和反复劝说,要多与懂行的朋友和专业人士或向有关部门进行咨询,待了解详情后再做决定。

165.8　律师应当从专业的角度对上述情形是否构成集资诈骗犯罪进行辨别和判断,并以口头或书面等形式,告知或提醒委托人,并作出记录。

第166条　非法吸收公众存款罪

166.1　非法吸收公众存款罪,系是违反国家金融管理法规非法吸收公众存款或变相吸收公众存款,扰乱金融秩序的行为。非法吸收公众存款,是指未经批准,向社会不特定对象吸收资金;变相吸收公众存款,是指未经批准,不以吸收公众存款的名义,向社会不特定对象吸收资金。这种犯罪的表现形式有:

166.1.1　不具有真实销售内容或者不以房产销售为主要目的,以返本销售、售后包租、约定回购、销售房屋产权份额等形式向社会公众吸收资金。

166.1.2　以销售商品、提供服务为名,不提供商品、服务或者所提供商品、服务的价格明显高于市场价格,通过承诺回购、代为销售等方式向社会公众吸收资金。

166.1.3　以投资入股、委托理财等形式,通过公开宣传并承诺高额回报向社会公众吸收资金等。

166.2　律师应当熟悉非法吸收公众存款罪立案标准：

166.2.1　从非法吸收或者变相吸收公众存款的数额上来看，个人非法吸收或者变相吸收公众存款，数额在20万元以上的，单位非法吸收或者变相吸收公众存款，数额在100万元以上的。

166.2.2　从非法吸收或者变相吸收公众存款的户数上来看，个人非法吸收或者变相吸收公众存款30户以上的，单位非法吸收或者变相吸收公众存款150户以上的。

166.2.3　从造成的经济损失上来看，个人非法吸收或者变相吸收公众存款给存款人造成直接经济损失数额在十万元以上的，单位非法吸收或者变相吸收公众存款给存款人造成直接经济损失数额在五十万元以上的。

166.3　律师应当了解非法吸收公众存款罪处罚标准：非法吸收公众存款或者变相吸收公众存款，扰乱金融秩序的，处三年以下有期徒刑或者拘役，并处或者单处二万元以上二十万元以下罚金；数额巨大或者有其他严重情节的，处三年以上十年以下有期徒刑，并处五万元以上五十万元以下罚金。单位犯前款罪的，对单位判处罚金，并对其直接负责的主管人员和其他直接责任人员，依照前款的规定处罚。

166.4　律师应当提醒企业或其他组织，在投资过程中，要依法融资，自觉防范非法吸收公众存款犯罪的法律风险。

166.4.1　可以通过以入股的方式吸收外来资金。

166.4.2　可以通过向特定对象借款缓解公司资金压力，如家庭成员、亲友、本单位职工等进行借款。

166.4.3　向金融机构贷款。

166.5　由于非法吸收公众存款犯罪活动，一般都以民间借贷的形式出现，与公众签订民间借贷合同，出具凭证约定一定期限内还本付息等，具有较大欺骗性。因此，律师在提供民间借贷法律服务时，要提醒当事人注意防范非法吸收公众存款犯罪，教育警示他们提高识假防骗的能力，引导投资者树立正确的投资理念，增强投资风险意识，自觉远离非法揽财业务活动。

第 167 条　高利转贷罪

167.1　高利转贷罪,是指以转贷牟利为目的,套取金融机构信贷资金再高利转贷给他人,违法所得数额较大的行为。目前,高利转贷行为在中国的一些地方具有一定的普遍性,这种行为严重地破坏了中国的金融秩序,有很大的危害性。其中转贷的行为,通常以订立民间借贷合同的方式进行。

167.2　律师应当了解高利转贷罪的追诉标准:以转贷牟利为目的,套取金融机构信贷资金再高利转贷他人,涉嫌下列情形之一的,应予立案追诉:

167.2.1　高利转贷,违法所得数额在十万元以上的。

167.2.2　虽未达到上述数额标准,但两年内因高利转贷受过行政处罚二次以上,又高利转贷的。

167.3　律师应当了解高利转贷罪的处罚标准:根据《中华人民共和国刑法》第一百七十五条规定,违法所得数额较大的,处三年以下有期徒刑或者拘役,并处违法所得一倍以上五倍以下罚金;数额巨大的,处三年以上七年以下有期徒刑,并处违法所得一倍以上五倍以下罚金。单位犯前款罪的,对单位判处罚金,并对其直接负责的主管人员和其他直接责任人员,处三年以下有期徒刑或者拘役。

167.4　律师应当提醒当事人,自觉维护国家金融秩序,防范高利转贷犯罪的法律风险。告知他们不论通过何种方式取得银行贷款,只要转贷牟利,都触犯了国家法律,且只要达到追诉标准,就可能构成高利转贷罪。在为高利转贷案犯罪嫌疑人提供辩护时,应当着重查明以下关系:

167.4.1　查明案件"套取"与"转贷"之间有无关联,以确定案件性质是高利转贷罪还是骗取贷款罪。

167.4.2　查明"套取"与"转贷"的时间顺序上是否必须是套取在前转贷在后,如果自有资金与信贷资金混同,如何判断是否构成本罪。

167.4.3　查明本罪的"高利"和"违法所得"的具体数额。

167.4.4　查明同一高利转贷罪中单位内部人员可否既属于单位犯罪应当承担刑事责任人员,又属于个人自然人犯罪,以确定应担责任大小。

第 168 条 擅自设立金融机构罪

168.1 擅自设立金融机构罪,系指未经国家有关主管部门批准,擅自设立商业银行、证券交易所、期货交易所、证券公司、期货经纪公司、保险公司或者其他金融机构的。伪造、变造、转让商业银行、证券交易所、期货交易所、证券公司、期货经纪公司、保险公司或者其他金融机构的经营许可证或者批准文件的犯罪行为。这种机构的运行方式多是以民间借贷形式出现。

168.2 律师应当了解本罪是结果犯,即必须有成立商业银行或者其他金融机构的结果。如果设立金融机构还在预备阶段,或者由于某种原因使行为人意图设立的商业银行或者其他金融机构并未实际成立,则不构成本罪。至于擅自设立的商业银行或者其他金融机构是不是已开展业务,是否从事相应的金融业务,是否已经造成了危害,均不影响本罪的成立。

168.3 律师应当了解擅自设立金融机构罪的处罚标准:根据《中华人民共和国刑法》第一百七十四条规定,犯本罪,处三年以下有期徒刑或者拘役,并处或者单处二万元以上二十万元以下罚金;情节严重的,处三年以上十年以下有期徒刑,并处五万元以上五十万元以下罚金。单位犯本罪的,对单位判处罚金,并对其直接负责的主管人员和其他直接责任人员,依照第一款的规定处罚。

168.4 律师在为民间借贷相关企业或其他组织提供法律服务时,应当十分注意其机构的设置及运作情况,一旦发现有擅自设立商业银行、证券交易所、期货交易所、证券公司、期货经纪公司、保险公司或者其他金融机构的。伪造、变造、转让商业银行、证券交易所、期货交易所、证券公司、期货经纪公司、保险公司或者其他金融机构的经营许可证或者批准文件等情形,应当坚决制止。如果无法制止,应当立即解除合同,终止服务,以免涉嫌其中。

第 169 条 “套路贷”诈骗罪

169.1 所谓“套路贷”,是指犯罪分子打着“借款”的幌子,与借款人签订民间借贷合同,伪造民间借贷假象,制造银行流水痕迹,单方面肆意认定被害人违约,恶意垒高借款金额,采取暴力、威胁,或虚假诉讼等方法,侵占被害人或其近亲属财产的诈骗犯罪活动。近年发生的“校园贷”、“裸贷”和

"以房养老占房贷"等,实际上都是"套路贷"的表现形式。目前,这种贷款诈骗犯罪呈蔓延趋势,不仅直接侵害被害人的合法财产权益,而且掺杂的暴力、威胁或虚假诉讼等索债手段容易诱发敲诈勒索罪、非法拘禁罪、故意伤害罪等其他犯罪,甚至造成被害人辍学、自杀、卖房抵债等严重后果。

169.2　律师应当了解,"套路贷"的犯罪行为计划周密,对借款人步步紧逼,对法律法规运用娴熟,甚至是用法律来掩饰和保护其侵权犯罪行为。当前"套路贷"呈现六个基本特征:

169.2.1　选定特殊目标人群。犯罪分子一般选择一些涉世未深的未成年人或大学生,或生活遇到困难、急需用钱的人群,自己或者父母名下又有房产等大宗财产的群体为作案目标人群。

169.2.2　制造民间借贷假象。犯罪分子对外以"小额贷款公司"名义招揽生意,骗取借款人签订虚高借款合同、阴阳借款合同及房产抵押合同等与借贷相关的合同,合同中约定虚高的不利于借款人的或者严重侵害借款人个人隐私的违约责任条款。

169.2.3　制造银行流水痕迹。犯罪分子采取虚构的银行往来,刻意造成借款人已经取得合同所借全部款项的假象。

169.2.4　单方面认定借款人违约。犯罪分子利用虚构的银行流水记录显示出的"欠款事实",并根据借贷合同上的违约条款,单方认定借款违约,要求借款人承担十几倍甚至几十倍于借款本金的违约责任。

169.2.5　恶意垒高借款金额。犯罪分子在借款人无力支付虚高的违约金的情况下,介绍其他假冒的"小额贷款公司"或个人,与借款人签订新的虚高的借款合同予以"平账",将违约金并入原借款本金,重新约定新的违约金,进一步垒高借款金额。

169.2.6　软硬兼施追讨债务。犯罪分子在垒高借款金额之后,在借款人无力偿还的情况下,要么采取暴力、威胁手段,逼迫借款人变卖家产还债,要么以民间借贷合同纠纷案由提起虚假诉讼,通过人民法院胜诉判决和强制执行,实现侵占被害人或其近亲属财产的目的。

169.3　在"套路贷"日益蔓延的形势下,律师在为民间借贷机构提供服务时，一定要调查清楚服务对象的业务范围和运行方式，提防其从事“套路贷”诈骗罪活动，更要提防自己落入“套路贷”诈骗的陷阱，成为“套路贷”犯罪分子利用的工具。如果发现服务对象涉嫌“套路贷”情形，应当立即解除合同，终止服务。

169.4　律师应当主动投入打击和防范“套路贷”的活动之中，积极参与民间借贷行为规范的建设，疏通民间借贷中合法借贷渠道，教育和引导借款人擦亮双眼，依法融资，提高“套路贷”的辨别和防范意识。同时，发现借款人受“套路贷”侵害时，应协助借款人向公安机关报案，再提起刑事附带民事诉讼，依法维护“套路贷”受害人的合法权益。

第十二章　民间借贷纠纷虚假诉讼的业务指引

第一节　一般规定

第 170 条　虚假诉讼是指民事诉讼的双方当事人恶意串通，合谋编制虚假事实和证据向法院提起诉讼，利用法院的审判权、执行权，非法侵占或损害国家、集体、公民的财产或权益的诉讼行为。

第 171 条　律师在审查和代理民间借贷纠纷案件时，应从借贷发生的原因、时间、地点、款项来源、交付方式、款项流向以及借贷双方的关系、经济状况等事实，综合审查判断是否属于虚假民事诉讼。

第 172 条　律师审查虚假诉讼时应特别注意以下情形：

172.1　当事人为朋友等亲近关系或者关联企业等共同利益关系。

172.2　原告诉请司法保护的标的额与其自身经济状况严重不符。

172.3　原告起诉所依据的事实和理由明显不符合常理。

172.4　当事人双方无实质性民事权益争议。

172.5　案件证据不足，但双方仍然主动迅速达成调解协议，并请求人民法院出具调解书。

第 173 条 律师应当了解民间借贷中常见的几种虚假诉讼行为：

173.1 出借人明显不具备出借能力。

173.2 出借人起诉所依据的事实和理由明显不符合常理。

173.3 出借人不能提交债权凭证或者提交的债权凭证存在伪造的可能。

173.4 当事人双方在一定期间内多次参加民间借贷诉讼。

173.5 当事人一方或者双方无正当理由拒不到庭参加诉讼，委托代理人对借贷事实陈述不清或者陈述前后矛盾。

173.6 当事人双方对借贷事实的发生没有任何争议或者诉辩明显不符合常理。

173.7 借款人的配偶或合伙人、案外人的其他债权人提出有事实依据的异议。

173.8 当事人在其他纠纷中存在低价转让财产的情形。

173.9 当事人不正当放弃权利。

173.10 其他可能存在虚假民间借贷诉讼的情形。

第 174 条 律师在接受委托时发现委托的案件存在虚假诉讼，应及时告知当事人虚假诉讼应承担的法律责任，如委托人不予纠正，律师应拒绝代理或立即解除委托。律师在明知案件存在虚假诉讼时，不得继续代理相关业务。

第二节 民间借贷纠纷虚假诉讼的危害

第 175 条 虚假诉讼是一种严重妨害司法、具有严重社会危害性的违法行为。其不仅在于它侵害了第三人的合法权益，更为重要的是它敢于在法官眼皮子底下、在法庭上蔑视性地从事违法活动，将法庭作为违法活动的场所，将司法权变成他们进行违法犯罪活动的“工具”。

第 176 条 律师应当充分认识到虚假诉讼的社会危害：

176.1 虚假诉讼直接侵害了诉讼相对方当事人或利害关系人的合法权

益，加剧了社会诚信危机，扰乱了正常经济秩序。

176.2　法院对虚假诉讼的审理浪费了大量的司法资源，加大了审判人员的案件压力。

176.3　虚假诉讼是对国家司法行为权威性的挑战，极大地损害了国家审判机关的权威，干扰了正常的司法秩序。

第三节　民间借贷虚假诉讼的法律后果

第177条　律师应当了解并告知当事人虚假诉讼的民事责任：

177.1　法院受理案件后，查明属于虚假民间借贷诉讼，原告申请撤诉的，人民法院不予准许，并应当根据《民事诉讼法》之规定，判决驳回其请求。

177.2　对虚假诉讼参与人，人民法院应适度加大罚款、拘留等妨碍民事诉讼强制措施的法律适用力度。

177.3　对虚假诉讼侵害他人民事权益、造成经济损失的，虚假诉讼参与人应当承担赔偿责任。

第178条　律师应当了解并告知当事人虚假诉讼的刑事责任：

178.1　诉讼参与人或者其他人恶意制造、参与虚假诉讼，人民法院依法予以罚款、拘留；构成犯罪的，应当移送有管辖权的司法机关追究刑事责任。

178.2　单位恶意制造、参与虚假诉讼的，人民法院应当对该单位进行罚款，并对其主要负责人或者直接责任人员予以罚款、拘留；构成犯罪的，应当移送有管辖权的司法机关追究刑事责任。

178.3　民间借贷诉讼中以捏造的事实提起民事诉讼，妨害司法秩序或者严重侵害他人合法权益的，处三年以下有期徒刑、拘役或者管制，并处或者单处罚金；情节严重的，处三年以上七年以下有期徒刑，并处罚金。

第179条　律师应当了解并告知当事人法律对其他参与虚假诉讼的处罚规定：

179.1　人民法院工作人员参与虚假诉讼的，要依照《法官法》、法官职业道德基本准则和法官行为规范等规定，从严处理。

179.2　诉讼代理人参与虚假诉讼的，要依法予以制裁，并应当向司法行政部门、律师协会或者行业协会发出司法建议。

179.3　鉴定机构、鉴定人参与虚假诉讼的，根据情节轻重，给予鉴定机构、鉴定人训诫、责令退还鉴定费用、从法院委托鉴定专业机构备选名单中除名等制裁，并应当向司法行政部门或者行业协会发出司法建议。

中篇

民间借贷纠纷案例解析

一
民间借贷关系类

案例1

当事人签订买卖合同，是否可以认定为民间借贷法律关系？

——李某与侯甲某借款合同纠纷案

【案例来源】

法院：最高人民法院

案号：（2015）民申字第1268号

【案情摘要】

2011年8月开始，A公司法定代表人侯甲某开始向李某借款，本息合计1160万元。李某与侯甲某签订了《买卖合同》，双方在该合同上签字，并加盖A公司公章。2013年3月29日，黑龙江省齐齐哈尔市公安局铁锋分局经侦大队以涉嫌诈骗为由对李某刑事拘留。李某在该公安分局讯问时表示，其怕侯甲某还不上借的钱，以便有个“抓手”才写的《买卖合同》。李某诉请法院解除2012年11月19日签订的《买卖合同》，A公司返还本金及利息。一审法院判决支持了李某诉求中的部分本金及利息，二审判决变更了一审中的部分数额。法院驳回了A公司的再审申请。

【争议焦点】

本案能否对李某与A公司之间的借贷纠纷进行审理？

【裁判要点】

一审法院认为，李某与侯甲某之间不存在真实的买卖合同关系，而是李某与A公司之间存在民间借贷关系。根据《最高人民法院关于民事诉讼证据的若干规定》第三十五条规定，诉讼过程中，当事人主张的法律关系的性质或者民事行为的效力与人民法院根据案件事实作出的认定不一致的，人民法院应当告知当事人可以变更诉讼请求。经告知，李某在诉讼中按照民间借贷关系变更了诉讼请求。据此，一审、二审法院对李某与A公司之间的民间借贷纠纷予以审理。

【法理分析】

《最高人民法院关于民事诉讼证据的若干规定》第三十五条规定，诉讼过程中，当事人主张的法律关系的性质或者民事行为的效力与人民法院根据案件事实作出的认定不一致的，人民法院应当告知当事人可以变更诉讼请求。在该案中，隐含在《买卖合同》下的民间借贷关系，法官透过形式看到了事物的本质，从而从表面的买卖合同认定为借贷合同予以审理。

案例2

民间借贷关系中未实际交付借款的不能证明借贷法律关系发生

——孙某和王某民间借贷纠纷案

【案例来源】

法院:吉林省榆树市人民法院

案号:(2016)吉0182民初2297号

【案情摘要】

2015年5月23日,案外人(被告证人)姚某向被告王某借款2万元,王某称自己没有钱,找朋友给姚某借款。于是,王某找到原告孙某,让孙某当个托儿,好让姚某认为钱是王某从孙某处给他借的。王某给孙某出具了一张2万元的欠条,然后,二人共同到中国邮政储蓄银行股份有限公司榆树市中心街营业所自助银行,从王某妻子李某的银行卡支取1.8万元钱,借给了姚某。后来孙某某诉至法院请求王某给付欠款。法院最终判决驳回原告诉讼请求。

【争议焦点】

原、被告之间的借贷法律关系是否存在?

【裁判要点】

法院认为,民间借贷以实际交付借款为条件,本案涉及的借贷法律关系发生在被告王某与案外人姚某之间,被告王某给原告孙某出具欠条,是想让姚某认为钱是王某从孙某处给他借的,从而向姚某收取利息。原、被告间没有发生金钱交付，所以，原告孙某虽持有被告王某出具的欠条，但双方之间不存在民间借贷的事实。

【法理分析】

《合同法》第二百一十条规定：自然人之间的借款合同，自贷款人提供借款时生效。自然人之间的借款合同是实践合同，该合同仅有双方当事人的合意不能成立，必须要有实际的交付行为，即合同是在贷款人提供借款时生效。因此，无论当事人的合同采取的是口头形式还是书面形式，合同都是在贷款人实际交付贷款时生效。因此，在该案中法院判决双方之间不存在民间借贷的事实。

案例3

第三人对债权人作出的“声明”是否构成债务加入？

——赵某与戴某民间借贷纠纷案

【案例来源】

法院：江苏省苏州市中级人民法院

案号：(2012)苏中民终字第1250号

【案情摘要】

2011年6月1日，被告戴某向原告赵某出具借条一份，确认：借款人戴某向出借人赵某借款200万元，承诺于2011年12月1日归还所有本金，利息以月息1.5%计息。当日，赵某通过银行将200万元款项汇入戴某的银行账户。嗣后，戴某连续通过银行转账向赵某支付借款利息13.5万元。

2011年11月22日，赵某与被告戴某、陆某、朱某签订“声明”一份，载明：“今朱某、陆某向赵某关于200万元借款及还款事宜作如下承诺：利息每月按时以3万元支付；关于赵某200万元贷款到期，朱某、陆某于贷款到期5日前打到赵某贷款账户上，同时，赵某承诺贷款续贷继续贷给朱某、陆某，使用至3个月满（必须在12月10日前打到赵某账户）。”朱某、陆某在“声明人”处签字，戴某在“中间人”处签字，赵某签署“同意”。“声明”签订后，三被告均未支付任何款项。

赵某诉至法院，请求依法判令被告戴某返还借款本金200万元及相应的利息。在庭审中，赵某确认在本案中不追究朱某、陆某的付款责任，但保留诉权。戴某认为，借贷关系是发生在赵某与朱某、陆某之间，其只是中间的介绍人。陆某认为，借贷关系是发生在赵某与戴某之间，与其无关。

【争议焦点】

1. 赵某与戴某之间就诉争的200万元是否存在借贷关系?

2. 朱某、陆某签署“声明”的行为如何定性?

3. 戴某的付款责任是否免除?

【裁判要点】

江苏省苏州市相城区人民法院经审理认为,借条的出具、款项的交付,以及按约支付利息行为与出借人、借款人主体身份能够相互印证,足以认定赵某与戴某之间就200万元存在借贷关系。朱某、陆某签署“声明”的行为对于戴某向赵某所负的债务构成了债务加入。“声明”对于戴某的付款责任是否免除未作明确约定,应当推定为不免除债务人戴某的付款责任为宜,应由戴某、朱某、陆某负返还借款本息及逾期利息损失的共同付款责任。赵某明确表示在本案中不追究朱某、陆某的付款责任,系其正当的权利选择,法院予以确认。法院判决:戴某返还赵某借款200万元,并应支付相应的利息损失。一审判决后,戴某不服,提起上诉。后经江苏省苏州市中级人民法院审理后判决:驳回上诉,维持原判。

【法理分析】

1. 借款合同是指借款人向贷款人贷款,到期返还借款并支付利息的合同。本案中,借条的出具、款项的交付,以及按约支付利息的行为与出借人、借款人主体身份能够相互印证,足以认定原、被告之间就200万元存在借贷关系。

2. 朱某、陆某签署“声明”的行为对于戴某对赵某的债务构成了债务加入。债务加入,又称并存的债务承担,是指第三人加入到债务人的债务关系中,与债务人承担共同债务责任的行为。

3. 债权人没有明确表示免除债务人的债务,应当视为不免除债务人的债务。债务加入与债务转移不同,债务加入不免除债务人的债务责任,债务转移则将债务转移至第三人,债务人自转移生效之日起不再承担债务。所以,戴某的付款责任没有免除。

案例4

第三人、借款人与出借人达成的还款协议，按照新的借款合同关系处理

——陶某与李某虎、李某民间借贷纠纷案

【案例来源】

法院：贵州省盘州市人民法院

案号：（2017）黔0222民初3316号

【案情摘要】

2012年，被告李某虎及其妻子向原告借款10万元。借款后，被告李某虎及其妻向原告偿还了借款5万元。2015年12月17日，原告陶某应与被告李某虎对之前的借款进行结算，被告李某虎尚欠原告借款5万元，原告与两被告李某、李某虎对该借款均予以确认，并同意由两被告负责偿还该借款，两被告于结算当日共同作为借款人向原告出具了借条，约定借款月利率为1.5%、2016年年底前还清，后被告李某虎向原告偿还了借款利息2000元。还款期限届满后，两被告未按约定偿还借款本息，原告因此诉至法院。

【争议焦点】

两被告是否应当承担还款义务？

【裁判要点】

原告与两被告于2015年12月17日就被告李某虎2012年所欠原告的借款5万元达成一致意见，由两被告作为借款人，负责偿还该借款，且两被告共同向原告出具借条，并约定了借款的月利率及具体的还款期限，当事人应

按合同约定全面履行各自义务。但两被告在借款期限届满后仍未按合同约定履行还款义务,违反了合同约定,应据合同约定承担违约责任,故对原告要求两被告共同偿还原告借款本金 5 万元、并按月利率 1.5% 支付借款 2015 年 12 月 17 日至 2017 年 6 月 16 日利息 11500 元的请求成立,本院予以支持。故法院判决被告李某、李某虎于本判决发生法律效力后十日内共同偿还原告陶某应借款本金人民币 5 万元,支付原告陶某应借款自 2015 年 12 月 17 日至 2017 年 6 月 16 日的利息人民币 11500 元。

【法理分析】

原告与两被告签订的协议系双方当事人的真实意思表示,未违反法律法规的强制性规定,原告与两被告之间产生了新的借款合同关系,借款合同合法有效,应受到法律的保护。因此,原告有权要求两被告履行还款义务,两被告应当按照约定向原告偿还借款本息。

案例5

因租赁关系形成的债务，可按照借贷纠纷处理

——王某与童某民间借贷纠纷案

【案例来源】

法院：浙江省舟山市定海区人民法院

案号：(2010)舟定商初字第551号

【案情摘要】

2010年2月2日前，被告童某向原告王某租赁车辆，并陆续支付了汽车租赁费。2010年2月2日，原告王某与被告童某进行了结算，被告尚欠原告汽车租赁费13500元。被告童某以借款形式结清了上述欠款，并出具借条一张，载明：今借到王某13500元。原告多次向被告催讨上述借款不着，故原告诉至本院。

【争议焦点】

原、被告之间是否成立民间借贷纠纷？

【裁判要点】

法院认为，原、被告之间原系租赁合同关系，双方经结算后被告尚欠原告汽车租赁费13500元。现原告也明确表明，原、被告的租赁合同所欠款项已结清，所欠原告租赁费已经双方结算变成借款，要求被告按照借条归还上述借款，不违反法律规定，法院予以准许。遂判决被告在规定期限内向原告偿还金额13500元。

【法理分析】

被告同意以借款形式向原告清偿这笔租赁费，双方的法律关系由租赁合同关系转化为民间借贷关系。民间借贷是指公民之间、公民与法人之间、公民与其他组织之前的借贷，只要双方当事人意思表示真实，即可认定有效。

案例 6

职工因履行职务向单位预支款项产生的纠纷，不能作为借贷纠纷受理，而应按劳动合同纠纷处理

——浙江宁波 A 公司与林某民间借贷纠纷案

【案例来源】

法院：浙江省宁波市中级人民法院

案号：(2012)浙甬商终字第 617 号

【案情摘要】

被告林某系原告浙江宁波 A 公司的股东之一，并担任公司经理职务，依公司章程主持公司的生产经营管理工作。2008 年 8 月 1 日，被告向原告暂支 1000 元，并出具借条一份，借条载明：今借 A 公司 1000 元。2008 年 8 月 9 日至 2009 年 6 月 5 日，被告又陆续向原告暂支款项共计 28200 元，出具暂支单十三份，其中三份分别载明暂支事由为“买油漆”“支付借款利息”“买料”，其他十份均未记载暂支事由。多次催讨未果，原告 A 公司起诉要求被告立即归还上述十四次借款，合计 29200 元。被告林某辩称其为公司股东，所支取款项系用于支付单位对外借款的利息、购买材料或用作招待，而非借款。

【争议焦点】

林某向 A 公司领取的暂支单中的 28200 元款项是否系借款？

【裁判要点】

浙江省宁波市北仑区人民法院经审理认为，首先，暂支一般是因履行职

务所需向单位支取款项,事后由暂支人按实际支出的费用或相应的票据,并按照单位的财务管理制度进行结算的行为,故其属于单位内部管理的事项,而非平等主体间的民事争议,也区别于通常意义上的借款。其次,根据十三张暂支单中记载的时间、金额、次数及部分暂支单所记载的事由,并结合被告所任公司职务及一般日常生活中的借贷情况分析,该暂支款非借款可能性大。最后,原告主张该暂支款为借款,并从被告工资中“边借边扣”,但该事实在公司记账凭证中未有记载,故原告关于暂支款是借款的主张不予采信。被告主张借条中记载款项也是暂支款,但未提供相应证据,对该主张亦不予采信。据此,法院判决被告林某归还原告 A 公司借款 1000 元,驳回原告其他诉讼请求。

原告不服一审判决,提起上诉。

浙江省宁波市中级人民法院经审理认为,因涉案暂支单不符合借条的基本形式,且涉案的十三份暂支单中有三份明确载明了暂支事由,现有证据无法证明双方就讼争款项达成过借贷合意,该讼争款项不能认定为借款。A 公司的上诉请求,因缺乏相应的事实和法律依据,不予支持。法院判决:驳回上诉,维持原判。

【法理分析】

暂支单在财务管理中,一般属于单位内部人员支取款项用于公务支出的凭证,之后再由领款人提供相应票据予以核销,所以,与一般的借据不同,并不能直接证明双方的借贷关系。

最高人民法院针对类似问题曾作出以下答复意见[(1999)民他字第 4 号]:“职工受单位委派,从单位预支款项处理交通事故是职务行为,其与单位之间不存在平等主体间的债权债务关系,人民法院不应作为民事案件受理,职工在受托事项完成后,因未及时报销冲账与单位发生纠纷,应由单位按其内部财会制度处理。”由此可知,职工因履行职务向单位预支款项产生的纠纷不能作为民事案件受理,而应按劳动合同纠纷处理。

案例7

没有达成合意的债权债务是否可以相互抵销?
——乔某与叶某民间借贷纠纷案

【案例来源】

法院:江苏省盐城市中级人民法院

案号:(2013)盐民终字第1756号

【案情摘要】

2012年2月10日,被告叶某向原告乔某借款2万元,约定使用3个月。到期后,经原告催要,被告一直未归还。为此,原告起诉要求被告归还借款2万元。被告叶某辩称:"我与原告并非朋友关系,而是赌友关系。我们双方自2011年相识后,我多次与原告等人进行赌博均输钱,后因我需经商缺少资金,原告分两次借给我2万元,并向原告出具了借据。借款发生后,原告自2012年3月3日起以80元/天租用我的车辆至2012年11月4日,在此期间其驾驶车辆违章被罚款8000元也是我处理的,使用车辆的租金和违章罚款原告一直未给我,后原告认为我的车辆不应收租金,并为此而发生两次纠纷,经江苏省东台市五烈派出所处理未果。我认为,2万元借款系赌债且与原告欠我的车辆租金和违章罚款已相抵销,现我已不再欠原告的款。"原告不予认可,并提出其出借给被告的2万元未要求被告支付利息,其使用被告的车辆也是无偿的,本案中的2万元借款并未被抵销。

【争议焦点】

1. 双方的债权债务关系是否已经抵销?

2. 涉案金额2万元是否为赌债?

【裁判要点】

被告辩称,本案中的债权债务与原告使用其车辆所产生的债权债务相抵销应提供相应的证据,由于原告对被告所称租用其车辆应支付租金而未支付不予认可,且被告未能提供证据证明双方的债权债务关系已经抵销,故对被告辩称双方的债权债务关系已抵销的辩解意见,法院不予采纳。

关于被告辩称的本案中2万元系赌债的问题。根据被告的陈述,该2万元的借贷经过并非其因赌博期间未能支付赌资而出具的借据,系其需资金经营而向原告所借。因而,对被告辩称的该2成元系赌债的意见,法院不予采纳。

综上,被告向原告借款未能按约还款,对原告要求被告归还借款2万元的诉讼请求,法院予以支持。故法院判决叶某于判决生效后十日内归还乔某2万元。一审宣判后,因叶某不服判决遂提起上诉,后经二审法院审理后判决:驳回上诉,维持原判。

【法理分析】

根据《中华人民共和国合同法》第九十九条的规定:“当事人互负到期债务,该债务的标的物种类、品质相同的,任何一方可以将自己的债务与对方的债务抵销,但依照法律规定或者按照合同性质不得抵销的除外。”根据法律规定可以看出债务抵销的前提是双方互负到期债务,且双方要对抵销的事实达成合意,不存在合意的抵销都是不成立的。

案例8

仅凭借条是否可以认定借贷关系成立?
——谢某与徐某、黄某民间借贷纠纷案

【案例来源】

法院:贵州省水城县人民法院

案号:(2016)黔0221民初2868号

【案情摘要】

2013年12月2日,被告徐某以急需用钱为由向原告谢某借款4万元,被告徐某收到原告借款后向原告出具了一张借条,并在借条上注明月息6%,担保人黄某作为借款的担保人在借条上签字作担保。事后,被告徐某只支付了10个月的利息,之后原告多次向被告索要借款本金,被告以种种理由推诿不还。被告徐某已严重违约,理应承担相应的违约责任,被告黄某未尽到担保义务,应对借款承担连带责任。双方虽在协议中约定月息为6%,但考虑到被告的实际情况及相关法律规定,原告只要求按月利率2%计算利息,起诉请求支持原告的诉讼请求。被告徐某、黄某未提出书面答辩意见。

【争议焦点】

1. 原、被告双方的债权债务关系是否成立?

2. 被告黄某对原告的担保属于哪种担保责任?

【裁判要点】

原告与被告签订的“借据”是表明债权债务关系的书面凭证,属于民事合同种类。虽被告徐某及担保人黄某对借款金额及担保的事实无异议,但约定6%的利息明显超过法律规定,原告按2%的月利率主张利息符合法律

规定，法院予以支持。被告黄某在“借据”上签名捺手印，自愿为被告徐某担保，双方对担保约定不明，视为连带责任保证。法院判决由被告徐某在本判决生效后十日内偿还原告谢某借款本金4万元，支付利息1.76万元，本息合计5.76万元。2016年8月3日以后的利息按月利率2%计算支付至借款本息清偿完毕之日止；由被告黄某对上述款项承担连带清偿责任。

【法理分析】

根据《最高人民法院关于审理民间借贷案件适用法律若干问题的规定》第二十六条的规定："借贷双方约定的利率未超过年利率24%，出借人请求借款人按照约定的利率支付利息的，人民法院应予支持。借贷双方约定的利率超过年利率36%，超过部分的利息约定无效。借款人请求出借人返还已支付的超过年利率36%部分的利息的，人民法院应予支持。"原告起诉时按照月利率2%请求利息不违反法律规定。根据《中华人民共和国担保法》第十九条的规定："当事人对保证方式没有约定或者约定不明确的，按照连带责任保证承担保证责任。"本案被告黄某对保证责任约定不明确，所以，应承担连带责任担保。

案例 9

大额借款仅有现金收条，是否可以认定借贷关系成立？

——郭某与徐某民间借贷纠纷案

【案例来源】

法院：贵州省盘州市人民法院

案号：(2017)黔 0222 民初 2096 号

【案情摘要】

2015 年 8 月 4 日，A 公司与案外人袁某签订了种养殖大棚项目工程，徐某作为 A 公司的委托代理人收取了案外人袁某的委托代理人郭某交付的工程保证金 50 万元，其中，2015 年 8 月 5 日收取 10 万元，10 月 7 日收取 20 万元，10 月 27 日收取 20 万元，三次均为现金交付，徐某于交付当日均以个人名义分别出具了三张收条给郭某。2016 年 6 月 12 日，被告徐某以需资金为由向原告郭某借款人民币 35 万元，原告郭某将 35 万元现金交付被告徐某后，被告徐某出具了一张借款给原告郭某，并承诺于 2016 年 12 月 30 日偿还此款。约定履行期限届满后，被告徐某未履行还款义务，原告郭某催要无果。2017 年 1 月，徐某因涉嫌合同诈骗被刑事拘留，后经贵州省师宗县公安局经侦大队处理，徐某退还了赵某 10.67 万元，退还了王某 10 万元，未涉及本案原告的借款人民币 35 万元。

【争议焦点】

借款 35 万元是否属实的问题。

【裁判要点】

法院认为,徐某以A公司的委托代理人的身份与案外人袁某签订种养殖大棚项目工程并收取袁某的委托代理人郭某交付的保证金50万元是事实,但该保证金分别是2015年8月5日(10万元)、10月7日(20万元)、10月27日(20万元)分三次以现金交付,徐某于交付当日分别出具了三张收条给郭某,徐某在收条上签名捺手印认可收到款额。从原、被告的三次交款行为可以看出,即使是大额交易,原、被告之间的交付习惯未通过银行等金融机构汇款而是现金交付;故对于2016年6月12日徐某出具的借条,原告虽未提供银行打款凭证等相应证据予以佐证,但根据原告的交付能力,原、被告之间的交易习惯,双方当事人之间的关系,并结合证人出庭作证的证言,应认定原、被告之间的借贷关系依法成立并生效,被告徐某辩解的"后因公司出事郭某就找徐某退保证金,徐某就以个人名义向原告郭某出具了一张35万元的借条,这35万元已经包括在50万元的保证金中"的辩解理由,无事实依据和法律依据,本院不予采信。故法院判决被告徐某于本判决发生法律效力后十五日内向原告郭某偿还借款人民币35万元。

【法理分析】

合同是当事人之间设立、变更、终止民事权利义务关系的协议,法律保护依法成立的合同,合同当事人应当按照合同约定履行义务。被告徐某向原告郭某借款并出具借条的行为是双方当事人的真实意思表示,未违反法律法规的强制性规定,应属有效,受法律保护。借款合同是借款人向贷款人借款,到期返还借款并支付利息的合同,借款人应当按照约定的期限返还借款。借款人未按照约定的期限返还借款的,系违约行为,应当按照约定或国家有关规定承担违约责任。

案例 10
借据原件上没有填写出借人的姓名不影响借贷关系的成立
——吴某与黎某民间借贷纠纷案

【案例来源】

法院：广东省恩平市人民法院

案号：(2016)粤 0785 民初 490 号

【案情摘要】

被告黎某因资金周转需要，于 2015 年 3 月 25 日向原告吴某借款人民币 1.6 万元，承诺三个月内偿还借款并立下借据一份，载明：现黎某急需资金周转，向(空)借款一万六千元整，从借据签订日期起，承诺三个月内归还，特此为据。贷款人：(空)身份证号(空)；借款人：黎某，身份证号：××，签订日期：2015 年 3 月 25 日。上述借款到期后，被告黎某没有偿还借款，原告遂诉讼到法院。原告起诉后，自行在上述借据原件的空白处及贷款人栏签署原告的姓名吴某和身份证号码。

【争议焦点】

原告起诉后才在借据原件上签署自己的姓名是否影响民间借贷关系的成立？

【裁判要点】

原告主张被告向其借款 1.6 万元的事实，有原告提供的借据及庭审笔录在案，虽然原告在起诉后，才在借据原件上签署自己的姓名及身份证号码，但其现手持该借据起诉应被认定为本案的债权人，原告的签署行为并不影响双方民间借贷关系成立。故本院对原告提供的借据原件的真实性、合法性、关联性予以确认，原告主张被告向其借款人民币1.6万元，事实清楚，证据充分，原告请求被告偿还借款1.6万元，本院予以支持。故法院判决被告黎某应在本判决生效之日起五日内偿还借款人民币1.6万元给原告吴某。

【法理分析】

根据《中华人民共和国合同法》第二百一十条的规定："自然人之间的借款合同，自贷款人提供借款时生效。"根据《最高人民法院关于审理民间借贷案件适用法律若干问题的规定》第九条第(二)项的规定："以银行转账、网上电子汇款或者通过网络贷款平台等形式支付的，自资金到达借款人账户时生效。"民间借贷纠纷中，借条作为人民法院认定借款事实的主要依据，但并非认定借款事实存在与否的唯一证据。

案例 11

借款未到期前，借贷关系是否可以解除，提前收回借款？

——张某诉王某民间借贷纠纷案

【案例来源】

法院：湖南省长沙市芙蓉区人民法院

案号：(2012)芙民初字第 1139 号

【案情摘要】

2011 年 8 月 4 日，王某向张某借款 100 万元现金，并出具一份借条，借条内容如下："今借张某人民币壹佰万元整，时间为一年。"A 公司作为担保人在借条上加盖了公章。2012 年 5 月 15 日，张某向王某、A 公司发出一份通知书，具体内容如下："王某、A 公司：孙某，张某，徐某三人分别于 2011 年 7 月 15 日，8 月 4 日各借款 100 万元给你使用，公司提供担保。因你及公司经营情况恶化，缺乏还款诚意，故意避而不见，特书面通知解除我们之间的借款关系，提前收回借款。特此通知。"并且王某签收了该份通知书。后张某因催收未果，遂诉讼至法院。

【争议焦点】

双方的民间借贷关系是否已经依法解除？

【裁判要点】

王某向张某借款 100 万元，系双方真实意思表示，该借款行为没有违反法律、行政法规的禁止性规定，所以，合法、有效。张某已按约定向王某履行了全部付款义务。虽然该笔债务未到期，但张某于2012年5月15日向王某发出了书面解除民间借贷关系通知书。根据法律规定，合同自通知到达对方时解除。而且，王某予以签收并认可借款100万元的事实，故法院判决被告应向原告张某偿还借款本金100万元，被告A公司对被告王某的付款义务承担连带清偿责任。

【法理分析】

根据《中华人民共和国合同法》第九十六条的规定："当事人一方依照本法第九十三条第二款、第九十四条的规定主张解除合同的，应当通知对方。合同自通知到达对方时解除。"所以，即使在债务未到期的情况下，自通知书到达对方时合同随即解除。

案例 12

债务人去世后，继承人是否有义务代为偿还生前债务？

——袁某与韦某、顾某民间借贷纠纷案

【案例来源】

法院：上海市高级人民法院

案号：(2010)黄民一(民)初字第 715 号

【案情摘要】

2008 年 9 月 10 日，韦某富在载有"本人向袁某借款人民币伍万伍仟元整"内容的借条上签名，被告韦某作为证人在该借条签名。韦某富于 2008 年 9 月 12 日去世。被告韦某系韦某富与前妻所生之子，韦某富与顾某于 2008 年 4 月再婚后未生育子女。韦某富去世后，遗有上海 A 公司 50% 的股份，被告等继承人协商后，顾某放弃继承权，并将夫妻共有财产中其个人应当拥有的上海 A 公司股份无偿赠予被告韦某。被告韦某受赠和继承后，共持有上海 A 公司 50% 的股份。原告诉称被告韦某继承了韦某富的遗产，韦某富生前的债务应由其妻子顾某承担一半，由被告韦某在继承韦某富财产范围内归还一半借款。被告韦某辩称：借条不足以证明双方发生借贷关系，只能表明韦某富有借款的意思，而原告没有证据证明其已实际履行借款合同。被告韦某继承了韦某富拥有的上海 A 公司 50% 股份中的一半股份，并受赠顾某继承的该公司另外一半股份，即使原告与韦某富之间的借贷关系成立，被告韦某也是在继承范围内支付。被告顾某辩称：原告出示的借条形成于 2008 年 9 月，原告写借条时韦某富也在场，但借款发生的明确时间不清楚，原告无法证明韦某富收到借款。被告与韦某富结婚只有五个月，而借款

就在这期间,顾某对借款不知情,故要求驳回原告诉讼请求。

【争议焦点】

1. 被告顾某是否应对韦某富生前的欠款承担还款义务?

2. 被告韦某是否应该在遗产继承的范围内承担还款义务?

【裁判要点】

合法的借贷关系受法律保护。原告与韦某富之间的债权债务关系有韦某富签名的借条为证,法院予以确认。但韦某富未归还原告借款,现其已去世,韦某系韦某富的法定继承人,其现已继承被继承人的遗产,按有关法律规定,韦某富的债务应由韦某负责清偿,遂法院判决被告韦某在继承韦某富财产范围内归还一半借款,但清偿债务应以韦某的遗产价值为限。

韦某富与被告顾某系夫妻关系,被告顾某提供的电话录音材料等证据不足以证明其关于涉案借款为韦某富个人债务的意见,且被告顾某在庭审中辩称,对涉案借款不知情,后又辩称韦某富借款是为归还其婚前个人债务,其前后陈述意见存有矛盾之处,故法院对顾某的上述诉讼主张不予支持,涉案借款应为韦某富、顾某夫妻共同债务,遂判决被告顾某承担归还一半债务。

【法理分析】

根据我国《继承法》第三十三条的规定:"继承遗产应当清偿被继承人依法应当缴纳的税款和债务,缴纳税款和清偿债务以他的遗产实际价值为限。超过遗产实际价值部分,继承人自愿偿还的不在此限。继承人放弃继承的,对被继承人依法应当缴纳的税款和债务可以不负偿还责任。"基于合法的借贷关系法律予以保护,因此,韦某富向原告借款后,理应按约履行还款义务,但因韦某富已经去世,所以,债务应当由韦某在其继承的遗产范围内进行清偿。

债权人以夫妻一方为被告起诉的债务纠纷中,对于涉案债务是否认定为夫妻共同债务，应当按照《最高人民法院关于适用〈中华人民共和国婚姻法若干问题的解释〉（二）》第二十四条规定认定，即“债权人就婚姻关系存续期间夫妻一方以个人名义所负债务主张权利的，应当按夫妻共同债务处理。但夫妻一方能够证明债权人与债务人明确约定为个人债务，或者能够证明属于《婚姻法》第十九条第三款规定情形的除外”。本案中，被告顾某在诉讼中未能提供韦某富借款时已向原告表明该笔借款系其个人债务的证据，因此，对于无法证明的主张其应承担举证不力的法律后果，所以，应按照夫妻共同债务进行认定。

案例 13

企业之间以买卖关系掩盖借款关系的，应当如何认定与处理？

——上海 A 公司与上海 B 公司、上海 C 公司企业借贷纠纷案

【案例来源】

法院：最高人民法院

案号：(2013)民再申字第 15 号

【案情摘要】

2008 年 5 月 3 日，A 公司与 C 公司签订合同，从 C 公司处购买一批钢材；同日，A 公司与 B 公司签订合同，将该批钢材加价出售给 B 公司；同日，B 公司与 C 公司签订合同，将该批钢材加价出售给 C 公司。B 公司法定代表人于 2004 年 8 月 9 日向朱某出具委托书，委托其在 B 公司光大银行黄浦支行账户上，按买卖合同进行钢材贸易业务结算，将光大银行黄浦支行的二枚印鉴章和另一枚公司合同章(2)交于朱某保管。2008 年 5 月 22 日的“收据”载明，B 公司已收到 A 公司该批钢材，经手人处加盖 B 公司合同章(2)。2009 年 9 月 5 日，朱某出具的《关于查验货物的情况说明》载明，其至无锡市 D 公司厂房内查看涉案货物，2009 年 9 月 25 日，C 公司法定代表人杨某也出具《情况说明》，表明朱某到该公司查看三批货物。法院查明事实后将案由变更为民间借贷纠纷进行审理，判决 A 公司偿还 B 公司本金及利息。

【争议焦点】

1. 该案的案由是合同纠纷还是民间借贷纠纷？

2. 再审判决改变本案合同性质的认定是否剥夺当事人诉讼权利?

【裁判要点】

法院认为各方当事人之间仅有合同的签订,增值税发票的开具和货款的支付,A 公司、C 公司认可本案货物并未实际转移,B 公司在本院询问中也认可其在本案及其他类似交易中不提货,不开具仓单、提单等物权凭证。因此,B 公司和 A 公司之间长期以来形成的此种"买卖"关系的交付过程,均无货物实际流转与交接。本案中,B 公司未能充分证明货物的交付情况。B 公司在本案中作为中间商,不需要提取货物亦未实际取得并交付提货凭证,不承担市场价格变动风险,只需要按照上家的指示开具增值税发票,并通过加价行为获取利润,涉案交易流程不符合买卖合同交易特征,B 公司与 A 公司之间系名为买卖,实为借贷法律关系。

B 公司虽然依据买卖合同提起本案诉讼,但其主张为返还货款,法院经审理对其主张的返还问题作出判断,并未背离其基本诉讼请求。人民法院在立案时根据当事人的主张确定案由后,在审理过程中也可依据查明的案件事实对案由作出变更,这是人民法院行使审判权的范畴。同时,买卖合同与借贷合同纠纷的审理应适用不同的法律,人民法院确定的法律关系与当事人主张的不同时应当告知当事人。因此,原再审法院经审理将 B 公司主张的买卖合同纠纷认定为企业间借贷纠纷进行审理。

【法理分析】

当事人之间究竟是买卖关系还是借贷关系,是民事审判中的一个难题,需要根据交易过程、是否实际交付货物、当事人之间的交易习惯、交易目的等综合判断。审查交易情况及当事人的陈述,若买卖双方并无实际交付货物的相关凭证,则不符合买卖合同的基本特征和交易习惯。因此,认定为名为买卖合同实为企业借贷纠纷。法院在审理过程中查明事实后即对案由作出变更。

案例14

在单位内部以借款形式向职工筹集资金用于生产经营，借贷合同是否有效？

——广东省肇庆市建筑公司与邓某民间借贷纠纷案

【案例来源】

法院：广东省肇庆市中级人民法院

案号：(2014)肇中法民一终字第135号

【案情摘要】

2002年10月1日，邓某(乙方)与广东省肇庆市建筑公司的委托代理人谭某(甲方)签订了一份借款协议，约定甲方向乙方借款人民币50万元，借款期为3~8个月，在借款期间甲方按本金每月2%计算利息给乙方。沈某以负责人的身份在协议中签字确认。协议签订后，邓某通过梁某的账号将借款交付了给市建筑公司。市建筑公司在借款协议约定的最长借款逾期后，仅于2004年5月26日，向梁某归还了25万元本金，并出具收款收据一张，证明该款项为市建筑公司归还邓某的集资款本金，邓某对市建筑公司归还了借款本金25万元没有异议。

邓某提供一份复印件，证明2009年9月21日，邓某曾向谭某出具催款函，谭某在函上写道："来函已收到，借款属实"，并签名确认。2011年8月16日，邓某向谭某出具再催款函，要求谭某偿还欠款25万元及利息，谭某在函上写道："收到此函已转公司财审部"，并签名确认。2012年8月31日，市建筑公司向肇庆市A公司发出《关于清偿我司为筹集东莞大会堂工程项目合作资金而向职工借款本息的请示》，提出相关处理意见。2012年9月27

日，肇庆市国资委向肇庆市A公司发出《关于肇庆建工清还东莞大会堂项目职工借款本息问题的批复》，同意相关处理意见。2012年10月8日，肇庆市A公司向市建筑公司发出《关于清还东莞大会堂项目职工借款本息问题的批复》，同意相关处理意见。2013年5月27日，邓某向市建筑公司发出信访函，要求公司按照借款协议偿还欠款及利息。市建筑公司相关负责人已签收该函。2013年6月17日，市建筑公司向邓某发出《信访事项答复意见书》，提出按照上述批复意见清偿债务，即归还借款本金、利息（原借款协议期限内按原协议利率计算，超出原借款协议期限外的按人民银行同期贷款基准利率计息）。

后双方因借款利息产生争议，无法协商一致，邓某诉至法院。市建筑公司答辩称该案并非民间借贷，属于“企业内部集资”协议，应当认定为无效合同，且超过诉讼时效。法院经审理认为借款合同合法有效，且在诉讼时效期内，于是，判决市建筑公司应向邓某偿还借款人民币25万元及利息757001元。

【争议焦点】

1. 本案借款属于企业内部集资还是民间借贷？
2. 本案债权是否超过诉讼时效？

【裁判要点】

法院认为关于本案借款属于企业内部集资还是民间借贷的问题。市建筑公司因工程需要向职工借款，虽文件说明向职工或家属借款，但实际操作中，仅有少数特定人员向公司提供借款，并不符合内部集资的特征。且从后续处理来看，对于其他职工或家属出借款项的处理，市建筑公司依据重新达成的协议履行，协议约定期限内仍按照约定支付利息。邓某与市建筑公司签订的借款协议，是双方当事人的真实意思表示，内容真实合法，是有效合同。

关于本案债权是否超过诉讼时效的问题。本案借款行为发生在2002

年,至邓某向原审法院提起本案诉讼之日,已经超过法律规定的诉讼时效期间。但是,邓某因该借款于 2013 年 5 月 27 日向市建筑公司发出信访函,市建筑公司于2013 年6 月17 日向邓某发出《信访事项答复意见书》,要求邓某到公司财务部办理借款本息清还手续。虽然事后双方对借款利息的计算未达成一致意见,但结合邓某提交的信访函来看,该《信访事项答复意见书》已经确认邓某主张的债务本金,仅是对利息部分认为应按照市国资委批复办理,应视为有履行债务的意思表示。因此,根据《最高人民法院关于审理民事案件适用诉讼时效制度若干问题的规定》第二十二条:诉讼时效期间届满,当事人一方向对方当事人作出同意履行义务的意思表示或者自愿履行义务后,又以诉讼时效期间届满为由进行抗辩的,人民法院不予支持。

【法理分析】

《最高人民法院关于如何确认公民与企业之间借贷行为效力问题的批复》规定,公民与非金融企业之间的借贷属于民间借贷。只要双方当事人意思表示真实即可认定有效。但是,具有下列情形之一的,应当认定无效:(一)企业以借贷名义向职工非法集资……

非法集资是指向社会公众即社会不特定对象吸收资金,未向社会公开宣传,在亲友或者单位内部针对特定对象吸收资金的,不属于非法吸收或者变相吸收公众存款。

“法人或者其他组织在本单位内部通过借款形式向职工筹集资金,用于本单位生产、经营,且不存在合同法第五十二条、本规定第十四条规定的情形,当事人主张民间借贷合同有效的,人民法院应予支持。”该案中,单位因生产经营需要向特定职工借款,不属于向社会不特定对象吸收资金,不构成非法集资。对于其出借的款项,单位依据还款协议履行还款义务,若借贷合同不存在《合同法》第五十二条规定的情形的,民间借贷合同应为有效,单位应当承担还款还息责任。

案例 15

公司法定代表人集资诈骗涉及的公司借款、保证合同有效

——应某与 B 公司、C 公司保证合同纠纷案

【案例来源】

审理法院:江苏省高级人民法院

案号:(2015)苏商初字第 00032 号

【案情摘要】

2011 年 5 月至 7 月,A 公司与应某先后签订三份借款合同,共计向应某借款 4300 万元,合同显示约定月息为 8%;同时,B 公司、C 公司作为保证人,与应某签订了三份保证合同,承诺对借款本息承担连带责任保证。此后,应某依约出借了三笔款项共 4300 万元,A 公司出具了相应借据。2011 年 6 月 7 日,应某甲出借 2000 万元给 A 公司,约定借期一个月,月息 3%;B 公司、C 公司与应某签订了保证合同,承诺承担连带责任保证。应某甲于 2013 年 11 月 25 日将该笔债权转让给应某。前述保证合同,均系 B 公司、C 公司的时任法定代表人沈某在合同上签名,并加盖两公司印章。

2013 年 12 月 10 日,沈某被杭州市中级人民法院以集资诈骗罪判处死刑缓期二年执行,并责令退赔受害人损失,前述借款款项被认定在集资诈骗犯罪款项之中。刑事判决还认定沈某私刻 B 公司、C 公司印章,订立保证合同。因借款到期后未获偿还,应某提起民事诉讼,请求判令 B 公司、C 公司承担连带保证责任,偿还借款本金并按银行同期贷款利率四倍计付利息。法院判决涉案借款合同、保证合同有效,判令 B 公司、C 公司承担连带保证责

任，偿还借款本息。

【争议焦点】

1. 借款合同的主债务人应认定为A公司还是沈某个人？

2. 借款合同是否有效？

3. 沈某作为两家保证公司的法定代表人，其私刻两家公司印章与出借人订立的保证合同是否有效？

【裁判要点】

法院认为，刑事判决并不影响民事法律关系中对合同主体的认定。涉案借款合同以及对应的借据上均加盖有A公司的印章，民间借贷法律关系中的借款人应为A公司。集资诈骗犯罪系沈某的单方行为，并无证据证明应某参与该犯罪行为，案涉借款合同系双方自愿签订，应某亦实际出借款项，故也不存在以合法形式掩盖非法目的等合同无效情形。因此，合同有效。对于沈某私刻印章并签订保证合同的行为应如何评判：沈某系保证人B公司和C公司的法定代表人，作为合同相对方的应某有理由相信沈某有权代表公司对外签订保证合同，故涉案保证合同合法有效，B公司和C公司应依约就案涉借款承担连带保证责任。刑事判决已认定沈某以高息引诱进行非法集资，沈某也认可借款当时承诺予以高额回报，故应某现主张按照按银行同期贷款基准利率四倍计息，符合相关规定。

【法理分析】

《合同法》第五十二条规定了合同无效的情形。《合同法解释(二)》第十四条对《合同法》第五十二条第(五)项规定"强制性规定"解释为指效力性强制性规定。本案沈某构成集资诈骗罪，仅仅是个人行为，而借款合同和担保合同的签订没有违反法律、行政法规效力性的强制性规定，且是建立在真实意思基础上，沈某作为公司法定代表人，有权代表公司对外签订借款合同、担保合同，因此，涉案合同合法有效，受法律保护。

案例16

利用金融机构信贷资金又高利转贷给借款人的借款合同是否有效?

——河南省周口市A公司与B厂民间借贷纠纷案

【案例来源】

法院:河南省周口市川汇区人民法院

案号:(2016)豫1602民初144号

【案情摘要】

2015年2月4日,原告周口市A公司与被告B厂及案外人(鉴证方)周口市川汇区财政局、周口市川汇区工业和信息化局,共同签订借款合同一份。合同约定,由原告从中原银行1000万元融资中借给被告300万元,被告用老厂区"退二进三"的安置补偿款、销售货款或机械设备、房产作为还款保障。借款期限两年,资金占用费率1%,由被告按季度支付,如未按约定结息,每逾期一个月资金占用费率上浮1%;逾期三个月未支付资金占用费率,原告提前收回全部借款。合同签订后,原告于2015年2月5日向被告账户汇款300万元。至原告起诉之日,被告未向原告支付资金占用费。

【争议焦点】

原、被告双方签署的借款合同是否有效?

【裁判要点】

原告A公司通过向中原银行融资的方式借款被告,收取高于银行利率的资金占用费,并经过事先协商,明显违反法律的强制性规定,双方所签借款合同属无效合同,借款本金应予返还,利息应当按照中原银行同期贷款利率计算。故法院判决原告A公司与被告B厂所签订的借款合同无效。被告B厂于本判决生效之日起七日内返还原告A公司借款本金300万元及利息(从2015年2月5日起至还款之日止,按中原银行同期贷款利率计算)。

【法理分析】

根据《中华人民共和国合同法》第五十二条的规定:"有下列情形之一的,合同无效:(一)一方以欺诈、胁迫的手段订立合同,损害国家利益;(二)恶意串通,损害国家、集体或者第三人利益;(三)以合法形式掩盖非法目的;(四)损害社会公共利益;(五)违反法律、行政法规的强制性规定。"根据《最高人民法院关于审理民间借贷案件适用法律若干问题的规定》第十四条的规定:"具有下列情形之一,人民法院应当认定民间借贷合同无效:(一)套取金融机构信贷资金又高利转贷给借款人,且借款人事先知道或者应当知道的;(二)以向其他企业借贷或者向本单位职工集资取得的资金又转贷给借款人牟利,且借款人事先知道或者应当知道的;(三)出借人事先知道或者应当知道借款人借款用于违法犯罪活动仍然提供借款的;(四)违背社会公序良俗的;(五)其他违反法律、行政法规效力性强制性规定的。"本案双方签订的民间借贷合同因明显违反法律的强制性规定,并且原告是通过套取金融机构信贷资金后又高利转贷给借款人,所以,属于无效合同。

案例17

电子证据对民间借贷关系认定的影响

——王某英诉王某借贷合同纠纷案

【案例来源】

法院：天津市第二中级人民法院

案号：(2009)二中民一终字第2241号

【案情摘要】

被告与原告之子李某于2007年3月举办了订婚仪式，并确定日期举办婚礼(尚未进行婚姻登记)。2007年5月，被告以暂时用款为由向原告提出借款要求，承诺"只借款一个月，不耽误原告为原告之子结婚购房"。于是，原告借给被告40万元。后原告之子与被告之间关系破裂，决定结束恋爱关系。后原告向被告催要其借款，被告至今未还，诉至法院，请求被告偿还本金及利息。被告答辩称，从未向原告借款，是原告之子李某从家中要走40万元，用于炒股及帮亲戚，造成亏损。原告提供短信无法证实真实性。故法院对原告的诉讼请求不予支持。

【争议焦点】

本案双方的争议焦点在于原、被告之间是否存在借贷关系？

【裁判要点】

法院认为，原告提交的短信内容属于数据、电文形式，根据证据规则的相关规定，录音、录像及数据电文可以作为证据使用，但手机短信具有一定的不稳定性和不准确性，故此短信的效力低于书证和物证。虽然原告存于其手机的短信经鉴定未见修改痕迹。而从现在科技发展上看，能以被上诉人手机号码的名义发送到上诉人手机中的短信有多种途径。现上诉人不能证明本案中的短信内容就是被上诉人发送的，即不能证明证据的唯一性。且随着时间的推移，在电信部门存储的短信内容、短信的字数均已不复存在，亦不能证实上诉人手机中的短信内容。本案中，原告称其在家中将40万元交给被告，无其他证据佐证原告所称的该事实。在原审中，原告称分两笔将40万元交给被告，而在该案审理中，原告称一次给了被告40万元，其陈述前后矛盾。同时，综合当事人的陈述，原告现提交的证据不足，故法院对原告的诉讼请求不予支持。

【法理分析】

依照《最高人民法院关于民事诉讼证据的若干规定》第二条规定："当事人对自己提出的诉讼请求依据的事实或者反驳对方诉讼请求所依据的事实有责任提供证据加以证明。没有证据或者证据不足以证明当事人的事实主张的，由负有举证责任的当事人承担不利后果。"该案中，原告只提交了一份手机短信作为证据，但手机短信具有一定的不稳定性和不准确性，又无其他相关证据佐证。其证明力相对较低。因此，在该案中，法院未予支持原告方诉求。

二
抵押担保关系类

案例1

抵押担保关系中关于是否属于禁止流押的定性

——朱某与山西A公司商品房买卖合同纠纷案

【案例来源】

法院:最高人民法院

案号:(2011)民提字第344号

【案情摘要】

2007年1月25日,朱某与A公司签订14份《商品房买卖合同》,主要约定朱某以每平方米4600元价格向A公司购买百桐园小区十号楼14套商铺。同日办理了14份《商品房买卖合同》的销售备案登记手续。A公司于次日向朱某出具两张总额1035.4554万元的销售不动产发票。2007年1月26日,朱某与A公司签订一份《借款协议》,约定A公司向朱某借款1100万元,借款期限自借款到账之日起三个月即2007年1月26日起至2007年4月26日止;A公司自愿将其开发的百桐园小区十号楼商铺以每平方米4600元的价格抵押给朱某,抵押的方式为和朱某签订商品房买卖合同,并办理备案手续,开具发票;借款到期,A公司一次性还清借款,朱某将抵押手续(合同、发票、收据)退回A公司,如到期不能偿还,A公司将以抵押物抵顶借款,双方互不支付对方任何款项等。同日,A公司向朱某出具1100万元收据。

朱某与A公司签订14份《商品房买卖合同》购买的百桐园小区十号楼14套商铺,与A公司抵押给朱某的百桐园小区十号楼14套商铺为同一标的。双方当事人在《借款协议》中约定的"乙方(A公司)一次性还清甲方(朱某)借款后,甲方将以上抵押手续(合同、发票、收据)退回乙方",合同即为朱某与A公司签订的14份《商品房买卖合同》;发票即为A公司向朱某出具的两张总额1035.4554万元的销售不动产发票;收据即为A公司向朱某出具的1100万元借款收据。至2007年4月26日,A公司未能偿还该借款。一审法院判决朱某与A公司签订的14份《商品房买卖合同》有效;A公司应当按照该《商品房买卖合同》的内容履行合同。二审法院维持原判,再审法院维持判决结果。

【争议焦点】

1. 双方当事人之间法律关系的性质是民间借贷合同关系还是商品房买卖合同关系?

2.《借款协议》中"到期不能还款用抵押物抵顶借款,双方之间互不支付对方任何款项"的约定是否违反法律的强制性规定?

【裁判要点】

法院认为,该案中,14份《商品房买卖合同》涉及的款项和《借款协议》涉及的款项,在数额上虽有差额,但双方当事人对于14份《商品房买卖合同》所涉款项和《借款协议》所涉款项属同一笔款项并无异议。也就是说,双方当事人基于同一笔款项先后签订了14份《商品房买卖合同》和《借款协议》,且在山西省太原市房地产交易所办理了14份《商品房买卖合同》销售备案登记手续。该案双方当事人实际上就同一笔款项先后设立商品房买卖和民间借贷两个法律关系。从该案14份《商品房买卖合同》和《借款协议》约定的内容来看,涉案《商品房买卖合同》与《借款协议》属并立又有联系的两个合同。涉案《商品房买卖合同》与《借款协议》之间的联系表现在以下两个方面:其一是涉案《商品房买卖合同》与《借款协议》涉及的款项为同一笔款项;其二是《借款协议》约定以签订商品房买卖合同的方式为《借款协议》所借款项提供担保,即双方当事人实际是用之前签订的14份《商品房买卖合同》为之后签订的《借款协议》提供担保。同时《借款协议》为涉案《商品房买卖合同》的履行附设了解除条件,即借款到期,A公司还清借款,涉案

《商品房买卖合同》不再履行；借款到期，A 公司不能偿还借款，则履行案涉《商品房买卖合同》。

关于《借款协议》中“如到期不能偿还，或已无力偿还，乙方（A 公司）将用以上抵押物来抵顶借款，双方互不再支付对方任何款项”的约定是否违反法律的强制性规定问题。法律上有禁止流押规定。禁止流押的立法目的是防止损害抵押人的利益，以免造成对抵押人实质上的不公平。本案《借款协议》中“如到期不能偿还，或已无力偿还，乙方（A 公司）将用以上抵押物来抵顶借款，双方互不再支付对方任何款项”的约定，并非法律上禁止的流押条款。首先，《借款协议》上述条款并非约定 A 公司到期不能偿还借款，《借款协议》所称抵押物所有权转移为朱某所有。在 A 公司到期未偿还借款时，朱某并不能直接按上述约定取得《借款协议》所称的“抵押物”所有权。朱某要想取得《借款协议》所称的“抵押物”即 14 套商铺所有权，只能通过履行涉案 14 份《商品房买卖合同》实现。正基于此，朱某在本案一审提出的诉讼请求也是确认 14 份《商品房买卖合同》有效，判令 A 公司履行商品房买卖合同。其次，案涉 14 份《商品房买卖合同》和《借款协议》均为依法成立并生效的合同，双方当事人在《借款协议》中约定以签订商品房买卖合同的形式为《借款协议》提供担保，并为此在《借款协议》中为涉案 14 份《商品房买卖合同》附设了解除条件，该约定并不违反法律、行政法规的强制性规定。实际上，双方当事人对于是履行 14 份《商品房买卖合同》，还是履行《借款协议》具有选择性，即商品房买卖合同的解除条件成就，就履行《借款协议》；商品房买卖合同的解除条件未成就，就履行 14 份《商品房买卖合同》。无论是履行 14 份《商品房买卖合同》，还是履行《借款协议》，均符合双方当事人的意思表示，且从合同的选择履行的角度看，A 公司更具主动性。A 公司如果认为履行 14 份《商品房买卖合同》对其不公平，损害了其利益，其完全可以依据《合同法》第五十四条第一款第（二）项的规定，请求人民法院撤销涉案 14 份《商品房买卖合同》，但 A 公司在法定的除斥期间内并未行使合同撤销权，而是拒绝履行生效合同，其主张不符合诚信原则，不应得到支持。因此，《借款协议》上述关于到期不能偿还，或已无力偿还，A 公司抵押物来抵顶借款的约定，不符合《中华人民共和国担保法》第四十条和《中华人民共和国物权法》第一百八十六条禁止流押的规定。

【法理分析】

根据《中华人民共和国合同法》第三十二条规定："当事人采用合同书形式订立合同的，自双方当事人签字或盖章时合同成立。"第四十四条第一款规定："依法成立的合同，自成立时生效。"涉案14份《商品房买卖合同》和《借款协议》均为依法成立并已生效的合同。从最高人民法院的裁判思路可以看出，该案《商品房买卖合同》和《借款协议》属并立又有联系的两个合同，双方当事人实际是用之前签订的14份《商品房买卖合同》为之后签订的《借款协议》提供担保。如此，本案法律关系性质应属民间借贷合同关系。

《中华人民共和国担保法》第四十条规定："订立抵押合同时，抵押权人和抵押人在合同中不得约定在债务履行期届满抵押权人未受清偿时，抵押物的所有权转移为债权人所有。"《中华人民共和国物权法》第一百八十六条规定："抵押权人在债务履行期届满前，不得与抵押人约定债务人不履行到期债务时抵押财产归债权人所有。"这是法律上禁止流押的规定。但该案中《借款协议》涉及"如到期不能偿还，或已无力偿还，乙方（A公司）将用以上抵押物来抵顶借款，双方互不再支付对方任何款项"明显不是属于法律上禁止流押规定。

案例2

约定债务人不履行债务由担保人履行债务的为一般保证责任

——赵某与A公司刘某民间借贷纠纷案

【案例来源】

法院:长春市双阳区人民法院

案号:(2016)吉0112民再1号

【案情摘要】

2012年9月28日,经原审被告刘某介绍,原审被告A公司向原审原告赵某借款100万元,当时约定借款期限为3个月,到期应还款本金及利息共计122万元,借款合同及借据显示借款金额为122万元。虽当天签订的借款合同及借据中记载借款人为被告刘某,担保人为被告A公司,但在原审及再审中,双方均认可该笔借款的实际借款人为A公司,担保人为被告刘某。借款到期后,原审被告A公司并未偿还借款,原审被告刘某亦未承担担保责任。2013年8月19日,原审原告赵某与原审被告A公司就该笔借款又重新签订了借款合同及收条,载明借款230万元,约定期限为70天,即自2013年8月20日起至2013年10月27日止,同时,收条上记载借款人为姜某,担保人为刘某。本次约定的借款期限到期后,二被告仍未偿还借款。2014年11月28日,原审原告赵某与原审被告A公司、刘某再次就该笔借款签订了借款协议及借据,借款协议记载借款人为A公司,借款金额为434万元,借款期限为2个月,自2014年11月28日至2015年1月27日,利息为月息3分。协议同时约定原审被告刘某对上述借款为A公司提供担保,如A公司到期无法还款,将由担保人刘某代替A公司向赵某支付全额借款。后因二被告没有按协议约定履行还款义务，原审原告于2015年3月19日诉至法院，要求二被告给付其借款本金434万元及利息，并承担诉讼费及由此发生的费用。法院最终判决A公司给付债务，并由刘某对上述债务承担一般保证责任。

【争议焦点】

1. 关于原、被告双方借贷关系是否实际发生的问题？

2. 关于被告刘某是否应承担担保责任的问题？

【裁判要点】

法院认为：关于借贷关系是否实际发生的问题，原审被告刘某对原审原告赵某提供的借款合同、借款协议、收条及借据上A公司的盖章、姜某的签字及其本人的签字、按手印均无异议，结合赵某及刘某在再审中的陈述能够形成完整的证据链条，相互印证，证实A公司于2012年9月28日向赵某借款100万元并已实际履行的事实。

关于被告刘某是否应承担担保责任的问题，刘某对其担保责任予以承认，且根据2014年11月28日赵某与二被告之间签订的借款协议及借条，已明确约定了如A公司到期无法还款，将由担保人刘某代替A公司向赵某支付全额借款。该约定符合《中华人民共和国担保法》关于一般保证条款即债务人不能履行债务时，由保证人承担保证责任的规定，故刘某的保证责任是一般保证责任，因双方没有约定保证期间，故刘某的保证期间为主债务履行期届满之日起6个月，即自2015年1月27日起至2015年7月27日止。赵某于2015年3月19日对A公司和担保人刘某提起诉讼，系在担保期限内主张权利，故刘某应承担保证责任，其在承担保证责任后有权向A公司追偿。

【法理分析】

依照《中华人民共和国担保法》第十七条规定，当事人在保证合同中约定，债务人不能履行债务时，由保证人承担保证责任的，为一般保证。第二十五条规定，一般保证的保证人与债权人未约定保证期间的，保证期间为主债务履行期届满之日起六个月。《最高人民法院关于适用〈中华人民共和国担保法〉若干问题的解释》第一百二十五条规定：一般保证的债权人向债务人和保证人一并提起诉讼的，人民法院可以将债务人和保证人列为共同被告参加诉讼。但是，应当在判决书中明确在对债务人财产依法强制执行后仍不能履行债务时，由保证人承担保证责任。因此，该案中，赵某于 2015 年 3 月 19 日对 A 公司和担保人刘某提起诉讼，系在担保期限内主张权利，故刘某应承担保证责任，其在承担保证责任后有权向 A 公司追偿。

案例3

夫妻一方非因共同生活原因所举债务是否应作为夫妻共同债务?

——解某与邵某、倪某民间借贷纠纷案

【案例来源】

法院:江苏省扬州市中级人民法院

案号:(2014)扬民再终字第00006号

【案情摘要】

被告邵某和倪某于2003年10月7日登记结婚,2009年3月6日双方签订了婚内财产约定书,约定双方收入归各自所有,债务以各自财产偿还。2010年10月起,双方开始分居。2011年1月,倪某以邵某债台高筑等理由,提出离婚诉讼,2011年4月15日法院判决未予准许。2011年4月22日至2012年4月22日,邵某陆续向原告解某借款1193700元,用于经营土石方工程。2012年7月27日邵某与倪某离婚。后因借款未能如期清偿,解某提起诉讼,要求邵某与倪某共同偿还。

【争议焦点】

夫妻一方非因共同生活原因所举债务是否应作为夫妻共同债务?

【裁判要点】

江苏省扬州市广陵区人民法院审理后认为,倪某虽然提供了婚姻财产协议,但未能证明解某作为债权人知道该约定,也无证据证明邵某与解某明确约定该笔借款为邵某个人债务,因该笔借款系发生在夫妻关系存续期间,

应认定为夫妻共同债务。据此判决倪某与邵某共同偿还借款。倪某不服向一审法院提出申诉，扬州市广陵区人民法院维持了倪某与邵某共同偿还借款的判决结果。倪某不服提起上诉。江苏省扬州市中级人民法院审理后认为，邵某借款的目的和用途是经营土石方工程，从邵某与倪某 2009 年 3 月 6 日签订的婚姻财产约定内容看，双方约定了个人举债由个人负责偿还，且 2010 年 10 月起，倪某即与邵某开始分居，随后，倪某又提起离婚诉讼。综上，邵某的借款并未用于其家庭生活，虽发生在夫妻关系存续期间，亦不能认定为夫妻共同债务。遂判决驳回要求倪某偿还借款的诉讼请求。故法院判决被告邵某、倪某于本判决生效后十日内给付原审原告解某借款人民币 1193700 元。

【法理分析】

根据《中华人民共和国婚姻法》第十九条第三款的规定："夫妻对婚姻关系存续期间所得的财产约定归各自所有的，夫或妻一方对外所负的债务，第三人知道该约定的，以夫或妻一方所有的财产清偿。"《最高人民法院关于适用〈中华人民共和国婚姻法〉若干问题的解释（二）》第二十四条规定："债权人就婚姻关系存续期间夫妻一方以个人名义所负债务主张权利的，应当按夫妻共同债务处理。但夫妻一方能够证明债权人与债务人明确约定为个人债务，或者能够证明属于婚姻法第十九条第三款规定情形的除外。"

《最高人民法院关于适用〈中华人民共和国婚姻法〉若干问题的解释（二）》第二十三条进一步明确："债权人就一方婚前所负个人债务向债务人的配偶主张权利的，人民法院不予支持。但债权人能够证明所负债务用于婚后家庭共同生活的除外。"可见在夫妻关系存续期间，看有无因为夫妻共同生活为目的因素才是判定是否属于夫妻共同债务的核心。

案例4
民间借贷关系中质押担保关系与抵押担保关系的认定
——袁某诉王某民间借贷纠纷案

【案例来源】

法院:上海市第一中级人民法院

案号:(2015)沪一中民一(民)终字第1137号

【案情摘要】

2014年2月24日,王某向袁某出具借条一份,约定:借款金额50万元,借款期限2014年2月24日至3月23日。当日,何某受袁某委托转账交付给王某借款45万元(人民币,以下同),另5万元借款系现金交付给王某。王某未能归还上述钱款,袁某催讨不成,遂起诉至法院。袁某在庭审中陈述王某提供四样物品做质押担保,王某答辩称,该案属于抵押借款合同,故抵押合同与借款合同应一并处理。一审法院认为合法的借贷关系受法律保护,判决王某偿还袁某本金及利息,二审法院维持原判。

【争议焦点】

双方是否形成了抵押借款关系或质押借款关系?

【裁判要点】

法院认为,合法的借贷关系受法律保护,王某一审中主张双方之间为买卖关系及二审中主张为抵押借款关系,均无事实和法律依据,法院未予采信。王某在未收到足额借款的情况下将其所有的诉争文玩摆件质押给被上诉人显然不符常理，由此根据双方交易的特征，法院认定王某与袁某之间形成了质押借款关系。王某应当依约向袁某还款。

【法理分析】

所谓质押，就是债务人或第三人将其动产或者权利移交债权人占有，将该动产作为债权的担保，当债务人不履行债务时，债权人有权依法就该动产卖得价金优先受偿。

关于抵押借款关系与质押借款关系的认定，从两者的特点上看，通俗来讲，首先，抵押不转移对抵押物的占管形态，仍由抵押人负责抵押物的保管，而质押改变了质押物的占管形态，由质权人负责对质押物进行保管。其次，抵押物毁损或价值减少，由抵押人承担责任，质押物毁损或价值减少由质押权人承担责任。最后，债权人对抵押物不具有直接处置权，需要与抵押人协商或通过上诉由法院判决后完成抵押物的处置；对质押物的处置不需要经过协商或法院判决，超过合同规定的时间债权人就可以处置。

从本案来看，法院据双方交易的特征，认定上诉人与被上诉人之间形成了质押借款关系。

案例5

出借人免除部分保证人的保证责任，其他连带保证人如何承担保证责任？

——王某诉许某、陈某、陈某民民间借贷纠纷案

【案例来源】

法院：浙江省舟山市中级人民法院

案号：(2010)浙舟商终字第48号

【案情摘要】

被告陈某、陈某民系夫妻关系。2006年10月31日，陈某民以工程施工需要资金为由向原告王某借款90万元，双方签订《借款保证合同》一份，合同载明的借款期限为一个月，月利率为2‰。合同还载明，借款人保证按时还款，若不能按时还款，出借人有权对借款人从逾期之日起每日收取2000元的违约金，直至全部借款还清为止；与合同有关的律师费及出借人实现债权的费用均由借款人承担。陈某和被告许某作为保证人在《借款保证合同》上签字。2007年4月23日，陈某民通过银行汇款支付王某还款40万元，其余借款未归还。后原告王某向法院申请撤销陈某的担保责任。被告到期未还款，原告诉至法院，后法院判决许某对其债务在二分之一范围内承担连带清偿责任。

【争议焦点】

出借人免除陈某保证人的保证责任，许某如何承担保证责任？

【裁判要点】

法院认为：王某免除陈某的连带保证责任，是对自己权利的处置。但该

种权利的放弃已导致许某在承担连带保证责任后，不能要求陈某清偿其应当分担的份额，故许某在陈某应分担的份额内免除连带保证责任。由于两保证人间并未约定各自的分担比例，根据《最高人民法院关于适用〈中华人民共和国担保法〉若干问题的解释》第二十条第二款的规定，许某仅对陈某、陈某民需履行债务的二分之一承担连带保证责任。

【法理分析】

《中华人民共和国担保法》第十二条规定："同一债务有两个以上保证人的，保证人应当按照保证合同约定的保证份额，承担保证责任。没有约定保证份额的，保证人承担连带责任，债权人可以要求任何一个保证人承担全部保证责任，保证人都负有担保全部债权实现的义务。已经承担保证责任的保证人，有权向债务人追偿，或者要求承担连带责任的其他保证人清偿其应当承担的份额。"《最高人民法院关于适用〈中华人民共和国担保法〉若干问题的解释》第二十条第二款的规定，连带共同保证的保证人承担保证责任后，向债务人不能追偿的部分，由各连带保证人按其内部约定的比例分担。没有约定的，平均分担。原告可以放弃自己的权利，但是放弃自己权利导致另一保证人不能向其债务人追偿时，法律明确规定了，即不能要求被免除担保责任的担保人清偿其应当分担的份额，故另一担保人在被免除担保责任的担保人应分担的份额内免除连带保证责任。

案例6

P2P借贷关系中借款人不能偿还借款时，平台方承诺先行垫付，是否能被认定为提供担保？
——付某与南京A公司合同纠纷案

【案例来源】

法院：江苏省南京市中级人民法院

案号：(2016)苏01民终5079号

【案情摘要】

2015年3月，付某在A公司运营的网络借贷平台进行投资。2015年5月7日付某通过网上投标操作，成功投标张某通过A公司网络平台发布的“易房贷——房屋抵押贷款，借款金额28万元，年利率21.4%，借款期限6个月”的借款项目，其中付某向张某出借20万元。同日，付某、张某与A公司签订《网络借贷散标服务协议》，约定：出借人为付某、借款人为张某、平台服务方为A公司；付某向张某出借金额为20万元，借款期限6个月，借款利率为年利率21.4%，还款时间为2015年11月10日，利息为21400元，到期应还款项共计221400元；如遇张某未按合同约定支付到期应还款项情况，A公司可以根据付某的申请先行向付某垫付部分资金（具体金额以A公司实际向付某垫付的金额为准），A公司向付某垫付资金，付某接受的行为即视为双方进行了债权转让，三方一致同意A公司取得相应的债权；如张某未按合同约定支付到期应还款项，A公司按标的性质进入垫付程序：信用借款标逾期后第八天由A公司垫付本金和利息，债权自动转让为A公司所有；企业担保借款标逾期后24小时内由担保企业垫付本金和利息还款；个人担保借款标逾期后八天由A公司垫付本金和利息还款，债权自动转化为A公司所有;抵押借款标逾期后24小时内由A公司垫付本金和借款利息,债权自动转让为A公司所有。

A公司在其网络平台的"安全保障"一栏中载明:若借款人出现风险导致无法偿还借款,平台将立刻启动代偿程序。信用标在第八天进入代偿程序。抵押标、担保标、推荐标、净值标在24小时内进入代偿程序。其将针对问题标的的具体情况与投资人签署债权转让协议,将按照约定的代偿范围(代偿本金或代偿本金以及利息),将代偿金转入投资人账户。

2015年11月10日,借款到期,张某未能归还借款本金及利息,A公司亦未向付某承担垫付责任。付某故诉至法院。

【争议焦点】

A公司是否应对付某涉案借款本息承担保证责任?

【裁判要点】

法院认为:A公司在其网络平台给投资者提供的安全保障中承诺:若借款人出现风险导致无法偿还借款,平台将立刻启动代偿程序,抵押标在24小时内进入代偿程序,其将根据问题标的具体情况与投资人签署债权转让协议,其将按照约定的代偿范围(代偿本金或代偿本金以及利息),将代偿金转入投资人账户;另付某与A公司签订的《网络借贷散标服务协议》亦约定:如张某未按合同约定支付到期应还款项,A公司按标的性质进行垫付程序,抵押借款标逾期后24小时内由A公司垫付本金和借款利息,债权自动转让为A公司所有。A公司承诺在张某无法偿还借款时启动代偿程序,系对张某的债务的担保,因对保证方式约定不明,A公司应当对张某的债务承担连带保证责任,故付某要求A公司偿还本金及利息共计221400元,符合法律规定。

【法理分析】

《担保法》第十八条规定:"当事人在保证合同中约定保证人与债务人对债务承担连带责任的,为连带责任保证。连带责任保证的债务人在主合同规定的债务履行期届满没有履行债务的，债权人可以要求债务人履行债务，也可以要求保证人在其保证范围内承担保证责任。”第十九条规定：“当事人对保证方式没有约定或者约定不明确的，按照连带责任保证承担保证责任。”第二十一条规定：“保证担保的范围包括主债权及利息、违约金、损害赔偿金和实现债权的费用。保证合同另有约定的，按照约定。当事人对保证担保的范围没有约定或者约定不明确的，保证人应当对全部债务承担责任。”A 公司通过网络平台联系借款人和出借人成立借款关系，并承诺在借款人的还款责任向出借人承担连带保证责任系其真实意思表示，该意思表示即为保证，根据上述法律规定，法院判决 A 公司偿还付某借款本金及利息。

案例7

民间借贷关系中，车辆交付形式的质押担保是否有效？

——常某与颜某民间借贷纠纷案

【案例来源】

法院：广东省深圳市盐田区人民法院

案号：（2016）粤0308民初1487号

【案情摘要】

2016年10月6日，原、被告双方签订汽车质押借款合同，约定被告以其名下车辆粤BC××××号作为质押担保，向原告借款5万元，借款月利率2%，综合费用3000元，借款期限自2016年10月6日起至2016年11月6日止，如被告到期未还款，原告有权处理质押物。合同签订当日，原告向被告转账支付5万元，被告将质押车辆粤BC××××号及其登记证书、行驶证交给原告保管。借款期满后，被告未向原告偿还本息。被告对于原告主张处理质押车辆无异议。法院判决颜某向常某偿还借款本金及其利息；颜某未如期清偿上述债务，准予原告常某对粤BC××××号车辆采取拍卖、变卖等方式依法变价，所得价款优先清偿上述债务及实现主债权的费用，超过部分由被告颜某所有，不足部分由被告颜某继续清偿。

【争议焦点】

略。（被告认可其债权债务关系，亦认可车辆交付形式的质押担保。）

【裁判要点】

法院认为，在案汽车质押借款合同、收据、银行流水、交易明细、汽车登记证书及行驶证等证据能够形成完整的证据链，足以证实原、被告之间存在合法有效的借贷关系，应受法律保护。汽车质押借款合同是双方当事人真实意思表示、内容不违反国家法律、法规的强制性规定，被告依约向原告交付了质押的粤BC××××号车辆，质权依法成立，原告对于该质押物在约定的担保范围内享有优先受偿权。现被告未依约偿还借款本息，已构成违约，原告有权要求依法处置上述质押物，并就拍卖、变卖上述质押物所得价款在借款本息及实现主债权费用范围内优先受偿，超过部分归被告所有，不足部分由被告继续清偿。

【法理分析】

担保法规定，人的担保是指债务人以外的第三人以其财产和信用为债务人提供的担保，保证担保是其中的典型；物的担保，是指以债务人或者第三人所有的特定之动产、不动产或其他财产权利担保债务履行而设定的担保，以抵押、质押为其典型，债务人依照物的担保所享有的权利，为担保物权。因此该案中，被告未依约偿还借款本息，已构成违约，原告有权要求依法处置上述质押物，并就拍卖、变卖上述质押物所得价款在借款本息及实现主债权费用范围内优先受偿。

案例 8

借贷关系中各担保人的担保责任如何确定？
——刘某与蒋某奎、蒋某凯、蒋某飞民间借贷纠纷案

【案例来源】

法院：贵州省盘州市人民法院

案号：(2017)黔 0222 民初 3512 号

【案情摘要】

原告蒋某奎与被告蒋某凯系堂兄弟关系，2014 年 3 月 5 日被告蒋某凯以急需用钱为由向第三人刘某借款人民币 37200 元，被告蒋某凯收到现金 37200 元，当场出具了借条一张给第三人刘某，原告蒋某奎、被告蒋某飞自愿为被告蒋某凯向刘某的此笔借款 37200 元提供保证担保，并在借条上签名认可借款金额及担保事实。约定还款期限届满后，被告蒋某凯未履行还款义务。第三人刘某遂将原告蒋某奎、被告蒋某凯、被告蒋某飞诉至盘县人民法院。经法院判决由被告蒋某凯偿还刘某借款本息；蒋某奎、蒋某飞对该款承担连带清偿责任。

【争议焦点】

保证人在债务清偿中的责任。

【裁判要点】

合同是当事人之间设立、变更、终止民事权利义务关系的协议，依法成立的合同，受法律保护，合同当事人应当按照合同约定履行义务；《中华人民

共和国担保法》第六条规定:“本法所称保证,是指保证人和债权人约定,当债务人不履行债务时,保证人按照约定履行债务或承担责任的行为。”《最高人民法院关于适用〈中华人民共和国担保法〉若干问题的解释》第十九条规定:“两个以上保证人对同一债务同时或分别提供保证明,各保证人与债权人没有约定保证份额的,应当认定为连带共同保证。”第二十条规定:“连带共同保证的债务人在主合同规定的债务履行期届满没有履行债务的,债权人可以要求债务人履行,也可以要求任何一个保证人承担全部保证责任,连带共同保证的保证人承担保证责任后,向债务人不能追偿的部分,由各连带保证人按其内部约定的比例分担,没有约定的,平均分担。”本案中,原告蒋某奎作为连带共同保证人,已经代被告蒋某凯支付第三人刘某借款本息及执行费共计42227元,蒋某奎已经承担保证责任,其有权向债务人(蒋某凯)追偿,或者要求承担连带责任的其他保证人(蒋某飞)清偿其应当承担的份额。对于原告主张的2017年5月17日起至2017年6月12日止的资金占用期间利息180元以及2017年6月13日起至全部本金及利息清偿之日止的资金占有期间的利息,根据《最高人民法院关于审理民间借贷案件适用法律若干问题的规定》第二十九条规定:“借贷双方对逾期利率有约定的,从其约定,但以不超过年利率24%为限。未约定逾期利率或者约定不明的,人民法院可以区分不同情况处理:(一)既未约定借款期内的利率,也未约定逾期利率,出借人主张借款人自逾期还款之日起按照年利率6%支付资金占用期间利息的,人民法院应予支持;(二)约定了借款期内的利率但未约定逾期利率,出借人主张借款人自逾期还款之日起按照借款期内的利率支付资金占用期间利息的,人民法院应予支持。”由于本案原告不是借款人,其行使的是担保追偿权,只能以其承担保证责任的范围为限,故该请求本院不予支持。

【法理分析】

《中华人民共和国担保法》第十二条规定:“同一债务有两个以上保证人的,保证人应当按照保证合同约定的保证份额,承担保证责任。没有约定保证份额的,保证人承担连带责任,债权人可以要求任何一个保证人承担全部保证责任,保证人都负有担保全部债权实现的义务。已经承担保证责任的保证人,有权向债务人追偿,或者要求承担连带责任的其他保证人清偿其应当承担的份额。”

《中华人民共和国担保法》规定:“保证人与债权人应当以书面形式订立保证合同,明确约定保证担保的主债权种类、数额、债务人履行债务的期限、保证担保的范围、保证的期限、保证的方式等主要内容,对保证担保的范围没有约定或约定不明的,保证人应当对全部债务承担责任;对保证期限没有约定或约定不明的,保证期限为主债务履行期限届满之日起 6 个月;对保证方式没有约定或约定不明的,按照连带责任保证承担保证责任;保证人承担保证责任后,有权向债务人追偿。”

根据本案案情,原告蒋某奎与被告蒋某飞两个人共同为被告蒋某凯的债务提供保证担保,因为未约定保证份额,所以保证人应该承担连带责任。原告蒋某奎作为连带共同保证人,已经承担保证责任,其有权向债务人(蒋某凯)追偿,或者要求承担连带责任的其他保证人(蒋某飞)清偿其应当承担的份额。由于二保证人之间没有约定内部承担比例,故应平均分担,原告蒋某奎、被告蒋某飞各占二分之一。

案例9

民间借贷中担保责任如何区分？
——黄某诉上海A公司民间借贷纠纷案

【案例来源】

审理法院：上海市第二中级人民法院

案号：(2014)沪二中民四(商)终字第478号

【案情摘要】

2010年4月28日，A公司与黄某签订借款合同，向黄某借款2000万元。内容显示约定月利率3%，借款到期日为2012年10月28日；该笔借款由张某、黄某某、林某某、B公司提供担保，共同承担连带的还款责任，并签订了借款担保合同。约定乙方于2010年4月28日向甲方借款2000万元，借款到期日为2012年10月28日，月利率为3%，丙方愿意为上述借款向甲方提供不可撤销的连带责任保证担保；保证期间：本合同所规定借款到期之日起满2年，该借款担保合同落款有甲方黄某签名及手印，乙方处有A公司公章及法定代表人张某私章，丙方处有张某私章、朱某签名及手印，并有黄某某、林某某的签名及手印、B公司公章及刘某私章。

2010年4月28日，A公司出具借款借据，黄某通过C公司账户向A公司账户支付了2000万元。C公司出具证明表示：2010年4月28日向A公司账户转账的2000万元，权利所有人为黄某。

A公司还款500万元后剩余借款本金及利息未能偿付。要求判令被告A公司偿还借款本金1500万元，其余被告承担连带清偿责任。

被告A公司辩称，1.本案所涉的借贷资金往来是发生在A公司与C公司之间，黄某不是本案适格原告。2.本案系企业间非法借贷，C公司是非法高利贷行为。故请求驳回原告诉请。

被告张某辩称，借款担保合同上并没有张某的签名，且合同上张某的章是作为A公司法定代表人的章，是用于公司行为，而非个人行为。张某从未做出担保的意思表示，故不应承担担保责任。

被告黄某某辩称，签订合同时合同内容空白，其只是在最后一页上签字，并无担保意思表示。故不同意承担担保责任。

被告林某某辩称，签订合同时合同内容空白，其在合同最后一页签字只表示见证，并无担保意思表示。故不同意承担担保责任。

被告B公司辩称，公司对外担保必须经过股东会或董事会的决议，黄某没有出具B公司关于对外担保的股东会或董事会决议方面的证据。故该担保无效，不同意承担担保责任。

一审法院判决借款合同、保证合同有效，A公司、张某、黄某某、林某某、B公司承担连带责任偿还黄某本金及利息。二审法院维持原判。

【争议焦点】

1. 黄某是否系本案诉争借款的出借方？
2. 张某、黄某某、林某某、B公司是否应该承担保证责任？
3. A公司应予还款金额的认定？

【裁判要点】

上海市杨浦区人民法院经审理认为，原告以自有资金通过第三人C公司账户向被告A公司支付借款，双方借贷关系成立，借款人应当按照约定期限返还借款。被告A公司未能按约还清借款，张某、黄某某、林某某、B公司亦未承担连带还款责任，故原告有权依合同约定要求被告A公司归还借款，并由被告张某、被告黄某某、被告林某某、被告B公司依约共同承担连带责任。保证人承担保证责任后，有权向债务人追偿。

【法理分析】

根据法律规定，两个以上保证人对同一债务同时或者分别提供保证时，各保证人与债权人没有约定保证份额的，应当认定为连带共同保证。连带共同保证的债务人在主合同规定的债务履行期届满没有履行债务的，债权人可以要求债务人履行债务，也可以要求任何一个保证人承担全部保证责任。保证人承担保证责任之后可以向债务人追偿。连带共同保证的保证人承担保证责任后，向债务人不能追偿的部分，由各连带保证人按其内部约定的比例分担。没有约定的，平均分担。

因此在该案中，法院判决借款合同、保证合同有效，A 公司、张某、黄某某、林某某、B 公司承担连带责任偿还黄某本金及利息。

案例 10
担保人承担担保责任后，有权向债务人进行追偿
——王某某与董某、冯某某追偿权纠纷案

【案例来源】

法院：河北省唐山市开平区人民法院

案号：（2015）开民初字第 1778 号

【案情摘要】

原告王某某与被告冯某某曾均居住在同一幢楼里，两人系邻里关系，2009 年 1 月 14 日，原告王某某、被告董某、冯某某与许某某签订《借款保证合同》，原告王某某为被告董某、冯某某向许某某借款的保证人，同日经唐山市华忆公证处对三方签订的《借款保证合同》进行了公证。2011 年 5 月 25 日，许某某向唐山市路南区人民法院申请执行《借款合同》《借款保证合同》，要求偿还借款 5 万元及利息和违约金，2014 年 12 月 2 日，唐山市路南区人民法院（2011）南执字第 263 号执行裁定书，依法强制扣划了原告王某某的工资收入 50100 元后终结执行。原告王某某为索要此款形成诉讼。最终，法院判决被告董某、冯某某于判决生效后十日内一次性给付原告王某某人民币 50100 元。

【争议焦点】

略。

【裁判要点】

法院认为担保责任追偿权，又称为代位求偿权，是指为债务人提供担保

的第三人，在承担了担保责任后，享有的向债务人追偿的权利。原告王某某按照借款保证合同的约定向债权人许诺清偿借款后，即可取得对被告董某、冯某某的偿还请求权，被告董某、冯某某应当偿还原告王某某。

【法理分析】

《中华人民共和国担保法》第三十一条规定："保证人承担保证责任后有权向债务人追偿。"《民法通则》第八十九条也规定："保证人履行债务后，有权向债务人追偿。"也就是无论保证人依据何种方式履行债务，也无论保证人是履行了全部还是部分债务，只要保证人承担了保证责任，就可享有追偿权。

案例11

保证期间的计算

——吴某与骆某、楼某民间借贷纠纷案

【案例来源】

法院：浙江省金华市中级人民法院

案号：(2011)浙金商终字第660号

【案情摘要】

2007年12月15日，被告楼某向原告借款30万元，并出具借条一份，载明："今借到吴某人民币叁拾万元整。"由被告骆某对上述借款提供担保责任。2008年1月21日至同年7月28日，被告楼某共向原告支付了63000元。嗣后，被告又向原告归还了13万元。后原告于2010年10月8日诉至法院。请求判令被告楼某归还原告借款17万元及利息，被告骆某对上述债务及诉讼费用承担连带清偿责任。后被告骆某答辩称其当时是为义乌市某公司担保，而不是为楼某提供担保，原告起诉要求其承担连带清偿责任不合适，其也不知道后来的事情。法院经审理判决楼某归还原告吴某借款本金及利息。

【争议焦点】

骆某其对涉案借款的担保期限是否已过？

【裁判要点】

法院认为，合法的借贷关系受法律保护，楼某与吴某之间的借贷关系及上诉人骆某为该借款提供担保事实清楚，有双方当事人均无异议的借条为凭证，应予认定。因双方当事人对保证方式没有约定，根据《中华人民共和

国担保法》第十九条之规定，上诉人骆某依法应按照连带责任保证承担保证责任。但本案现有证据来看，涉案债务的履行期限及保证期间均未作约定。根据《中华人民共和国民法通则》第一百四十条“诉讼时效因提起诉讼、当事人一方提出要求或者同意履行义务而中断。从中断时起，诉讼时效期间重新计算”之规定，就本案而言，不管是被上诉人楼某归还被上诉人吴某63000元的最后期限2008年7月28日还是吴某自认的楼某归还13万元的时间2009年12月21日，本案的主债务履行期限均已到期，又由于本案保证未约定保证期间，而主债务履行期已届满，故债权人即被上诉人吴某应在主债务履行期届满之日起6个月内要求保证人即上诉人骆某承担保证责任，但吴某却未能举证证明其曾在该期限内要求保证人骆某承担保证责任，故骆某的保证责任应予免除。

【法理分析】

《中华人民共和国担保法》第二十六条规定：“连带责任保证的保证人与债权人未约定保证期间的，债权人有权自主债务履行期届满之日起6个月内要求保证人承担保证责任。在合同约定的保证期间和前款规定的保证期间，债权人未要求保证人承担保证责任的，保证人免除保证责任。”该案中，出借人未能举证证明其曾在保证期间内要求保证人承担保证责任，因此，保证人的保证责任应予免除。

案例12

借款人放弃诉讼时效抗辩权的，是否能对保证人发生效力？

——楼某与孟某、王某等民间借贷纠纷案

【案例来源】

法院：浙江省金华市中级人民法院

案号：(2011)浙金商终字第995号

【案情摘要】

王某与张某系夫妻关系，2006年10月19日，王某通过孟某向原告借款人民币20万元，经原告同意后，被告孟某持已签好王某名字的借条，当着原告的面在担保栏上签上自己的名字，孟某拿到款后交给王某。借条约定于2006年11月18日归还。王某在二审确认争议的款项系其本人所借。该借款是王某借的，孟某是担保人。借款到期后，原告一直找不到王某，于是就找被告孟某，被告孟某一直推托，2008年10月8日，原告通过多方途径终于找到王某，但王某表示从没有向原告借款20万元，并且做了书面声明。于是原告找被告孟某催讨借款20万元，被告孟某只是口头承诺会还，但一直分文未还。故诉至法院，法院判决王某归还借款及利息，保证人诉讼时效已过，孟某不承担保证责任。

【争议焦点】

保证债务诉讼时效是否中断？

【裁判要点】

法院认为，合法的民间借贷关系受法律保护，借款人原审被告王某应依

法承担还款责任。因借款时各方当事人对上诉人孟某的保证方式没有约定，上诉人孟某应按照连带责任保证承担保证责任。原审被告王某在诉讼期间，未就诉讼时效提出抗辩，现被上诉人楼某诉请其承担还款责任，予以支持。上诉人孟某在本案中承担的是连带责任保证，即使原审被告王某的主债务诉讼时效发生中断，保证债务诉讼时效仍不中断。由于被上诉人楼某未能举证证明其已在法定诉讼时效期间向上诉人孟某主张担保债权，现被上诉人楼某再向上诉人孟某主张已过诉讼时效，故已丧失胜诉权。

【法理分析】

《最高人民法院关于适用〈中华人民共和国担保法〉若干问题的解释》第三十六条规定："一般保证中，主债务诉讼时效中断，保证债务诉讼时效中断；连带责任保证中，主债务诉讼时效中断，保证债务诉讼时效不中断。一般保证和连带责任保证中，主债务诉讼时效中止的，保证债务的诉讼时效同时中止。"因此，主债务诉讼时效届满，借款人为提出时效抗辩，应当承担还款责任，但借款人放弃诉讼时效抗辩不能对保证人发生效力，出借人未在保证期间内向担保人主张保证责任，保证人则不在承担保证责任。而保证期间作为除斥期间不因任何事发生中止，中断。

案例 13
保证期间法院是否可以依职权主动审查?
——蔡某安与池某、蔡某等民间借贷纠纷案

【案例来源】

法院:浙江省温州市中级人民法院

案号:(2010)浙温商终字第 758 号

【案情摘要】

被告蔡某、池某系夫妻。2009 年 9 月 4 日,被告蔡某、池某因缺资向原告蔡某安借款 60 万元,被告蔡某荣、夏某为担保人,担保人对上述债务自愿承担连带责任,约定借款期限为一个月。当天,原告通过瑞安市农行将 60 万元转给被告夏某,再由被告夏某转交给被告蔡某、池某。借款到期后,经原告多次催讨,四被告均未偿还借款,故诉至法院。法院经审理判决蔡某、池某返还蔡某安借款本金及利息,并赔偿原告因代理费支出造成的经济损失。

【争议焦点】

法院是否可以依职权主动审查保证期间?

【裁判要点】

法院认为,原告蔡某安和被告蔡某、池某之间的借贷关系合法有效,受法律保护,借款到期后,被告蔡某、池某应按约及时返还借款本息并赔偿原告因此支出的代理费损失,但双方利息约定过高,该院按月利率 1.5% 予以支持;被告蔡某荣、夏某为借款提供保证时,双方没有约定保证期间,原告应当在借款到期后即从 2009 年 10 月 3 日起的六个月内要求被告蔡某荣、夏某承担保证责任,但原告没有举证证明,而原告起诉已经是 2010 年 5 月 6 日,

故被告蔡某荣、夏某的保证责任应予以免除。

【法理分析】

《担保法》第二十六条规定："连带责任保证的保证人与债权人未约定保证期间的，债权人有权自主债务履行期届满之日起六个月内要求保证人承担保证责任；在合同约定的保证期间和前款规定的保证期间，债权人未要求保证人承担保证责任的，保证人免除保证责任。"保证期间是由当事人约定的或是法律规定的保证人承担保证责任的期间，其性质为除斥期间，保证期间经过，债权人实体权利消灭，而非只是胜诉权的丧失。故法院对保证期间应主动审查。

三
民间借贷中利息类

案例 1

借贷双方未约定逾期利率的按照借期内利率计算利息

——吉林省长春市 A 公司与张某某等人民间借贷纠纷案

【案例来源】

法院:吉林省长春市双阳区人民法院

案号:(2016)吉 0112 民初 180 号

【案情摘要】

2014 年 5 月 15 日,原告长春市 A 公司与被告张某某签订《借款合同》,双方约定被告张某某在原告处借款 35 万元,借款期限为 3 个月(2014 年 5 月 15 日 ~8 月 14 日),双方口头约定利息为月利 3 分。2014 年 5 月 15 日,被告王某某给原告出具担保承诺书一份,担保期间为借款到期之日起两年。被告王某某承诺为被告张某某的该笔借款承担保证责任并承诺若借款到期后,被告张某某无力偿还,其同意替被告张某某偿还全部贷款本金、利息及该款项下产生的一切费用。原告已将该笔借款本金通过转账交付给被告张某某。借款到期后,被告张某某未给付原告借款本金,仅给付原告利息至 2015 年 2 月 20 日后再未给付。被告王某某也未承担保证责任。现原告诉至法院,请求法院判令二被告给付借款本金 35 万元及利息(自 2015 年 2 月 20 日起至给付之日止,按照月利 3 分计算)并承担诉讼费用。法院最终判决张某某给付 A 公司本金及利息。

【争议焦点】

1. 借贷双方未约定逾期利率时如何计算逾期利率?

2. 双方约定年利率超过 24% 是否受法律保护?

3. 超过年利率 24% 部分是否可以主张为服务费?

【裁判要点】

法院认为,原告 A 公司与被告张某某间借贷关系存在,被告张某某应当本着诚实信用的原则积极履行还款义务。在庭审过程中,原告提出其要求的月利 3 分包含借款利息年利率 24% 和服务费两部分,被告张某某提出其已给付利息至 2015 年 2 月 20 日并认为 2015 年 2 月 20 日后的利息应当按照银行贷款利率给付,本院认为该笔借款的借期内利息依法应当按照年利率 24% 计算。因原告与被告张某某对逾期利率未约定,本院认为该笔借款逾期后的利息依法应当按照年利率 24% 进行计算。现原告向两被告一并主张的逾期利息和服务费已超过年利率 24%,本院依法对原告诉求的服务费部分不予保护。被告王某某的保证担保事实存在,但原告 A 公司与被告王某某对保证方式没有约定,故被告王某某依法应当对被告张某某的该笔借款承担连带保证责任。保证担保的范围依照担保承诺书的约定应为贷款本金、利息及该款项下产生的一切费用。

【法理分析】

在借贷双方没有约定逾期利息或约定不明时,逾期利息不会一律不予支持,如何支持,按照何种利率标准支持,通常是按照借款期内利率计算利息。另外,在出借人一并主张服务费和利息的情形下,要分别对服务费和利息的金额作出认定,对两项主张之和是否超过年利率 24%,超过部分不予支持。

案例2

对于口头约定的借款利息是否受法律保护？
——王某等与杨某等民间借贷纠纷案

【案例来源】

法院：山西省侯马市人民法院

案号：(2017)晋1081民初54号

【案情摘要】

2016年6月8日，被告杨某因经营需要用钱，通过被告孙某向原告王某借款10万元，双方约定借款期限为2016年6月8日至7月7日，口头约定利率为月利率3%，同日被告向原告出具借条“今借到王某现金壹拾万元整，用1个月到2016年7月7日还杨某2016年6月8日担保人孙某”。被告杨某于2016年10月21日归还原告王某本金5万元、利息3000元。之后经原告向二被告多次催要未果，原告遂于2017年1月16日诉至山西省侯马市人民法院。法院经审理判决被告杨某于偿还原告王某本金及利息；被告孙某对上述款项承担连带责任。

【争议焦点】

被告杨某与原告的口头约定月利率3%，对于原告主张利息能否支持？

【裁判要点】

经法院核查，原告向法院提交借条一张，被告于2016年10月21日偿还原告本金5万元、3000元利息，被告孙某称，原告陈述属实。因此，被告理应遵守承诺，履行还款义务，被告孙某对欠款承担连带责任，对于原告的主张，本院予以支持。但对于原、被告约定月息3%超过银行同期贷款年利率24%

的部分，本院不予支持，被告孙某对上述款项承担连带责任。

【法理分析】

根据《最高人民法院关于审理民间借贷案件适用法律若干问题的规定》第二十六条规定："借贷双方约定的利率未超过年利率24%，出借人请求借款人按照约定的利率支付利息的，人民法院应予支持。借贷双方约定的利率超过年利率36%，超过部分的利息约定无效。借款人请求出借人返还已支付的超过年利率36%部分的利息的，人民法院应予支持。"

案例3

借贷合同中没有约定借款期间利息的，利息如何计算？

——浦某与黄某民间借贷纠纷案

【案例来源】

法院：贵州省盘州市人民法院

案号：(2017)黔0222民初3256号

【案情摘要】

2016年2月9日，被告黄某向原告借款2万元，在原告向被告足额交付现金后，被告于当日向原告出具了一份内容为“借条今借到浦某现金20000元，大写贰万，定于2016年7月还。借款人：黄某身份证号2016年2月9日”的借条，但双方并未约定支付利息。借款到期后，经原告多次索要，被告拒不偿还借款。故诉至法院，法院经审理判决被告黄某偿还原告浦某借款本金及利息。

【争议焦点】

1. 原、被告之间的借贷关系是否成立？

2. 被告是否应向原告支付利息？

【裁判要点】

本案中，原被告双方明确约定还款期限为2016年7月，可以推知双方约定的还款期限应为2016年7月底，根据《中华人民共和国合同法》第二百零六条的规定，被告应当依约向原告偿还借款，但被告并未履行还款义务，被告黄某拒不偿还借款的行为系违反合同约定的违约行为，应当承担偿还借款本金的责任，故原告要求被告黄某偿还借款本金2万元的理由成立，予以支持。虽然被告辩称其并未向原告借款，且申请了证人喻某出庭陈述证言，但证人证实，2016年2月9日被告在老家，对原被告双方的借款并不清楚，上述证人证言与原告提交的借条相矛盾，而被告又未能提供其他证据证实其辩解，故其辩解未向原告借款的理由不能成立，本院不予采信。

关于借款利息，尽管原告陈述被告口头承诺支付利息，但被告称并不存在借款，且在原告提交的借条中也并未约定支付利息。但因原被告双方约定了还款期限，原告主张按照月利率1%计算自借款之日至实际还款之日的利息，视为其对逾期利息一并提出了请求，根据《中华人民共和国合同法》第二百零七条及《最高人民法院关于审理民间借贷案件适用法律若干问题的规定》第二十九条第二款第（一）项的规定，原告可以主张自逾期之日按照年利率6%计算逾期期间的利息，即自2016年8月1日至2017年5月31日的逾期利息为998.63元。故原告主张按月利率1%支付利息3180元的理由不能成立，且数额过高，本院仅支持按照年利率6%支付逾期利息998.63元，超出部分不予支持。

【法理分析】

合法借贷纠纷受到法律保护。被告黄某于2016年2月9日向原告借款2万元，原告于当日以现金方式交付了本金2万元，被告于当日向原告出具了借条，双方形成了合法的借贷关系，且该借贷关系未违反法律法规的强制性规定，属于有效合同，应受到法律保护，双方均应根据约定严格履行自己的义务。

根据《最高人民法院关于审理民间借贷案件适用法律若干问题的规定》第二十五条的规定，借贷双方没有约定利息，出借人主张支付借期内利息的，人民法院不予支持。

案例4

债权转让协议中对借贷利息未约定的，利息如何计算？

——徐某与齐某民间借贷纠纷案

【案例来源】

法院：山东省济宁市任城区人民法院

案号：(2016)鲁0811民初4215号

【案情摘要】

原告徐某诉称，济宁A公司向原告借款50万元，到期未能偿还，原、被告和A公司于2015年7月27日达成债务转让协议，协议约定由被告齐某替A公司偿还原告50万元借款，从2016年1月开始分期偿还，每月偿还2.5万元，月底付款，至2017年10月31日前还清，债务转让后，A公司与原告的该笔债权债务关系消灭。上述协议签订后，被告未按约定还款。原告诉至本院，请求被告偿还借款本金50万元，并支付自2016年1月1日起至债务全部清偿之日止的利息，利率按原借贷关系中约定的月息2.5%。

被告齐某辩称，原、被告和A公司确实签订了《债务转让协议》，但是，签订协议时原告通过不正当手段强迫被告签订的，被告不认可该协议。另外，按照协议约定，截至原告起诉之日，被告逾期还款的金额为10万元，尚未到期的债务原告无权主张。被告现在生意经营困难，没有偿还能力。原、被告签订的《债务转让协议》中未约定利息，被告不应承担。双方产生纠纷故诉至法院，法院经审理判决被告齐某偿还原告徐某借款本金及利息。

【争议焦点】

1. 尚未到期的债务原告是否可以主张？

2. 迫使被告签字的《债务转让协议》是否有效?

3. 原、被告签订的《债务转让协议》中未约定利息,被告是否应当承担?

【裁判要点】

尚未到期的债务法院经审查后认为应当清偿。因为原、被告签订《债务转让协议》系双方真实意思表示,协议真实有效,双方应严格履行合同义务。协议签订后,被告未按协议约定还款,构成违约,且被告表示现在没有能力偿还债务,根据《中华人民共和国合同法》第一百零八条的规定原告主张被告偿还全部借款,符合法律规定,法院予以支持。

被告主张该协议系原告使用不正当手段迫使被告签字,但被告未提交相关证据予以证明,该边界意见法院不予采纳。

原告主张被告按原借款合同支付利息,因原、被告之间已经就之前的借款关系进行了协议约定,协议中未约定利息,故原告主张被告按原借款合同支付利息,法院不予支持。但被告未按《债务转让协议》中约定日期还款,应当赔偿损失,损失以同期同类银行贷款利率计算为宜,即被告应赔偿原告自起诉之日起至债务清偿之日止的同期同类银行贷款利息。

【法理分析】

原、被告签订《债务转让协议》后,因被告未按协议约定还款,其行为已经构成违约,根据《中华人民共和国合同法》第一百零八条的规定:“当事人一方明确表示或以自己的行为表明不履行合同义务的,对方可以在履行期限届满之前要求其承担违约责任。”因此,虽然债务尚未到期,但是,为保障债权人合法权益其也是可以要求债务人提前清偿的。

根据《民事诉讼法》第六十四条第一款的规定:“当事人对自己提出的主张,有责任提供证据。”另外,根据《最高人民法院关于民事诉讼证据若干问题的规定》第二条的规定:“当事人对自己提出的诉讼请求所依据的事实或者反驳对方诉讼请求所依据的事实有责任提供证据加以证明。没有证据或者证据不足以证明当事人的事实主张的,由负有举证责任的当事人承担不利后果。”本案中被告主张该协议系原告使用不正当手段迫使被告签字的,但因被告没有提供明确证据加以证明自己的主张,所以法院不予认可。

案例5

借款利息提前扣除的，借款本金如何认定？
——姜某与王某、张某、李某民间借贷纠纷案

【案例来源】

法院：内蒙古自治区霍林郭勒市人民法院

案号：(2014)霍民初字第994号

【案情摘要】

经审理查明，因经营生意所需，2014年1月27日张某、王某、李某及保证人张某与姜某签订借款协议一份，约定张某、王某、李某向姜某借款722160元，借款期限为2014年1月30日至2014年7月29日，约定如到期不能偿还借款，借款利息自借款之日起按月利3分计算，至偿清借款本息。为保证债权日后能够顺利实现，张某自愿作为该笔借款的连带保证人，李某用其位于霍林郭勒市豪林国际小区的房屋为该笔借款设定了抵押担保并办理了他项权证（通辽市房他证霍林郭勒市字第151041401521号），王某和张某也将他们所有的位于霍林郭勒市豪林国际小区的房屋为上述借款设定了抵押担保并办理了他项权证（通辽市房他证霍林郭勒市字第151041401522号）。姜某于2014年1月30日实际支付借款时，因预先扣除利息22160元，仅实际支付借款700000元。另王某与张某于2011年12月20日登记结婚，两人系夫妻关系。还款期限届满后，经原告多次索要，借款本息至今未付。诉至法院，法院经审理判决被告王某、张某、李某于共同偿还原告姜某借款本金及利息；被告张某对上述款项承担连带清偿责任。

【争议焦点】

1. 借款本金应按多少计算？

2. 借款利息应为多少？

3. 保证人应承担什么保证责任？

【裁判要点】

姜某与王某、张某、李某之间因借贷形成的债权债务关系明确，根据《中华人民共和国民法通则》第九十条“合法的借贷关系受法律保护”的规定，其债权应受到法律保护，但因姜某在实际交付借款时，已预先扣除了利息22160元，故王某、张某、李某应共同连带偿还借款本金700000元，借款利息应依照本金700000元进行计算。

关于姜某请求给付2014年1月30日至11月13日的利息181366元，根据《中华人民共和国合同法》第二百一十一条的规定：“自然人之间的借款合同约定支付利息的，借款的利率不得违反国家有关限制借款利率的规定”及《最高人民法院关于人民法院审理借贷案件的若干意见》第六条的规定：“民间借贷的利率可以适当高于银行的利率，但最高不得超过银行同类贷款利率的四倍（包含利率本数），对于超出部分的利息不予保护”的规定，经计算，此借款期间内受到法律保护的月利率近似平均值2%，姜某与王某、张某、李某约定的利率超出法律保护范围，本院依法予以调整，故王某、张某、李某应共同连带支付借款利息132067元。

关于保证人张某的法律责任，根据《中华人民共和国担保法》第十九条：“当事人对保证方式没有约定或者约定不明确的，按照连带责任保证承担保证责任”的规定，张某依法应视为该笔借款的连带保证人。又因本案全部证据均没有关于保证担保范围的约定，并且因为当事人对担保范围没有约定所以张某应对该笔借款本金700000元及利息132067元承担连带清偿责任。

【法理分析】

根据《中华人民共和国合同法》第二百条的规定：“借款的利息不得预先在本金中扣除。利息预先在本金中扣除的，应当按照实际借款数额返还借款并计算利息。”因为姜某在实际交付款项时预先扣除利息22160元，所以，借款利息只能按照本金 700000 元进行计算。

根据《最高人民法院关于审理民间借贷案件适用法律若干问题的规定》第二十六条的规定:"借贷双方约定的利率未超过年利率 24%,出借人请求借款人按照约定的利率支付利息的,人民法院应予支持。借贷双方约定的利率超过年利率 36%,超过部分的利息约定无效。借款人请求出借人返还已支付的超过年利率 36% 部分的利息的,人民法院应予支持。"所以,原告请求支付的利息标准超出法律规定的标准,法院按照月利率 2% 进行调整是合理的。

根据《中华人民共和国担保法》第二十一条的规定:"保证担保的范围包括主债权及利息、违约金、损害赔偿金和实现债权的费用。保证合同另有约定的,按照约定。当事人对保证担保的范围没有约定或者约定不明确的,保证人应当对全部债务承担责任。"因此,张某应对借款本息承担连带清偿责任。

案例6

已偿还的借款利息超过法律规定的，如何处理？
——陈某善与陈某永、邓某梅等民间借贷纠纷案

【案例来源】

法院：福建省福州市中级人民法院

案号：(2015)榕民初字第258号

【案情摘要】

2012年3月1日，被告陈某永、邓某民向原告借款300万元。同日，原告通过中国工商银行向被告邓某民的6222081404000129528账户转账支付327.5万元，原告主张该笔款项中27.5万元属于双方之间其他借款的一部分。2012年10月10日，被告陈某永、邓某民就上述借款向原告补写了一张借条，内容载明："今日由于个人财务紧张而向陈某善借款人民币共计金额叁佰万元整借期在年月日前如期归还。期间每个月利息人民币壹拾伍万元整，需于每个月借款期付清利息，不得有误。以上唯恐口说无凭，特立此借条为证。借款人：邓某民身份证号：××陈某永××连带担保人：叶某建身份证号：××。"2012年4月1日、28日，被告邓某民通过上述账户分别向原告转账支付了月息15万元，合计30万元。另查明，被告陈某永、邓某梅于2001年7月6日登记结婚。被告邓某民、王某于1999年11月1日登记结婚，于2012年7月27日登记离婚。被告叶某建、卞某梅于1993年3月22日登记结婚。之后，诸被告未偿还借款本金及利息诉至法院。

法院经审理后判决被告陈某永、邓某民向原告陈某善偿还借款本金及利息；被告邓某梅、王某分别对被告陈某永、邓某民的上述第一项债务承担

共同清偿责任；被告叶某建对本案借款债务承担连带清偿责任；被告卞某梅对被告叶某建的上述第三项担保债务承担共同清偿责任；被告叶某建、卞某梅在承担连带清偿责任后，有权向被告陈某永、邓某民、邓某梅、王某追偿。

【争议焦点】

1. 涉案金额利息如何确定？

2. 被告叶某建是否承担连带责任？

3. 涉案金额是否作为夫妻共同债务？

【裁判要点】

合法的借贷关系受法律保护。被告陈某永、邓某民向原告借款300万元，有借条、银行转账凭证为据，事实清楚，债权债务关系明确，本院予以确认。涉案借条未约定还款期限，原告依法可以要求被告陈某永、邓某民在合理期限内返还。现原告诉请被告陈某永、邓某民偿还本案借款，于法有据，本院予以支持。借条约定的利率已经超过法律规定的限定，现原告主张按中国人民银行同期贷款利率的四倍计算本案借款利息，本院予以支持。诉讼中，原告自认被告邓某民已于2012年4月1日、28日分别向原告支付了月息15万元，合计30万元，已经超过银行同类贷款利率的四倍，超过部分的利息应当扣除借款本金。

根据《中华人民共和国担保法》第十八条第二款的规定现原告诉请被告叶某建对本案债务承担连带偿还责任，于法有据，本院予以支持。

借款行为发生在婚姻关系存续期间，且目前没有证据证明存在《最高人民法院关于适用〈中华人民共和国婚姻法〉若干问题的解释（二）》第二十四条中的法定除外情形，故涉案借款依法应认定为被告陈某永和邓某梅、被告邓某民和王某、被告叶某建和卞某梅的夫妻共同债务，并共同承担还款责任。

【法理分析】

根据《最高人民法院关于审理民间借贷案件适用法律若干问题的规定》

第二十六条的规定:“借贷双方约定的利率未超过年利率24%,出借人请求借款人按照约定的利率支付利息的,人民法院应予支持。借贷双方约定的利率超过年利率36%,超过部分的利息约定无效。借款人请求出借人返还已支付的超过年利率36%部分的利息的,人民法院应予支持。”因借条约定月息15万元,其约定利率已经超过法律规定的最高限度。

被告叶某建作为连带保证人在本案借条中签名确认,根据《中华人民共和国担保法》第十八条第二款的规定:“连带责任保证的债务人在主合同规定的债务履行期届满没有履行债务的,债权人可以要求债务人履行债务,也可以要求保证人在其保证范围内承担保证责任。”所以,被告叶某建应对债务承担连带偿还责任。

《最高人民法院关于适用〈中华人民共和国婚姻法〉若干问题的解释(二)》第二十四条规定:“债权人就婚姻关系存续期间夫妻一方以个人名义所负债务主张权利的,应当按夫妻共同债务处理。但夫妻一方能够证明债权人与债务人明确约定为个人债务,或者能够证明属于婚姻法第十九条第三款规定情形的除外。”本案借款行为实际发生于2012年3月1日,处于被告陈某永和邓某梅、被告邓某民和王某、被告叶某建和卞某梅的婚姻关系存续期间,在没有法律规定的可以认定为个人债务的情形下,涉案借款应认定为夫妻共同债务,由被告陈某永和邓某梅、被告邓某民和王某、被告叶某建和卞某梅的夫妻共同承担还款义务。

案例7

P2P借贷本金的认定

——夏某与向某志民间借贷纠纷案

【案例来源】

法院：湖北省武汉市中级人民法院

案号：(2016)鄂01民终6622号

【案情摘要】

2013年11月7日夏某与向某志签订借款协议约定：夏某向向某志出借人民币101196.8元；借款期限18个月；等额偿还本息，每月偿还本金5622.04元、利息860.17元，共计6482.21元；还款起止日期为2013年11月30日至2015年4月30日；向某志同意并授权夏某将借款本金数额，在扣除代替向某志应交纳给汇金公司咨询费、向汇诚公司支付审核费、向惠民公司支付服务费后的剩余款项支付给向某志；向某志逾期还款，应向夏某支付逾期违约金和罚息；逾期违约金按当月应还本息的10%计算，每月单独计算；罚息每日按应还本息的0.2%收取。协议还约定其他权利义务关系。协议签订后，夏某于2013年11月7日在扣除向某志同意向汇金公司支付咨询费10810.37元、向汇诚公司支付审核费1695.74元、向惠民公司支付服务费8690.69元，共计21196.8元后，向向某志支付了80000元。此后，向某志向夏某偿还了十五期借款本息共计人民币97233.15元。一审法院对于夏某主张向某志向其偿还借款本金16866.13元以及支付利息、逾期违约金、罚息以及律师费的诉讼请求，均不予支持。二审维持一审判决。

【争议焦点】

P2P借款本金如何认定？

【裁判要点】

法院认为:夏某与向某志之间的借贷关系有向某志于2013年11月7日与夏某签订的借款协议及相关银行凭证佐证,双方借贷关系成立。夏某与向某志签订的借款协议约定,夏某向向某志出借101196.8元,但夏某扣除向某志同意向汇金公司支付咨询费10810.37元、向汇诚公司支付审核费1695.74元、向惠民公司支付服务费8690.69元,共计21196.8元后,实际向向某志支付了80000元;该80000元一审法院认定为借款本金,夏某扣除的上述费用共计21196.8元,与本案不属于同一法律关系,不予认定为借款本金。因向某志已向夏某偿还了借款共计人民币97233.15元(包括本金人民币84330.6元,利息人民币12902.55元),故向某志所借款项已全部清偿完毕,对于夏某主张向某志向其偿还借款本金16866.13元以及支付利息、逾期违约金、罚息以及律师费的诉讼请求,均不予支持。

【法理分析】

出借人从借款本金中如果预先扣掉利息,那么,本金应是以扣除利息后的数额计算。但是,很多平台先从借款人处扣除平台居间费。那么,本金应如何认定?传统民间借贷因不涉及平台作为第三方,故不存在这一问题。在网络贷款中平台居间费的性质不属于借款利息,本金仍以出借人的借出数额为计算标准更符合合同的实质。

四
刑民交叉案件类

案例1

民间借贷涉嫌或构成犯罪的，民间借贷纠纷应当继续审理还是中止诉讼抑或驳回起诉？

——吴某与陈某、王某、浙江省德清县A公司民间借贷纠纷案

【案例来源】

法院：浙江省湖州市中级人民法院

案号：(2009)浙湖商终字第276号

【案情摘要】

2008年11月4日，吴某与陈某、王某、德清县A公司签订一份借款协议，陈某向吴某借款200万元，借款期限为2008年11月4日至2009年2月3日，并由王某、德清县A公司提供连带担保责任，保证期间为借款期限届满之日起两年，担保范围为全部借款和实现债权的费用，并约定如遇风险吴某可采取任何方式要求陈某提前归还。吴某履行了出借的义务，陈某于当日收到吴某200万元的借款，并出具了收条。2008年12月15日，陈某因下落不明，吴某认为其拖欠其他债权人数额巨大，已无力偿还。2008年12月22日，陈某因涉嫌合同诈骗罪和非法吸收公众存款罪被公安机关立案侦查。为此，吴某依照协议，要求陈某提前归还，王某、德清县A公司承担连带责任。法院经审理判决吴某与陈某、王某、德清县A公司签订的借款合同自2008年12月8日解除；陈某在本判决生效后十日内归还吴某借款200万元；王某、德清县A公司对上述借款承担连带清偿责任。

【争议焦点】

民间借贷涉嫌或构成犯罪的，民间借贷纠纷应当继续审理还是中止诉

讼抑或驳回起诉?

【裁判要点】

法院认为,当事人之间的借贷关系各方意思表示真实,应受法律保护。陈某向吴某借款后,因涉嫌犯罪产生风险,吴某依约要求其提前还款,理由正当。王某、德清县A公司未按约承担连带担保责任,也属违约。陈某可能涉及合同诈骗罪和非法吸收公众存款罪,与本案借款合同纠纷属于两个法律关系,并不影响法院根据民事法律关系审理本案当事人间的民间借贷合同纠纷。因此,陈某对本案借款应当予以归还,王某、德清县A公司应承担连带清偿责任。

【法理分析】

《合同法》第五十二条、《最高人民法院关于审理民间借贷案件适用法律若干问题的规定》第十四条等确定借贷合同及其担保合同的效力。如果民间借贷纠纷案件的审理并不必须以刑事案件的审理结果为依据,则民间借贷纠纷案件无须中止审理。民间借贷纠纷中,借款人或出借人涉嫌犯罪,或者其借贷行为涉嫌犯罪的情况客观存在,如涉嫌非法集资罪、非法吸收公众存款罪、合同诈骗罪等。《最高人民法院关于审理民间借贷案件适用法律若干问题的规定》第五条前段规定:“人民法院立案后,发现民间借贷行为本身涉嫌非法集资犯罪的,应当裁定驳回起诉。”对于涉嫌其他犯罪行为的,民间借贷纠纷应当继续审理还是中止诉讼抑或驳回起诉?法院坚持“刑民并立”的处理原则,即作为民事纠纷的民间借贷案件继续审理,而不必等待刑事案件的处理结果出来,只有民间借贷的基本案件事实必须以刑事案件审理结果为依据,而该刑事案件尚未审结的,人民法院才可以裁定中止民间借贷案件的审理。

案例2

民间借贷中构成非法吸收公众存款罪的情形
——朱某、胡某犯非法吸收公众存款罪案

【案例来源】

法院:山东省淄博市中级人民法院

案号:(2016)鲁03刑终171号

【案情摘要】

2014年年初,被告人朱某与胡某协商共同筹建P2P网络借贷平台吸收资金,为此于同年4月注册成立淄博润禾经济信息咨询有限公司,登记股东为:朱某占股70%、胡某占股30%。其后,二被告人创建了美E贷网络借贷平台。2014年8月开始,被告人朱某、胡某以淄博润禾经济信息咨询有限公司的名义,聘用工作人员通过互联网等方式向社会公众宣传、推广其"P2P借贷投资模式",并以提供资金借贷中介服务为由,承诺月息高达2.9%以上的高额回报。通过美E贷网络借贷平台,由投资人通过第三方支付平台或者银行直接转账等方式,将投资款汇入该公司账户(后转存到胡某个人账户)和胡某等个人账户;根据朱某的安排,由胡某实际管理全部资金,朱某负责联系借款人和安排放贷工作。二被告人将吸收的资金主要用于支付投资人借款本金、利息和对外放贷,并挪用部分资金用于偿还运营支出费用。2015年1月,因资金链断裂,美E贷网络借贷平台停止运营,拒绝提现。经司法鉴定,二被告人非法吸收430名投资注册用户存款共计人民币26978649.05元,造成202名投资注册用户本金损失共计6439950.74元。经法院审理,以非法吸收公众存款罪分别判处被告人朱某有期徒刑四年六个月,并处罚金人民币三十万元;判处被告人胡某有期徒刑四年,并处罚金人民币二十万元;继续追缴或责令被告人朱某、胡某退赔202名被害人人民币6339950.74元。

【争议焦点】

该案是自然人犯罪还是单位犯罪?

【裁判要点】

法院认为,被告人朱某、胡某未经金融监管部门批准向社会不特定对象吸收资金,扰乱金融秩序,数额巨大,其行为均已构成非法吸收公众存款罪。两人商议设立公司经营"P2P 网络借贷业务",且公司成立后主要业务也是利用公司的"美 E 贷"网络贷款平台进行"P2P 网络借贷业务",该行为系非法吸收公众存款的犯罪行为,系假借公司名义进行的自然人犯罪;被告人朱某、胡某系一般共同犯罪。

【法理分析】

非法吸收公众存款罪是指"违反国家金融管理法规,非法吸收公众存款或变相吸收公众存款,扰乱金融秩序的行为"。由于互联网金融在我国处于起步阶段,国家政策层面存在相应的监管空白,P2P 网络借贷业务纷繁众多,有部分涉及集资诈骗,而该案体则是在资金链断裂的情况下,出现危机,致使投资人损失,而构成非法吸收公众存款罪。

案例3

出借人向多人借贷涉嫌非法吸收公众存款
——李某非法吸收公众存款案

【案例来源】

法院:天津市武清区人民法院

案号:(2010)武刑初字第316号

【案情摘要】

李某原系天津市挑战公司(以下简称挑战公司)法定代表人及负责人。为解决资金周转问题,挑战公司于2006年至2009年1月间,以支付高息的方法,向刘某、郑某、韩某、凌某、李某、尹某、张某、李某、张某等人非法吸收资金共计人民币2052000元,用于其经营等活动。至2009年4月,挑战公司向韩某、凌某、张某等人支付本息共计人民币50余万元,造成上述受害人直接经济损失150余万元。被告人李某后被抓获。

【争议焦点】

本案是否符合非法吸收公众存款罪的构成条件?

【裁判要点】

天津市武清区人民法院经审理认为,被告人李某所经营的公司未经批准,向社会不特定对象吸收资金,扰乱了金融秩序,其行为已构成非法吸收公众存款罪。公诉机关对被告人犯罪的指控成立。对被告人及辩护人发表的借款主体是公司,且所借款项均用于公司经营的辩护意见,予以采纳。被告人发表的并未非法占有借款、一部分借款户已进行民事起诉的辩护意见,其借款未达到非法吸收公众存款罪的法定户数的辩护意见,不能成为对抗公诉机关的指控的事由。对被告人发表的借款户都是和其公司有联系的，不是社会不特定人群；借款的金额及利息没有指控的多及其不构成非法吸收公众存款罪的辩护意见，因理由不充分且未提供相应证据，故不予采纳。对辩护人发表的挑战公司的借贷行为不符合非法吸收公众存款罪的构成条件，其没有从事公开宣传行为，未针对社会不特定公众借款；指控的借贷行为属民间借贷，不应列入刑法调整的范畴；应判定李某无罪的辩护意见，因理由不充分且未提供相应的证据，故不予采纳。

【法理分析】

《刑法》第一百七十六条所规定的非法吸收公众存款罪是指违反国家金融管理法规非法吸收公众存款或变相吸收公众存款，扰乱金融秩序的行为。准确理解非法吸收公众存款罪的关键在于首先要坚持该罪的行为主体的不特定性和危害金融秩序的具体性的统一。尽管李某辩称其不构成非法吸收公众存款罪，认为借款主体是天津挑战公司，且经手人是公司其他负责人员；借款户都是和其公司有联系的，不是社会不特定人群；借款户数未达到非法吸收公众存款罪的法定户数；借款的用途是用于拯救公司；借款的金额及利息没有指控的多；并未非法占有借款，而是在陆续偿还；有相当一部分借款户已经对其进行民事起诉。但是李某所经营的公司未经批准，向社会不特定对象吸收资金，扰乱了金融秩序，其行为已构成非法吸收公众存款罪。因此，公诉机关对被告人犯罪的指控成立。

案例 4

借款人涉嫌高利转贷罪并不导致与银行间的借款合同无效

——A 公司与毛某金融借款合同纠纷案

【案例来源】

法院：浙江省温州市中级人民法院

案号：(2010)浙温民再字第 131 号

【案情摘要】

2008 年 10 月 20 日，被告毛某与原告 A 公司签订一份 02103000325008 抵押 0004285《个人借款最高额抵押合同》，合同约定：被告毛某以自己所有的坐落于瑞安市安阳街道飞云花园一期的房屋为自己在 2008 年 10 月 20 日至 2010 年 10 月 20 日向原告借款最高额 1080000 元设定抵押，抵押范围为借款本息、逾期利息、逾期罚息、复息、补偿金以及实现债权费用，抵押物业经抵押登记。

2008 年 10 月 21 日，被告毛某与原告 A 公司签订《个人借款合同》，合同约定：借款金额为 750000 元，借款期限为 12 个月，借款用途为房屋装修及购买大额消费品，借款年利率为 6.93%，逾期利率为合同约定的贷款利率基础上加收 50% 按月计算；借款人连续三个月或累计六次未按时足额偿还贷款本息，原告有权停止发放贷款，宣布贷款提前到期，要求借款人提前清偿全部或部分贷款，直至解除合同；该笔借款由被告毛某的房屋设定抵押。合同签订后，原告依约向被告发放贷款 750000 元。

从 2009 年 3 月始，被告连续三个月未向原告支付利息，诉至法院要求被告还本付息，一审判决被告还本付息。后温州市人民检察院抗诉认为：经公安机关侦查，毛某存在向其他社会人员发放高利贷，数额巨大。且毛某以牟利为目的,通过非法手段套取金融机构的资金,然后加倍利息转贷给他人,从中牟取非法利益,属于高利转贷。原审判决涉及的 A 公司贷款 750000 元系毛某非法高利转贷行为,不属于经济纠纷案件。认为该金融借款合同无效。

【争议焦点】

借款人借款用于非法活动是否必然导致原借款合同无效?

【裁判要点】

法院认为,原审被告毛某向原审原告 A 公司借款 750000 元,并以自有房产作抵押担保的事实清楚。毛某逾期未偿付借款本息,应承担违约责任。该案的借款抵押手续合法,不存在违规操作和串通的行为,至于毛某借款的用途是否涉嫌犯罪,均不影响本案借款合同的合法性。

抗诉机关以毛某因涉嫌非法吸收公众存款罪来否定本案借款合同效力的意见,法院不予支持。原判对抵押物由 A 公司优先受偿并无不当,予以维持。因此维持原判。

【法理分析】

首先,从法律规定来看,高利转贷罪中的"高利"不应等同于民间借贷中的"高利"。高利转贷行为所涉及的资金直接来源于金融机构的信贷资金,其侵犯的客体除利率管理制度,还有国家对信贷资金的发放管理秩序等。高利转贷中转贷利率具体高出银行同期贷款利率的多少,并不影响高利转贷罪的成立。因此,行为人违法将金融机构的信贷资金以高于银行的贷款利率转贷他人,非法获取一定利益,即应以高利转贷论处。

其次,根据本案案情,A 公司将款项付给毛某是履行借款合同的义务,本案的借款有抵押登记,不存在违规操作和串通的行为,且已经执行完毕;毛某将 A 公司的借款用于非法途径,是其个人的行为,不能因为非法用途就认为借款行为是非法的,否则将严重损害银行的利益。因此,在民间借贷中,借款人一方将款项用于高利转贷,并不必然导致与银行间的借款合同无效。

案例5

公司员工盗取公司印章以公司名义借款，公司是否承担还款责任？

——黄某与宜宾市A公司民间借贷纠纷案

【案例来源】

法院：四川省高级人民法院

案号：(2014)川民提字第462号

【案情摘要】

黄某举证2012年5月21日委托书载明：兹委托沈某同志(身份证号：51×××23)负责我公司借款一事，请将借款转入以下开户行账号(62×××47)内，由此产生的一切经济责任和法律后果由我公司承担。委托书加盖A公司公章。黄某举证借条载明：2012年5月28日在公司经理室召开董监事会议，会议决定：用坐落于南岸叙府路西段29号附5号土地证和坐落于南岸叙府路西段29号－5号6号楼第一层8号房产证，面积46.73平方米的营业房作抵押，向黄某借款14万元，时间一年，利息每月3%，手续费每月2%，合计5%。如借款方两个月不付利息，出借方将收回本金、利息及手续费。如借款方4个月不返还本金、利息及手续费，出借方将诉讼至法院对抵押物进行拍卖，因此产生的律师费、诉讼费、执行费、转户费均由借款方承担。借条加盖A公司公章。黄某扣除了利息7000元后，将13.3万元支付给沈某。借款后黄某收取过1个月利息，后沈某及A公司均未支付利息。故诉至法院。

后在诉讼中，A公司称其单位员工沈某盗取公司公章和产权证引起本案民间借贷纠纷，并提供宜翠公刑立通字(2012)38807号立案通知书，向一审法院申请中止诉讼。鉴于沈某涉嫌合同诈骗一案宜宾市公安局翠屏区分局已立案侦查，刑事侦查结果与本案有直接关系，法院于2012年9月19日裁定中止本案诉讼。2012年10月24日，宜宾市翠屏区人民法院对沈某犯合同诈骗罪一案作出(2012)翠屏刑初字第785号刑事判决。之后，本案一审法院于2012年12月12日裁定恢复本案的审理。

法院调取侦查机关对沈某、黄某、A公司法定代表人包某的讯问笔录，其中与本案有关的内容为：沈某供述在A公司担任办公室内勤打字工作，管理A公司的公章，并且对A公司办公室内的重要文件及资料位置都很清楚。2011年10月，沈某打牌输钱，欠了赌场几十万元，先后四次利用A公司公章、房产证、土地证等向其妹妹沈某慧、黄某借款180万元和14万元。其中，沈某向黄某借款的供述：2012年5月21日，沈某盗取了属于A公司的房产证及土地证，并做好一份假委托书，找到一个好朋友黄某容的哥哥叫黄某的，沈某先打电话给黄某，把他叫到我在A公司的五楼办公室，骗他说A公司要借钱，可以把A公司房产证、土地证以A公司名义抵押给他，让黄某借现金14万元，并以A公司名义给他打了借条并印了公章。沈某盗取房产证、土地证过程：沈某是在A公司办公室五楼党支部室的一个柜子的第一层拿到房产证、土地证，柜子平时都是锁着的，钥匙由公司党支部副书记王某保管，王某都是把这个钥匙放在党支部室一个抽屉里，沈某趁他不在时，把钥匙偷了去开柜子。

A公司陈述，沈某曾经有协助A公司办公室主任管理公章的责任，公章锁在保险柜内，后来A公司取消了沈某管理公章的权利，并要求沈某归还钥匙，沈某谎称钥匙丢失未归还。由此，盗用公司材料进行借款。一审法院判决A公司偿还黄某借款及利息，二审法院认为，沈某诈骗沈某慧及黄某共计194万元现金的行为已被生效的785号刑事判决所确认，判决驳回黄某对A公司的起诉。再审法院认定A公司不承担本案借款的偿还义务。但二审判决未撤销一审判决并以判决的方式驳回黄某的起诉不当，应予以纠正。

【争议焦点】

公司是否承担责任?

【裁判要点】

法院认为，沈某交给黄某的委托书系伪造，沈某不具有合法代理资格，也不符合表见代理的法律特征。黄某未举证证明A公司有明显过错，且该过错行为与被害人的经济损失之间具有因果关系，因此，法院适用《最高人民法院关于在审理经济纠纷案件中涉及经济犯罪嫌疑若干问题的规定》第五条的规定，认定A公司不承担本案借款的偿还义务。

【法理分析】

根据《最高人民法院关于在审理经济纠纷案件中涉及经济犯罪嫌疑若干问题的规定》第五条的规定："行为人盗窃、盗用单位的公章、业务介绍信、盖有公章的空白合同书，或者私刻单位的公章签订经济合同，骗取财物归个人占有、使用、处分或者进行其他犯罪活动构成犯罪的，单位对行为人该犯罪行为所造成的经济损失不承担民事责任。行为人私刻单位公章或者擅自使用单位公章、业务介绍信、盖有公章的空白合同书以签订经济合同的方法进行的犯罪行为，单位有明显过错，且该过错行为与被害人的经济损失之间具有因果关系的，单位对该犯罪行为所造成的经济损失，依法应当承担赔偿责任。"因此，在该案中A公司不承担本案借款的偿还义务。

案例6

网络借贷平台后的集资诈骗情形
——陈延某、孙玉某集资诈骗案

【案例来源】

法院:河北省保定市中级人民法院

案号:(2016)冀06刑终702号

【案情摘要】

2014年7月,被告人孙玉某、石某同孙某(现外逃)成立了以孙某为法人代表的衡水鲁润翔图投资咨询有限公司,后于2014年11月以120万元人民币的价格将该公司及鲁润创投网络借贷平台(www.1rct008.com)转让给了被告人陈延某、吴某、王某等人,并将法人代表变更为陈延某。鲁润创投网络借贷平台开始运营后,孙某同被告人孙玉某、石某留在该公司内任职并参与运营该公司,陈延某、孙某、孙玉某、王某、吴某、石某通过网贷之家等网站对该公司及任职人员进行虚假宣传,制作了虚假的土地承包合同,谎称被告人陈延某大学毕业后帮助其父亲经营300余亩果园,以彰显陈延某及鲁润翔图公司的实力,取得投资人的信任。后陈延某等人通过在网上发布虚假的借款合同、房屋抵押合同、车辆抵押合同,以秒标、天标、月标形式超出公司的经营范围面向全国非法集资,承诺以高额利率返本付息,并设有投资奖励,骗取了贾某等人的集资款,贾某分四次转入陈延某的银行账户共计人民币70万元。陈延某等人在收到贾某等人的集资款后,将集资款抽逃、转移,陈延某携带部分集资款逃匿,造成贾某集资款人民币70万元无法返还。

法院以集资诈骗罪判处被告人陈延某有期徒刑7年6个月,并处罚金人民币10万元;判处被告人孙玉某有期徒刑6年,并处罚金人民币8万元;判处被告人王某犯集资诈骗罪,判处有期徒刑5年6个月,并处罚金人民币7

万元；判处被告人吴某有期徒刑7年，并处罚金人民币9万元；判处被告人石某有期徒刑3年，缓刑4年，并处罚金人民币6万元。责令被告人陈延某、孙玉某、王某、吴某、石某于判决生效之日起十日内退赔被害人贾某经济损失人民币66万元。

【争议焦点】

该案是自然人犯罪还是单位犯罪？

【裁判要点】

法院认为，被告人陈延某、孙玉某、王某、吴某、石某以非法占有为目的，使用诈骗方法非法集资人民币70万元，数额巨大，其行为均已构成集资诈骗罪。公诉机关指控各被告人的犯罪事实清楚，证据确实充分，罪名成立，应依法追究刑事责任。被告人陈延某、孙玉某、王某、吴某、石某经营的网络借贷平台是通过发布虚假的借款合同、抵押合同，并以高额利率吸引投资人集资，收到集资款后即将集资款抽逃，致使集资款无法返还被害人，公司设立后以实施犯罪为主要活动，五被告人均构成集资诈骗罪并不应以单位犯罪论处。

【法理分析】

《最高人民法院关于审理单位犯罪案件具体应用法律有关问题的解释》第二条规定："公司设立后，以实施犯罪为主要活动的，不以单位犯罪论处"，该案中，五位被告成立公司的目的是为了犯罪，用一系列虚假合同、伪造的个人信息等虚假手段向社会公众非法集资，进行犯罪活动，应以集资诈骗罪论处。

下篇

民间借贷相关法律法规

1. 中华人民共和国民法通则（节录）

（1986年4月12日第六届全国人民代表大会第四次会议通过　1986年4月12日中华人民共和国主席令第三十七号公布　自1987年1月1日起实施　根据2009年8月27日第十一届全国人民代表大会常务委员会第十次会议决定修订）

第九十条　合法的借贷关系受法律保护。

第一百三十七条　诉讼时效期间从知道或者应当知道权利被侵害时起计算。但是，从权利被侵害之日起超过二十年的，人民法院不予保护。有特殊情况的，人民法院可以延长诉讼时效期间。

第一百三十八条　超过诉讼时效期间，当事人自愿履行的，不受诉讼时效限制。

第一百三十九条　在诉讼时效期间的最后六个月内，因不可抗力或者其他障碍不能行使请求权的，诉讼时效中止。从中止时效的原因消除之日起，诉讼时效期间继续计算。

第一百四十条　诉讼时效因提起诉讼、当事人一方提出要求或者同意履行义务而中断。从中断时起，诉讼时效期间重新计算。

2. 中华人民共和国民法总则(节录)

(2017年3月15日第十二届全国人民代表大会第五次会议通过 2017年3月15日中华人民共和国主席令第六十六号公布 2017年10月1日起施行)

第一条 为了保护民事主体的合法权益,调整民事关系,维护社会和经济秩序,适应中国特色社会主义发展要求,弘扬社会主义核心价值观,根据宪法,制定本法。

第二条 民法调整平等主体的自然人、法人和非法人组织之间的人身关系和财产关系。

第三条 民事主体的人身权利、财产权利以及其他合法权益受法律保护,任何组织或者个人不得侵犯。

第四条 民事主体在民事活动中的法律地位一律平等。

第五条 民事主体从事民事活动,应当遵循自愿原则,按照自己的意思设立、变更、终止民事法律关系。

第六条 民事主体从事民事活动,应当遵循公平原则,合理确定各方的权利和义务。

第七条 民事主体从事民事活动,应当遵循诚信原则,秉持诚实,恪守承诺。

第八条 民事主体从事民事活动,不得违反法律,不得违背公序良俗。

第九条 民事主体从事民事活动,应当有利于节约资源、保护生态环境。

第十条 处理民事纠纷,应当依照法律;法律没有规定的,可以适用习惯,但是不得违背公序良俗。

第十一条 其他法律对民事关系有特别规定的,依照其规定。

第十二条 中华人民共和国领域内的民事活动,适用中华人民共和国法律。法律另有规定的,依照其规定。

第五十七条　法人是具有民事权利能力和民事行为能力,依法独立享有民事权利和承担民事义务的组织。

第五十八条　法人应当依法成立。

法人应当有自己的名称、组织机构、住所、财产或者经费。法人成立的具体条件和程序,依照法律、行政法规的规定。

设立法人,法律、行政法规规定须经有关机关批准的,依照其规定。

第六十三条　法人以其主要办事机构所在地为住所。依法需要办理法人登记的,应当将主要办事机构所在地登记为住所。

第六十四条　法人存续期间登记事项发生变化的,应当依法向登记机关申请变更登记。

第六十五条　法人的实际情况与登记的事项不一致的,不得对抗善意相对人。

第一百二十九条　民事权利可以依据民事法律行为、事实行为、法律规定的事件或者法律规定的其他方式取得。

第一百三十条　民事主体按照自己的意愿依法行使民事权利,不受干涉。

第一百三十一条　民事主体行使权利时,应当履行法律规定的和当事人约定的义务。

第一百三十二条　民事主体不得滥用民事权利损害国家利益、社会公共利益或者他人合法权益。

第一百九十九条　法律规定或者当事人约定的撤销权、解除权等权利的存续期间,除法律另有规定外,自权利人知道或者应当知道权利产生之日起计算,不适用有关诉讼时效中止、中断和延长的规定。存续期间届满,撤销权、解除权等权利消灭。

3. 中华人民共和国担保法

（1995年6月30日第八届全国人民代表大会常务委员会第十四次会议通过 1995年6月30日中华人民共和国主席令第五十号公布 1995年10月1日起施行）

第一章 总 则

第一条 为促进资金融通和商品流通，保障债权的实现，发展社会主义市场经济，制定本法。

第二条 在借贷、买卖、货物运输、加工承揽等经济活动中，债权人需要以担保方式保障其债权实现的，可以依照本法规定设定担保。

本法规定的担保方式为保证、抵押、质押、留置和定金。

第三条 担保活动应当遵循平等、自愿、公平、诚实信用的原则。

第四条 第三人为债务人向债权人提供担保时，可以要求债务人提供反担保。

反担保适用本法担保的规定。

第五条 担保合同是主合同的从合同，主合同无效，担保合同无效。担保合同另有约定的，按照约定。

担保合同被确认无效后，债务人、担保人、债权人有过错的，应当根据其过错各自承担相应的民事责任。

第二章 保 证

第一节 保证和保证人

第六条 本法所称保证，是指保证人和债权人约定，当债务人不履行债务时，保证人按照约定履行债务或者承担责任的行为。

第七条 具有代为清偿债务能力的法人、其他组织或者公民，可以作保证人。

第八条　国家机关不得为保证人，但经国务院批准为使用外国政府或者国际经济组织贷款进行转贷的除外。

第九条　学校、幼儿园、医院等以公益为目的的事业单位、社会团体不得为保证人。

第十条　企业法人的分支机构、职能部门不得为保证人。

企业法人的分支机构有法人书面授权的，可以在授权范围内提供保证。

第十一条　任何单位和个人不得强令银行等金融机构或者企业为他人提供保证；银行等金融机构或者企业对强令其为他人提供保证的行为，有权拒绝。

第十二条　同一债务有两个以上保证人的，保证人应当按照保证合同约定的保证份额，承担保证责任。

没有约定保证份额的，保证人承担连带责任，债权人可以要求任何一个保证人承担全部保证责任，保证人都负有担保全部债权实现的义务。已经承担保证责任的保证人，有权向债务人追偿，或者要求承担连带责任的其他保证人清偿其应当承担的份额。

第二节　保证合同和保证方式

第十三条　保证人与债权人应当以书面形式订立保证合同。

第十四条　保证人与债权人可以就单个主合同分别订立保证合同，也可以协议在最高债权额限度内就一定期间连续发生的借款合同或者某项商品交易合同订立一个保证合同。

第十五条　保证合同应当包括以下内容：

（一）被保证的主债权种类、数额；

（二）债务人履行债务的期限；

（三）保证的方式；

（四）保证担保的范围；

（五）保证的期间；

（六）双方认为需要约定的其他事项。

保证合同不完全具备前款规定内容的，可以补正。

第十六条 保证的方式有：

（一）一般保证；

（二）连带责任保证。

第十七条 当事人在保证合同中约定，债务人不能履行债务时，由保证人承担保证责任的，为一般保证。

一般保证的保证人在主合同纠纷未经审判或者仲裁，并就债务人财产依法强制执行仍不能履行债务前，对债权人可以拒绝承担保证责任。

有下列情形之一的，保证人不得行使前款规定的权利：

（一）债务人住所变更，致使债权人要求其履行债务发生重大困难的；

（二）人民法院受理债务人破产案件，中止执行程序的；

（三）保证人以书面形式放弃前款规定的权利的。

第十八条 当事人在保证合同中约定保证人与债务人对债务承担连带责任的，为连带责任保证。

连带责任保证的债务人在主合同规定的债务履行期届满没有履行债务的，债权人可以要求债务人履行债务，也可以要求保证人在其保证范围内承担保证责任。

第十九条 当事人对保证方式没有约定或者约定不明确的，按照连带责任保证承担保证责任。

第二十条 一般保证和连带责任保证的保证人享有债务人的抗辩权。债务人放弃对债务的抗辩权的，保证人仍有权抗辩。

抗辩权是指债权人行使债权时，债务人根据法定事由，对抗债权人行使请求权的权利。

第三节 保 证 责 任

第二十一条 保证担保的范围包括主债权及利息、违约金、损害赔偿金和实现债权的费用。保证合同另有约定的，按照约定。

当事人对保证担保的范围没有约定或者约定不明确的，保证人应当对全部债务承担责任。

第二十二条 保证期间，债权人依法将主债权转让给第三人的，保证人在原保证担保的范围内继续承担保证责任。保证合同另有约定的，按照约定。

第二十三条　保证期间，债权人许可债务人转让债务的，应当取得保证人书面同意，保证人对未经其同意转让的债务，不再承担保证责任。

第二十四条　债权人与债务人协议变更主合同的，应当取得保证人书面同意，未经保证人书面同意的，保证人不再承担保证责任。保证合同另有约定的，按照约定。

第二十五条　一般保证的保证人与债权人未约定保证期间的，保证期间为主债务履行期届满之日起六个月。

在合同约定的保证期间和前款规定的保证期间，债权人未对债务人提起诉讼或者申请仲裁的，保证人免除保证责任；债权人已提起诉讼或者申请仲裁的，保证期间适用诉讼时效中断的规定。

第二十六条　连带责任保证的保证人与债权人未约定保证期间的，债权人有权自主债务履行期届满之日起六个月内要求保证人承担保证责任。

在合同约定的保证期间和前款规定的保证期间，债权人未要求保证人承担保证责任的，保证人免除保证责任。

第二十七条　保证人依照本法第十四条规定就连续发生的债权作保证，未约定保证期间的，保证人可以随时书面通知债权人终止保证合同，但保证人对于通知到债权人前所发生的债权，承担保证责任。

第二十八条　同一债权既有保证又有物的担保的，保证人对物的担保以外的债权承担保证责任。

债权人放弃物的担保的，保证人在债权人放弃权利的范围内免除保证责任。

第二十九条　企业法人的分支机构未经法人书面授权或者超出授权范围与债权人订立保证合同的，该合同无效或者超出授权范围的部分无效，债权人和企业法人有过错的，应当根据其过错各自承担相应的民事责任；债权人无过错的，由企业法人承担民事责任。

第三十条　有下列情形之一的，保证人不承担民事责任：

（一）主合同当事人双方串通，骗取保证人提供保证的；

（二）主合同债权人采取欺诈、胁迫等手段，使保证人在违背真实意思的情况下提供保证的。

第三十一条 保证人承担保证责任后，有权向债务人追偿。

第三十二条 人民法院受理债务人破产案件后，债权人未申报债权的，保证人可以参加破产财产分配，预先行使追偿权。

第三章 抵 押

第一节 抵押和抵押物

第三十三条 本法所称抵押，是指债务人或者第三人不转移对本法第三十四条所列财产的占有，将该财产作为债权的担保。债务人不履行债务时，债权人有权依照本法规定以该财产折价或者以拍卖、变卖该财产的价款优先受偿。

前款规定的债务人或者第三人为抵押人，债权人为抵押权人，提供担保的财产为抵押物。

第三十四条 下列财产可以抵押：

（一）抵押人所有的房屋和其他地上定着物；

（二）抵押人所有的机器、交通运输工具和其他财产；

（三）抵押人依法有权处分的国有的土地使用权、房屋和其他地上定着物；

（四）抵押人依法有权处分的国有的机器、交通运输工具和其他财产；

（五）抵押人依法承包并经发包方同意抵押的荒山、荒沟、荒丘、荒滩等荒地的土地使用权；

（六）依法可以抵押的其他财产。

抵押人可以将前款所列财产一并抵押。

第三十五条 抵押人所担保的债权不得超出其抵押物的价值。

财产抵押后，该财产的价值大于所担保债权的余额部分，可以再次抵押，但不得超出其余额部分。

第三十六条　以依法取得的国有土地上的房屋抵押的，该房屋占用范围内的国有土地使用权同时抵押。

以出让方式取得的国有土地使用权抵押的，应当将抵押时该国有土地上的房屋同时抵押。

乡（镇）、村企业的土地使用权不得单独抵押。以乡（镇）、村企业的厂房等建筑物抵押的，其占用范围内的土地使用权同时抵押。

第三十七条　下列财产不得抵押：

（一）土地所有权；

（二）耕地、宅基地、自留地、自留山等集体所有的土地使用权，但本法第三十四条第（五）项、第三十六条第三款规定的除外；

（三）学校、幼儿园、医院等以公益为目的的事业单位、社会团体的教育设施、医疗卫生设施和其他社会公益设施；

（四）所有权、使用权不明或者有争议的财产；

（五）依法被查封、扣押、监管的财产；

（六）依法不得抵押的其他财产。

第二节　抵押合同和抵押物登记

第三十八条　抵押人和抵押权人应当以书面形式订立抵押合同。

第三十九条　抵押合同应当包括以下内容：

（一）被担保的主债权种类、数额；

（二）债务人履行债务的期限；

（三）抵押物的名称、数量、质量、状况、所在地、所有权权属或者使用权权属；

（四）抵押担保的范围；

（五）当事人认为需要约定的其他事项。

抵押合同不完全具备前款规定内容的，可以补正。

第四十条　订立抵押合同时，抵押权人和抵押人在合同中不得约定在债务履行期届满抵押权人未受清偿时，抵押物的所有权转移为债权人所有。

第四十一条　当事人以本法第四十二条规定的财产抵押的，应当办理抵押物登记，抵押合同自登记之日起生效。

第四十二条 办理抵押物登记的部门如下：

（一）以无地上定着物的土地使用权抵押的，为核发土地使用权证书的土地管理部门；

（二）以城市房地产或者乡（镇）、村企业的厂房等建筑物抵押的，为县级以上地方人民政府规定的部门；

（三）以林木抵押的，为县级以上林木主管部门；

（四）以航空器、船舶、车辆抵押的，为运输工具的登记部门；

（五）以企业的设备和其他动产抵押的，为财产所在地的工商行政管理部门。

第四十三条 当事人以其他财产抵押的，可以自愿办理抵押物登记，抵押合同自签订之日起生效。

当事人未办理抵押物登记的，不得对抗第三人。当事人办理抵押物登记的，登记部门为抵押人所在地的公证部门。

第四十四条 办理抵押物登记，应当向登记部门提供下列文件或者其复印件：

（一）主合同和抵押合同；

（二）抵押物的所有权或者使用权证书。

第四十五条 登记部门登记的资料，应当允许查阅、抄录或者复印。

第三节 抵押的效力

第四十六条 抵押担保的范围包括主债权及利息、违约金、损害赔偿金和实现抵押权的费用。抵押合同另有约定的，按照约定。

第四十七条 债务履行期届满，债务人不履行债务致使抵押物被人民法院依法扣押的，自扣押之日起抵押权人有权收取由抵押物分离的天然孳息以及抵押人就抵押物可以收取的法定孳息。抵押权人未将扣押抵押物的事实通知应当清偿法定孳息的义务人的，抵押权的效力不及于该孳息。

前款孳息应当先充抵收取孳息的费用。

第四十八条 抵押人将已出租的财产抵押的，应当书面告知承租人，原租赁合同继续有效。

第四十九条　抵押期间，抵押人转让已办理登记的抵押物的，应当通知抵押权人并告知受让人转让物已经抵押的情况；抵押人未通知抵押权人或者未告知受让人的，转让行为无效。

转让抵押物的价款明显低于其价值的，抵押权人可以要求抵押人提供相应的担保；抵押人不提供的，不得转让抵押物。

抵押人转让抵押物所得的价款，应当向抵押权人提前清偿所担保的债权或者向与抵押权人约定的第三人提存。超过债权数额的部分，归抵押人所有，不足部分由债务人清偿。

第五十条　抵押权不得与债权分离而单独转让或者作为其他债权的担保。

第五十一条　抵押人的行为足以使抵押物价值减少的，抵押权人有权要求抵押人停止其行为。抵押物价值减少时，抵押权人有权要求抵押人恢复抵押物的价值，或者提供与减少的价值相当的担保。

抵押人对抵押物价值减少无过错的，抵押权人只能在抵押人因损害而得到的赔偿范围内要求提供担保。抵押物价值未减少的部分，仍作为债权的担保。

第五十二条　抵押权与其担保的债权同时存在，债权消灭的，抵押权也消灭。

第四节　抵押权的实现

第五十三条　债务履行期届满抵押权人未受清偿的，可以与抵押人协议以抵押物折价或者以拍卖、变卖该抵押物所得的价款受偿；协议不成的，抵押权人可以向人民法院提起诉讼。

抵押物折价或者拍卖、变卖后，其价款超过债权数额的部分归抵押人所有，不足部分由债务人清偿。

第五十四条　同一财产向两个以上债权人抵押的，拍卖、变卖抵押物所得的价款按照以下规定清偿：

（一）抵押合同以登记生效的，按照抵押物登记的先后顺序清偿；顺序相同的，按照债权比例清偿；

（二）抵押合同自签订之日起生效的，该抵押物已登记的，按照本条第（一）项规定清偿；未登记的，按照合同生效时间的先后顺序清偿，顺序相同的，按照债权比例清偿。抵押物已登记的先于未登记的受偿。

第五十五条 城市房地产抵押合同签订后，土地上新增的房屋不属于抵押物。需要拍卖该抵押的房地产时，可以依法将该土地上新增的房屋与抵押物一同拍卖，但对拍卖新增房屋所得，抵押权人无权优先受偿。

依照本法规定以承包的荒地的土地使用权抵押的，或者以乡（镇）、村企业的厂房等建筑物占用范围内的土地使用权抵押的，在实现抵押权后，未经法定程序不得改变土地集体所有和土地用途。

第五十六条 拍卖划拨的国有土地使用权所得的价款，在依法缴纳相当于应缴纳的土地使用权出让金的款额后，抵押权人有优先受偿权。

第五十七条 为债务人抵押担保的第三人，在抵押权人实现抵押权后，有权向债务人追偿。

第五十八条 抵押权因抵押物灭失而消灭。因灭失所得的赔偿金，应当作为抵押财产。

第五节 最高额抵押

第五十九条 本法所称最高额抵押，是指抵押人与抵押权人协议，在最高债权额限度内，以抵押物对一定期间内连续发生的债权作担保。

第六十条 借款合同可以附最高额抵押合同。

债权人与债务人就某项商品在一定期间内连续发生交易而签订的合同，可以附最高额抵押合同。

第六十一条 最高额抵押的主合同债权不得转让。

第六十二条 最高额抵押除适用本节规定外，适用本章其他规定。

第四章 质 押

第一节 动产质押

第六十三条 本法所称动产质押，是指债务人或者第三人将其动产移交债权人占有，将该动产作为债权的担保。债务人不履行债务时，债权人有权依照本法规定以该动产折价或者以拍卖、变卖该动产的价款优先受偿。

前款规定的债务人或者第三人为出质人，债权人为质权人，移交的动产为质物。

第六十四条　出质人和质权人应当以书面形式订立质押合同。

质押合同自质物移交于质权人占有时生效。

第六十五条　质押合同应当包括以下内容：

（一）被担保的主债权种类、数额；

（二）债务人履行债务的期限；

（三）质物的名称、数量、质量、状况；

（四）质押担保的范围；

（五）质物移交的时间；

（六）当事人认为需要约定的其他事项。

质押合同不完全具备前款规定内容的，可以补正。

第六十六条　出质人和质权人在合同中不得约定在债务履行期届满质权人未受清偿时，质物的所有权转移为质权人所有。

第六十七条　质押担保的范围包括主债权及利息、违约金、损害赔偿金、质物保管费用和实现质权的费用。质押合同另有约定的，按照约定。

第六十八条　质权人有权收取质物所生的孳息。质押合同另有约定的，按照约定。

前款孳息应当先充抵收取孳息的费用。

第六十九条　质权人负有妥善保管质物的义务。因保管不善致使质物灭失或者毁损的，质权人应当承担民事责任。

质权人不能妥善保管质物可能致使其灭失或者毁损的，出质人可以要求质权人将质物提存，或者要求提前清偿债权而返还质物。

第七十条　质物有损坏或者价值明显减少的可能，足以危害质权人权利的，质权人可以要求出质人提供相应的担保。出质人不提供的，质权人可以拍卖或者变卖质物，并与出质人协议将拍卖或者变卖所得的价款用于提前清偿所担保的债权或者向与出质人约定的第三人提存。

第七十一条 债务履行期届满债务人履行债务的,或者出质人提前清偿所担保的债权的,质权人应当返还质物。

债务履行期届满质权人未受清偿的,可以与出质人协议以质物折价,也可以依法拍卖、变卖质物。

质物折价或者拍卖、变卖后,其价款超过债权数额的部分归出质人所有,不足部分由债务人清偿。

第七十二条 为债务人质押担保的第三人,在质权人实现质权后,有权向债务人追偿。

第七十三条 质权因质物灭失而消灭。因灭失所得的赔偿金,应当作为出质财产。

第七十四条 质权与其担保的债权同时存在,债权消灭的,质权也消灭。

第二节 权利质押

第七十五条 下列权利可以质押:

(一)汇票、支票、本票、债券、存款单、仓单、提单;

(二)依法可以转让的股份、股票;

(三)依法可以转让的商标专用权,专利权、著作权中的财产权;

(四)依法可以质押的其他权利。

第七十六条 以汇票、支票、本票、债券、存款单、仓单、提单出质的,应当在合同约定的期限内将权利凭证交付质权人。质押合同自权利凭证交付之日起生效。

第七十七条 以载明兑现或者提货日期的汇票、支票、本票、债券、存款单、仓单、提单出质的,汇票、支票、本票、债券、存款单、仓单、提单兑现或者提货日期先于债务履行期的,质权人可以在债务履行期届满前兑现或者提货,并与出质人协议将兑现的价款或者提取的货物用于提前清偿所担保的债权或者向与出质人约定的第三人提存。

第七十八条 以依法可以转让的股票出质的,出质人与质权人应当订立书面合同,并向证券登记机构办理出质登记。质押合同自登记之日起生效。

股票出质后,不得转让,但经出质人与质权人协商同意的可以转让。出质人转让股票所得的价款应当向质权人提前清偿所担保的债权或者向与质权人约定的第三人提存。

以有限责任公司的股份出质的,适用公司法股份转让的有关规定。质押合同自股份出质记载于股东名册之日起生效。

第七十九条　以依法可以转让的商标专用权,专利权、著作权中的财产权出质的,出质人与质权人应当订立书面合同,并向其管理部门办理出质登记。质押合同自登记之日起生效。

第八十条　本法第七十九条规定的权利出质后,出质人不得转让或者许可他人使用,但经出质人与质权人协商同意的可以转让或者许可他人使用。出质人所得的转让费、许可费应当向质权人提前清偿所担保的债权或者向与质权人约定的第三人提存。

第八十一条　权利质押除适用本节规定外,适用本章第一节的规定。

第五章　留　　置

第八十二条　本法所称留置,是指依照本法第八十四条的规定,债权人按照合同约定占有债务人的动产,债务人不按照合同约定的期限履行债务的,债权人有权依照本法规定留置该财产,以该财产折价或者以拍卖、变卖该财产的价款优先受偿。

第八十三条　留置担保的范围包括主债权及利息、违约金、损害赔偿金,留置物保管费用和实现留置权的费用。

第八十四条　因保管合同、运输合同、加工承揽合同发生的债权,债务人不履行债务的,债权人有留置权。

法律规定可以留置的其他合同,适用前款规定。

当事人可以在合同中约定不得留置的物。

第八十五条　留置的财产为可分物的,留置物的价值应当相当于债务的金额。

第八十六条 留置权人负有妥善保管留置物的义务。因保管不善致使留置物灭失或者毁损的,留置权人应当承担民事责任。

第八十七条 债权人与债务人应当在合同中约定,债权人留置财产后,债务人应当在不少于两个月的期限内履行债务。债权人与债务人在合同中未约定的,债权人留置债务人财产后,应当确定两个月以上的期限,通知债务人在该期限内履行债务。

债务人逾期仍不履行的,债权人可以与债务人协议以留置物折价,也可以依法拍卖、变卖留置物。

留置物折价或者拍卖、变卖后,其价款超过债权数额的部分归债务人所有,不足部分由债务人清偿。

第八十八条 留置权因下列原因消灭:

(一)债权消灭的;

(二)债务人另行提供担保并被债权人接受的。

第六章 定 金

第八十九条 当事人可以约定一方向对方给付定金作为债权的担保。债务人履行债务后,定金应当抵作价款或者收回。给付定金的一方不履行约定的债务的,无权要求返还定金;收受定金的一方不履行约定的债务的,应当双倍返还定金。

第九十条 定金应当以书面形式约定。当事人在定金合同中应当约定交付定金的期限。定金合同从实际交付定金之日起生效。

第九十一条 定金的数额由当事人约定,但不得超过主合同标的额的百分之二十。

第七章 附 则

第九十二条 本法所称不动产是指土地以及房屋、林木等地上定着物。

本法所称动产是指不动产以外的物。

第九十三条　本法所称保证合同、抵押合同、质押合同、定金合同可以是单独订立的书面合同，包括当事人之间的具有担保性质的信函、传真等，也可以是主合同中的担保条款。

第九十四条　抵押物、质物、留置物折价或者变卖，应当参照市场价格。

第九十五条　海商法等法律对担保有特别规定的，依照其规定。

第九十六条　本法自 1995 年 10 月 1 日起施行。

4. 中华人民共和国合伙企业法(节录)

(1997 年 2 月 23 日第八届全国人民代表大会常务委员会第二十四次会议通过　自 1997 年 8 月 1 日起施行　2006 年 8 月 27 日第十届全国人民代表大会常务委员会第二十三次会议修订　自 2007 年 6 月 1 日起施行)

第二条　本法所称合伙企业,是指自然人、法人和其他组织依照本法在中国境内设立的普通合伙企业和有限合伙企业。

普通合伙企业由普通合伙人组成,合伙人对合伙企业债务承担无限连带责任。本法对普通合伙人承担责任的形式有特别规定的,从其规定。

有限合伙企业由普通合伙人和有限合伙人组成,普通合伙人对合伙企业债务承担无限连带责任,有限合伙人以其认缴的出资额为限对合伙企业债务承担责任。

第二十条　合伙人的出资、以合伙企业名义取得的收益和依法取得的其他财产,均为合伙企业的财产。

第二十一条　合伙人在合伙企业清算前,不得请求分割合伙企业的财产;但是,本法另有规定的除外。

合伙人在合伙企业清算前私自转移或者处分合伙企业财产的,合伙企业不得以此对抗善意第三人。

第二十二条　除合伙协议另有约定外,合伙人向合伙人以外的人转让其在合伙企业中的全部或者部分财产份额时,须经其他合伙人一致同意。

合伙人之间转让在合伙企业中的全部或者部分财产份额时,应当通知其他合伙人。

第二十三条　合伙人向合伙人以外的人转让其在合伙企业中的财产份额的,在同等条件下,其他合伙人有优先购买权;但是,合伙协议另有约定的除外。

第二十四条　合伙人以外的人依法受让合伙人在合伙企业中的财产份额的，经修改合伙协议即成为合伙企业的合伙人，依照本法和修改后的合伙协议享有权利，履行义务。

第二十五条　合伙人以其在合伙企业中的财产份额出质的，须经其他合伙人一致同意；未经其他合伙人一致同意，其行为无效，由此给善意第三人造成损失的，由行为人依法承担赔偿责任。

第三十一条　除合伙协议另有约定外，合伙企业的下列事项应当经全体合伙人一致同意：

（一）改变合伙企业的名称；

（二）改变合伙企业的经营范围、主要经营场所的地点；

（三）处分合伙企业的不动产；

（四）转让或者处分合伙企业的知识产权和其他财产权利；

（五）以合伙企业名义为他人提供担保；

（六）聘任合伙人以外的人担任合伙企业的经营管理人员。

第三十二条　合伙人不得自营或者同他人合作经营与本合伙企业相竞争的业务。

除合伙协议另有约定或者经全体合伙人一致同意外，合伙人不得同本合伙企业进行交易。

合伙人不得从事损害本合伙企业利益的活动。

第三十三条　合伙企业的利润分配、亏损分担，按照合伙协议的约定办理；合伙协议未约定或者约定不明确的，由合伙人协商决定；协商不成的，由合伙人按照实缴出资比例分配、分担；无法确定出资比例的，由合伙人平均分配、分担。

合伙协议不得约定将全部利润分配给部分合伙人或者由部分合伙人承担全部亏损。

第三十八条　合伙企业对其债务，应先以其全部财产进行清偿。

第三十九条　合伙企业不能清偿到期债务的，合伙人承担无限连带责任。

第四十条 合伙人由于承担无限连带责任，清偿数额超过本法第三十三条第一款规定的其亏损分担比例的，有权向其他合伙人追偿。

第四十一条 合伙人发生与合伙企业无关的债务，相关债权人不得以其债权抵销其对合伙企业的债务；也不得代位行使合伙人在合伙企业中的权利。

第四十二条 合伙人的自有财产不足清偿其与合伙企业无关的债务的，该合伙人可以以其从合伙企业中分取的收益用于清偿；债权人也可以依法请求人民法院强制执行该合伙人在合伙企业中的财产份额用于清偿。

人民法院强制执行合伙人的财产份额时，应当通知全体合伙人，其他合伙人有优先购买权；其他合伙人未购买，又不同意将该财产份额转让给他人的，依照本法第五十一条的规定为该合伙人办理退伙结算，或者办理削减该合伙人相应财产份额的结算。

第五节 入伙、退伙

第四十三条 新合伙人入伙，除合伙协议另有约定外，应当经全体合伙人一致同意，并依法订立书面入伙协议。

订立入伙协议时，原合伙人应当向新合伙人如实告知原合伙企业的经营状况和财务状况。

第四十四条 入伙的新合伙人与原合伙人享有同等权利，承担同等责任。入伙协议另有约定的，从其约定。

新合伙人对入伙前合伙企业的债务承担无限连带责任。

第五十三条 退伙人对基于其退伙前的原因发生的合伙企业债务，承担无限连带责任。

第五十四条 合伙人退伙时，合伙企业财产少于合伙企业债务的，退伙人应当依照本法第三十三条第一款的规定分担亏损。

第六节 特殊的普通合伙企业

第五十五条 以专业知识和专门技能为客户提供有偿服务的专业服务机构，可以设立为特殊的普通合伙企业。

特殊的普通合伙企业是指合伙人依照本法第五十七条的规定承担责任

的普通合伙企业。

特殊的普通合伙企业适用本节规定；本节未作规定的，适用本章第一节至第五节的规定。

第五十六条　特殊的普通合伙企业名称中应当标明“特殊普通合伙”字样。

第五十七条　一个合伙人或者数个合伙人在执业活动中因故意或者重大过失造成合伙企业债务的，应当承担无限责任或者无限连带责任，其他合伙人以其在合伙企业中的财产份额为限承担责任。

合伙人在执业活动中非因故意或者重大过失造成的合伙企业债务以及合伙企业的其他债务，由全体合伙人承担无限连带责任。

第五十八条　合伙人执业活动中因故意或者重大过失造成的合伙企业债务，以合伙企业财产对外承担责任后，该合伙人应当按照合伙协议的约定对给合伙企业造成的损失承担赔偿责任。

第七十四条　有限合伙人的自有财产不足清偿其与合伙企业无关的债务的，该合伙人可以以其从有限合伙企业中分取的收益用于清偿；债权人也可以依法请求人民法院强制执行该合伙人在有限合伙企业中的财产份额用于清偿。

人民法院强制执行有限合伙人的财产份额时，应当通知全体合伙人。在同等条件下，其他合伙人有优先购买权。

第七十五条　有限合伙企业仅剩有限合伙人的，应当解散；有限合伙企业仅剩普通合伙人的，转为普通合伙企业。

第七十六条　第三人有理由相信有限合伙人为普通合伙人并与其交易的，该有限合伙人对该笔交易承担与普通合伙人同样的责任。

有限合伙人未经授权以有限合伙企业名义与他人进行交易，给有限合伙企业或者其他合伙人造成损失的，该有限合伙人应当承担赔偿责任。

第七十七条　新入伙的有限合伙人对入伙前有限合伙企业的债务，以其认缴的出资额为限承担责任。

第七十八条　有限合伙人有本法第四十八条第一款第一项、第三项至第五项所列情形之一的，当然退伙。

第七十九条 作为有限合伙人的自然人在有限合伙企业存续期间丧失民事行为能力的，其他合伙人不得因此要求其退伙。

第八十条 作为有限合伙人的自然人死亡、被依法宣告死亡或者作为有限合伙人的法人及其他组织终止时，其继承人或者权利承受人可以依法取得该有限合伙人在有限合伙企业中的资格。

第八十一条 有限合伙人退伙后，对基于其退伙前的原因发生的有限合伙企业债务，以其退伙时从有限合伙企业中取回的财产承担责任。

第八十三条 有限合伙人转变为普通合伙人的，对其作为有限合伙人期间有限合伙企业发生的债务承担无限连带责任。

第八十四条 普通合伙人转变为有限合伙人的，对其作为普通合伙人期间合伙企业发生的债务承担无限连带责任。

第四章 合伙企业解散、清算

第九十一条 合伙企业注销后，原普通合伙人对合伙企业存续期间的债务仍应承担无限连带责任。

第九十二条 合伙企业不能清偿到期债务的，债权人可以依法向人民法院提出破产清算申请，也可以要求普通合伙人清偿。

合伙企业依法被宣告破产的，普通合伙人对合伙企业债务仍应承担无限连带责任。

5. 中华人民共和国合同法(节录)

(1999 年 3 月 15 日第九届全国人民代表大会第二次会议通过 1999 年 3 月 15 日中华人民共和国主席令第十五号公布 自 1999 年 10 月 1 日起施行)

第一编 总 则

第一章 一般规定

第一条 为了保护合同当事人的合法权益,维护社会经济秩序,促进社会主义现代化建设,制定本法。

第二条 本法所称合同是平等主体的自然人、法人、其他组织之间设立、变更、终止民事权利义务关系的协议。

第三条 合同当事人的法律地位平等,一方不得将自己的意志强加给另一方。

第四条 当事人依法享有自愿订立合同的权利,任何单位和个人不得非法干预。

第五条 当事人应当遵循公平原则确定各方的权利和义务。

第六条 当事人行使权利、履行义务应当遵循诚实信用原则。

第七条 当事人订立、履行合同,应当遵守法律、行政法规,尊重社会公德,不得扰乱社会经济秩序,损害社会公共利益。

第八条 依法成立的合同,对当事人具有法律约束力。当事人应当按照约定履行自己的义务,不得擅自变更或者解除合同。

依法成立的合同,受法律保护。

第二章 合同的订立

第九条 当事人订立合同,应当具有相应的民事权利能力和民事行为能力。

当事人依法可以委托代理人订立合同。

第十条 当事人订立合同,有书面形式、口头形式和其他形式。

法律、行政法规规定采用书面形式的,应当采用书面形式。当事人约定采用书面形式的,应当采用书面形式。

第十一条 书面形式是指合同书、信件和数据电文(包括电报、电传、传真、电子数据交换和电子邮件)等可以有形地表现所载内容的形式。

第十二条 合同的内容由当事人约定,一般包括以下条款:

(一)当事人的名称或者姓名和住所;

(二)标的;

(三)数量;

(四)质量;

(五)价款或者报酬;

(六)履行期限、地点和方式;

(七)违约责任;

(八)解决争议的方法。

当事人可以参照各类合同的示范文本订立合同。

第十三条 当事人订立合同,采取要约、承诺方式。

第十四条 要约是希望和他人订立合同的意思表示,该意思表示应当符合下列规定:

(一)内容具体确定;

(二)表明经受要约人承诺,要约人即受该意思表示约束。

第十五条 要约邀请是希望他人向自己发出要约的意思表示。寄送的价目表、拍卖公告、招标公告、招股说明书、商业广告等为要约邀请。

商业广告的内容符合要约规定的,视为要约。

第十六条 要约到达受要约人时生效。

采用数据电文形式订立合同,收件人指定特定系统接收数据电文的,该数据电文进入该特定系统的时间,视为到达时间;未指定特定系统的,该数据电文进入收件人的任何系统的首次时间,视为到达时间。

第十七条　要约可以撤回。撤回要约的通知应当在要约到达受要约人之前或者与要约同时到达受要约人。

第十八条　要约可以撤销。撤销要约的通知应当在受要约人发出承诺通知之前到达受要约人。

第十九条　有下列情形之一的，要约不得撤销：

（一）要约人确定了承诺期限或者以其他形式明示要约不可撤销；

（二）受要约人有理由认为要约是不可撤销的，并已经为履行合同作了准备工作。

第二十条　有下列情形之一的，要约失效：

（一）拒绝要约的通知到达要约人；

（二）要约人依法撤销要约；

（三）承诺期限届满，受要约人未作出承诺；

（四）受要约人对要约的内容作出实质性变更。

第二十一条　承诺是受要约人同意要约的意思表示。

第二十二条　承诺应当以通知的方式作出，但根据交易习惯或者要约表明可以通过行为作出承诺的除外。

第二十三条　承诺应当在要约确定的期限内到达要约人。

要约没有确定承诺期限的，承诺应当依照下列规定到达：

（一）要约以对话方式作出的，应当即时作出承诺，但当事人另有约定的除外；

（二）要约以非对话方式作出的，承诺应当在合理期限内到达。

第二十四条　要约以信件或者电报作出的，承诺期限自信件载明的日期或者电报交发之日开始计算。信件未载明日期的，自投寄该信件的邮戳日期开始计算。要约以电话、传真等快速通讯方式作出的，承诺期限自要约到达受要约人时开始计算。

第二十五条　承诺生效时合同成立。

第二十六条　承诺通知到达要约人时生效。承诺不需要通知的，根据交易习惯或者要约的要求作出承诺的行为时生效。

采用数据电文形式订立合同的，承诺到达的时间适用本法第十六条第二款的规定。

第二十七条 承诺可以撤回。撤回承诺的通知应当在承诺通知到达要约人之前或者与承诺通知同时到达要约人。

第二十八条 受要约人超过承诺期限发出承诺的，除要约人及时通知受要约人该承诺有效的以外，为新要约。

第二十九条 受要约人在承诺期限内发出承诺，按照通常情形能够及时到达要约人，但因其他原因承诺到达要约人时超过承诺期限的，除要约人及时通知受要约人因承诺超过期限不接受该承诺的以外，该承诺有效。

第三十条 承诺的内容应当与要约的内容一致。受要约人对要约的内容作出实质性变更的，为新要约。有关合同标的、数量、质量、价款或者报酬、履行期限、履行地点和方式、违约责任和解决争议方法等的变更，是对要约内容的实质性变更。

第三十一条 承诺对要约的内容作出非实质性变更的，除要约人及时表示反对或者要约表明承诺不得对要约的内容作出任何变更的以外，该承诺有效，合同的内容以承诺的内容为准。

第三十二条 当事人采用合同书形式订立合同的，自双方当事人签字或者盖章时合同成立。

第三十三条 当事人采用信件、数据电文等形式订立合同的，可以在合同成立之前要求签订确认书。签订确认书时合同成立。

第三十四条 承诺生效的地点为合同成立的地点。

采用数据电文形式订立合同的，收件人的主营业地为合同成立的地点；没有主营业地的，其经常居住地为合同成立的地点。当事人另有约定的，按照其约定。

第三十五条 当事人采用合同书形式订立合同的，双方当事人签字或者盖章的地点为合同成立的地点。

第三十六条 法律、行政法规规定或者当事人约定采用书面形式订立合同，当事人未采用书面形式但一方已经履行主要义务，对方接受的，该合同成立。

第三十七条　采用合同书形式订立合同，在签字或者盖章之前，当事人一方已经履行主要义务，对方接受的，该合同成立。

第三十八条　国家根据需要下达指令性任务或者国家订货任务的，有关法人、其他组织之间应当依照有关法律、行政法规规定的权利和义务订立合同。

第三十九条　采用格式条款订立合同的，提供格式条款的一方应当遵循公平原则确定当事人之间的权利和义务，并采取合理的方式提请对方注意免除或者限制其责任的条款，按照对方的要求，对该条款予以说明。

格式条款是当事人为了重复使用而预先拟定，并在订立合同时未与对方协商的条款。

第四十条　格式条款具有本法第五十二条和第五十三条规定情形的，或者提供格式条款一方免除其责任、加重对方责任、排除对方主要权利的，该条款无效。

第四十一条　对格式条款的理解发生争议的，应当按照通常理解予以解释。对格式条款有两种以上解释的，应当作出不利于提供格式条款一方的解释。格式条款和非格式条款不一致的，应当采用非格式条款。

第四十二条　当事人在订立合同过程中有下列情形之一，给对方造成损失的，应当承担损害赔偿责任：

（一）假借订立合同，恶意进行磋商；

（二）故意隐瞒与订立合同有关的重要事实或者提供虚假情况；

（三）有其他违背诚实信用原则的行为。

第四十三条　当事人在订立合同过程中知悉的商业秘密，无论合同是否成立，不得泄露或者不正当地使用。泄露或者不正当地使用该商业秘密给对方造成损失的，应当承担损害赔偿责任。

第三章　合同的效力

第四十四条　依法成立的合同，自成立时生效。

法律、行政法规规定应当办理批准、登记等手续生效的,依照其规定。

第四十五条 当事人对合同的效力可以约定附条件。附生效条件的合同,自条件成就时生效。附解除条件的合同,自条件成就时失效。

当事人为自己的利益不正当地阻止条件成就的,视为条件已成就;不正当地促成条件成就的,视为条件不成就。

第四十六条 当事人对合同的效力可以约定附期限。附生效期限的合同,自期限届至时生效。附终止期限的合同,自期限届满时失效。

第四十七条 限制民事行为能力人订立的合同,经法定代理人追认后,该合同有效,但纯获利益的合同或者与其年龄、智力、精神健康状况相适应而订立的合同,不必经法定代理人追认。

相对人可以催告法定代理人在一个月内予以追认。法定代理人未作表示的,视为拒绝追认。合同被追认之前,善意相对人有撤销的权利。撤销应当以通知的方式作出。

第四十八条 行为人没有代理权、超越代理权或者代理权终止后以被代理人名义订立的合同,未经被代理人追认,对被代理人不发生效力,由行为人承担责任。

相对人可以催告被代理人在一个月内予以追认。被代理人未作表示的,视为拒绝追认。合同被追认之前,善意相对人有撤销的权利。撤销应当以通知的方式作出。

第四十九条 行为人没有代理权、超越代理权或者代理权终止后以被代理人名义订立合同,相对人有理由相信行为人有代理权的,该代理行为有效。

第五十条 法人或者其他组织的法定代表人、负责人超越权限订立的合同,除相对人知道或者应当知道其超越权限的以外,该代表行为有效。

第五十一条 无处分权的人处分他人财产,经权利人追认或者无处分权的人订立合同后取得处分权的,该合同有效。

第五十二条 有下列情形之一的,合同无效:

(一)一方以欺诈、胁迫的手段订立合同,损害国家利益;

（二）恶意串通，损害国家、集体或者第三人利益；

（三）以合法形式掩盖非法目的；

（四）损害社会公共利益；

（五）违反法律、行政法规的强制性规定。

第五十三条　合同中的下列免责条款无效：

（一）造成对方人身伤害的；

（二）因故意或者重大过失造成对方财产损失的。

第五十四条　下列合同，当事人一方有权请求人民法院或者仲裁机构变更或者撤销：

（一）因重大误解订立的；

（二）在订立合同时显失公平的。

一方以欺诈、胁迫的手段或者乘人之危，使对方在违背真实意思的情况下订立的合同，受损害方有权请求人民法院或者仲裁机构变更或者撤销。

当事人请求变更的，人民法院或者仲裁机构不得撤销。

第五十五条　有下列情形之一的，撤销权消灭：

（一）具有撤销权的当事人自知道或者应当知道撤销事由之日起一年内没有行使撤销权；

（二）具有撤销权的当事人知道撤销事由后明确表示或者以自己的行为放弃撤销权。

第五十六条　无效的合同或者被撤销的合同自始没有法律约束力。合同部分无效，不影响其他部分效力的，其他部分仍然有效。

第五十七条　合同无效、被撤销或者终止的，不影响合同中独立存在的有关解决争议方法的条款的效力。

第五十八条　合同无效或者被撤销后，因该合同取得的财产，应当予以返还；不能返还或者没有必要返还的，应当折价补偿。有过错的一方应当赔偿对方因此所受到的损失，双方都有过错的，应当各自承担相应的责任。

第五十九条　当事人恶意串通，损害国家、集体或者第三人利益的，因此取得的财产收归国家所有或者返还集体、第三人。

第四章　合同的履行

第六十条　当事人应当按照约定全面履行自己的义务。

当事人应当遵循诚实信用原则，根据合同的性质、目的和交易习惯履行通知、协助、保密等义务。

第六十一条　合同生效后，当事人就质量、价款或者报酬、履行地点等内容没有约定或者约定不明确的，可以协议补充；不能达成补充协议的，按照合同有关条款或者交易习惯确定。

第六十二条　当事人就有关合同内容约定不明确，依照本法第六十一条的规定仍不能确定的，适用下列规定：

（一）质量要求不明确的，按照国家标准、行业标准履行；没有国家标准、行业标准的，按照通常标准或者符合合同目的的特定标准履行。

（二）价款或者报酬不明确的，按照订立合同时履行地的市场价格履行；依法应当执行政府定价或者政府指导价的，按照规定履行。

（三）履行地点不明确，给付货币的，在接受货币一方所在地履行；交付不动产的，在不动产所在地履行；其他标的，在履行义务一方所在地履行。

（四）履行期限不明确的，债务人可以随时履行，债权人也可以随时要求履行，但应当给对方必要的准备时间。

（五）履行方式不明确的，按照有利于实现合同目的的方式履行。

（六）履行费用的负担不明确的，由履行义务一方负担。

第六十三条　执行政府定价或者政府指导价的，在合同约定的交付期限内政府价格调整时，按照交付时的价格计价。逾期交付标的物的，遇价格上涨时，按照原价格执行；价格下降时，按照新价格执行。逾期提取标的物或者逾期付款的，遇价格上涨时，按照新价格执行；价格下降时，按照原价格执行。

第六十四条　当事人约定由债务人向第三人履行债务的，债务人未向第三人履行债务或者履行债务不符合约定，应当向债权人承担违约责任。

第六十五条　当事人约定由第三人向债权人履行债务的，第三人不履行债务或者履行债务不符合约定，债务人应当向债权人承担违约责任。

第六十六条　当事人互负债务，没有先后履行顺序的，应当同时履行。一方在对方履行之前有权拒绝其履行要求。一方在对方履行债务不符合约定时，有权拒绝其相应的履行要求。

第六十七条　当事人互负债务，有先后履行顺序，先履行一方未履行的，后履行一方有权拒绝其履行要求。先履行一方履行债务不符合约定的，后履行一方有权拒绝其相应的履行要求。

第六十八条　应当先履行债务的当事人，有确切证据证明对方有下列情形之一的，可以中止履行：

（一）经营状况严重恶化；

（二）转移财产、抽逃资金，以逃避债务；

（三）丧失商业信誉；

（四）有丧失或者可能丧失履行债务能力的其他情形。

当事人没有确切证据中止履行的，应当承担违约责任。

第六十九条　当事人依照本法第六十八条的规定中止履行的，应当及时通知对方。对方提供适当担保时，应当恢复履行。中止履行后，对方在合理期限内未恢复履行能力并且未提供适当担保的，中止履行的一方可以解除合同。

第七十条　债权人分立、合并或者变更住所没有通知债务人，致使履行债务发生困难的，债务人可以中止履行或者将标的物提存。

第七十一条　债权人可以拒绝债务人提前履行债务，但提前履行不损害债权人利益的除外。

债务人提前履行债务给债权人增加的费用，由债务人负担。

第七十二条　债权人可以拒绝债务人部分履行债务，但部分履行不损害债权人利益的除外。

债务人部分履行债务给债权人增加的费用，由债务人负担。

第七十三条　因债务人怠于行使其到期债权，对债权人造成损害的，债权人可以向人民法院请求以自己的名义代位行使债务人的债权，但该债权专属于债务人自身的除外。

代位权的行使范围以债权人的债权为限。债权人行使代位权的必要费用，由债务人负担。

第七十四条 因债务人放弃其到期债权或者无偿转让财产，对债权人造成损害的，债权人可以请求人民法院撤销债务人的行为。债务人以明显不合理的低价转让财产，对债权人造成损害，并且受让人知道该情形的，债权人也可以请求人民法院撤销债务人的行为。

撤销权的行使范围以债权人的债权为限。债权人行使撤销权的必要费用，由债务人负担。

第七十五条 撤销权自债权人知道或者应当知道撤销事由之日起一年内行使。自债务人的行为发生之日起五年内没有行使撤销权的，该撤销权消灭。

第七十六条 合同生效后，当事人不得因姓名、名称的变更或者法定代表人、负责人、承办人的变动而不履行合同义务。

第五章　合同的变更和转让

第七十七条 当事人协商一致，可以变更合同。

法律、行政法规规定变更合同应当办理批准、登记等手续的，依照其规定。

第七十八条 当事人对合同变更的内容约定不明确的，推定为未变更。

第七十九条 债权人可以将合同的权利全部或者部分转让给第三人，但有下列情形之一的除外：

（一）根据合同性质不得转让；

（二）按照当事人约定不得转让；

（三）依照法律规定不得转让。

第八十条 债权人转让权利的，应当通知债务人。未经通知，该转让对债务人不发生效力。

债权人转让权利的通知不得撤销，但经受让人同意的除外。

第八十一条　债权人转让权利的，受让人取得与债权有关的从权利，但该从权利专属于债权人自身的除外。

第八十二条　债务人接到债权转让通知后，债务人对让与人的抗辩，可以向受让人主张。

第八十三条　债务人接到债权转让通知时，债务人对让与人享有债权，并且债务人的债权先于转让的债权到期或者同时到期的，债务人可以向受让人主张抵销。

第八十四条　债务人将合同的义务全部或者部分转移给第三人的，应当经债权人同意。

第八十五条　债务人转移义务的，新债务人可以主张原债务人对债权人的抗辩。

第八十六条　债务人转移义务的，新债务人应当承担与主债务有关的从债务，但该从债务专属于原债务人自身的除外。

第八十七条　法律、行政法规规定转让权利或者转移义务应当办理批准、登记等手续的，依照其规定。

第八十八条　当事人一方经对方同意，可以将自己在合同中的权利和义务一并转让给第三人。

第八十九条　权利和义务一并转让的，适用本法第七十九条、第八十一条至第八十三条、第八十五条至第八十七条的规定。

第九十条　当事人订立合同后合并的，由合并后的法人或者其他组织行使合同权利，履行合同义务。当事人订立合同后分立的，除债权人和债务人另有约定的以外，由分立的法人或者其他组织对合同的权利和义务享有连带债权，承担连带债务。

第六章　合同的权利义务终止

第九十一条　有下列情形之一的，合同的权利义务终止：

（一）债务已经按照约定履行；

（二）合同解除；

（三）债务相互抵销；

（四）债务人依法将标的物提存；

（五）债权人免除债务；

（六）债权债务同归于一人；

（七）法律规定或者当事人约定终止的其他情形。

第九十二条 合同的权利义务终止后，当事人应当遵循诚实信用原则，根据交易习惯履行通知、协助、保密等义务。

第九十三条 当事人协商一致，可以解除合同。

当事人可以约定一方解除合同的条件。解除合同的条件成就时，解除权人可以解除合同。

第九十四条 有下列情形之一的，当事人可以解除合同：

（一）因不可抗力致使不能实现合同目的；

（二）在履行期限届满之前，当事人一方明确表示或者以自己的行为表明不履行主要债务；

（三）当事人一方迟延履行主要债务，经催告后在合理期限内仍未履行；

（四）当事人一方迟延履行债务或者有其他违约行为致使不能实现合同目的；

（五）法律规定的其他情形。

第九十五条 法律规定或者当事人约定解除权行使期限，期限届满当事人不行使的，该权利消灭。

法律没有规定或者当事人没有约定解除权行使期限，经对方催告后在合理期限内不行使的，该权利消灭。

第九十六条 当事人一方依照本法第九十三条第二款、第九十四条的规定主张解除合同的，应当通知对方。合同自通知到达对方时解除。对方有异议的，可以请求人民法院或者仲裁机构确认解除合同的效力。

法律、行政法规规定解除合同应当办理批准、登记等手续的，依照其规定。

第九十七条 合同解除后，尚未履行的，终止履行；已经履行的，根据履行情况和合同性质，当事人可以要求恢复原状、采取其他补救措施，并有权要求赔偿损失。

第九十八条　合同的权利义务终止，不影响合同中结算和清理条款的效力。

第九十九条　当事人互负到期债务，该债务的标的物种类、品质相同的，任何一方可以将自己的债务与对方的债务抵销，但依照法律规定或者按照合同性质不得抵销的除外。

当事人主张抵销的，应当通知对方。通知自到达对方时生效。抵销不得附条件或者附期限。

第一百条　当事人互负债务，标的物种类、品质不相同的，经双方协商一致，也可以抵销。

第一百零一条　有下列情形之一，难以履行债务的，债务人可以将标的物提存：

（一）债权人无正当理由拒绝受领；

（二）债权人下落不明；

（三）债权人死亡未确定继承人或者丧失民事行为能力未确定监护人；

（四）法律规定的其他情形。

标的物不适于提存或者提存费用过高的，债务人依法可以拍卖或者变卖标的物，提存所得的价款。

第一百零二条　标的物提存后，除债权人下落不明的以外，债务人应当及时通知债权人或者债权人的继承人、监护人。

第一百零三条　标的物提存后，毁损、灭失的风险由债权人承担。提存期间，标的物的孳息归债权人所有。提存费用由债权人负担。

第一百零四条　债权人可以随时领取提存物，但债权人对债务人负有到期债务的，在债权人未履行债务或者提供担保之前，提存部门根据债务人的要求应当拒绝其领取提存物。

债权人领取提存物的权利，自提存之日起五年内不行使而消灭，提存物扣除提存费用后归国家所有。

第一百零五条　债权人免除债务人部分或者全部债务的，合同的权利义务部分或者全部终止。

第一百零六条 债权和债务同归于一人的，合同的权利义务终止，但涉及第三人利益的除外。

第七章 违约责任

第一百零七条 当事人一方不履行合同义务或者履行合同义务不符合约定的，应当承担继续履行、采取补救措施或者赔偿损失等违约责任。

第一百零八条 当事人一方明确表示或者以自己的行为表明不履行合同义务的，对方可以在履行期限届满之前要求其承担违约责任。

第一百零九条 当事人一方未支付价款或者报酬的，对方可以要求其支付价款或者报酬。

第一百一十条 当事人一方不履行非金钱债务或者履行非金钱债务不符合约定的，对方可以要求履行，但有下列情形之一的除外：

（一）法律上或者事实上不能履行；

（二）债务的标的不适于强制履行或者履行费用过高；

（三）债权人在合理期限内未要求履行。

第一百一十一条 质量不符合约定的，应当按照当事人的约定承担违约责任。对违约责任没有约定或者约定不明确，依照本法第六十一条的规定仍不能确定的，受损害方根据标的的性质以及损失的大小，可以合理选择要求对方承担修理、更换、重作、退货、减少价款或者报酬等违约责任。

第一百一十二条 当事人一方不履行合同义务或者履行合同义务不符合约定的，在履行义务或者采取补救措施后，对方还有其他损失的，应当赔偿损失。

第一百一十三条 当事人一方不履行合同义务或者履行合同义务不符合约定，给对方造成损失的，损失赔偿额应当相当于因违约所造成的损失，包括合同履行后可以获得的利益，但不得超过违反合同一方订立合同时预见到或者应当预见到的因违反合同可能造成的损失。

经营者对消费者提供商品或者服务有欺诈行为的，依照《中华人民共和国消费者权益保护法》的规定承担损害赔偿责任。

第一百一十四条　当事人可以约定一方违约时应当根据违约情况向对方支付一定数额的违约金，也可以约定因违约产生的损失赔偿额的计算方法。

约定的违约金低于造成的损失的，当事人可以请求人民法院或者仲裁机构予以增加；约定的违约金过分高于造成的损失的，当事人可以请求人民法院或者仲裁机构予以适当减少。

当事人就迟延履行约定违约金的，违约方支付违约金后，还应当履行债务。

第一百一十五条　当事人可以依照《中华人民共和国担保法》约定一方向对方给付定金作为债权的担保。债务人履行债务后，定金应当抵作价款或者收回。给付定金的一方不履行约定的债务的，无权要求返还定金；收受定金的一方不履行约定的债务的，应当双倍返还定金。

第一百一十六条　当事人既约定违约金，又约定定金的，一方违约时，对方可以选择适用违约金或者定金条款。

第一百一十七条　因不可抗力不能履行合同的，根据不可抗力的影响，部分或者全部免除责任，但法律另有规定的除外。当事人迟延履行后发生不可抗力的，不能免除责任。

本法所称不可抗力，是指不能预见、不能避免并不能克服的客观情况。

第一百一十八条　当事人一方因不可抗力不能履行合同的，应当及时通知对方，以减轻可能给对方造成的损失，并应当在合理期限内提供证明。

第一百一十九条　当事人一方违约后，对方应当采取适当措施防止损失的扩大；没有采取适当措施致使损失扩大的，不得就扩大的损失要求赔偿。

当事人因防止损失扩大而支出的合理费用，由违约方承担。

第一百二十条　当事人双方都违反合同的，应当各自承担相应的责任。

第一百二十一条　当事人一方因第三人的原因造成违约的，应当向对方承担违约责任。当事人一方和第三人之间的纠纷，依照法律规定或者按照约定解决。

第一百二十二条 因当事人一方的违约行为，侵害对方人身、财产权益的，受损害方有权选择依照本法要求其承担违约责任或者依照其他法律要求其承担侵权责任。

第八章 其他规定

第一百二十三条 其他法律对合同另有规定的，依照其规定。

第一百二十四条 本法分则或者其他法律没有明文规定的合同，适用本法总则的规定，并可以参照本法分则或者其他法律最相类似的规定。

第一百二十五条 当事人对合同条款的理解有争议的，应当按照合同所使用的词句、合同的有关条款、合同的目的、交易习惯以及诚实信用原则，确定该条款的真实意思。

合同文本采用两种以上文字订立并约定具有同等效力的，对各文本使用的词句推定具有相同含义。各文本使用的词句不一致的，应当根据合同的目的予以解释。

第一百二十六条 涉外合同的当事人可以选择处理合同争议所适用的法律，但法律另有规定的除外。涉外合同的当事人没有选择的，适用与合同有最密切联系的国家的法律。

在中华人民共和国境内履行的中外合资经营企业合同、中外合作经营企业合同、中外合作勘探开发自然资源合同，适用中华人民共和国法律。

第一百二十七条 工商行政管理部门和其他有关行政主管部门在各自的职权范围内，依照法律、行政法规的规定，对利用合同危害国家利益、社会公共利益的违法行为，负责监督处理；构成犯罪的，依法追究刑事责任。

第一百二十八条 当事人可以通过和解或者调解解决合同争议。

当事人不愿和解、调解或者和解、调解不成的，可以根据仲裁协议向仲裁机构申请仲裁。涉外合同的当事人可以根据仲裁协议向中国仲裁机构或者其他仲裁机构申请仲裁。当事人没有订立仲裁协议或者仲裁协议无效的，可以向人民法院起诉。当事人应当履行发生法律效力的判决、仲裁裁决、调解书；拒不履行的，对方可以请求人民法院执行。

第一百二十九条　因国际货物买卖合同和技术进出口合同争议提起诉讼或者申请仲裁的期限为四年，自当事人知道或者应当知道其权利受到侵害之日起计算。因其他合同争议提起诉讼或者申请仲裁的期限，依照有关法律的规定。

第二编　分　则

第十二章　借款合同

第一百九十六条　借款合同是借款人向贷款人借款，到期返还借款并支付利息的合同。

第一百九十七条　借款合同采用书面形式，但自然人之间借款另有约定的除外。

借款合同的内容包括借款种类、币种、用途、数额、利率、期限和还款方式等条款。

第一百九十八条　订立借款合同，贷款人可以要求借款人提供担保。担保依照《中华人民共和国担保法》的规定。

第一百九十九条　订立借款合同，借款人应当按照贷款人的要求提供与借款有关的业务活动和财务状况的真实情况。

第二百条　借款的利息不得预先在本金中扣除。利息预先在本金中扣除的，应当按照实际借款数额返还借款并计算利息。

第二百零一条　贷款人未按照约定的日期、数额提供借款，造成借款人损失的，应当赔偿损失。

借款人未按照约定的日期、数额收取借款的，应当按照约定的日期、数额支付利息。

第二百零二条　贷款人按照约定可以检查、监督借款的使用情况。借款人应当按照约定向贷款人定期提供有关财务会计报表等资料。

第二百零三条　借款人未按照约定的借款用途使用借款的，贷款人可以停止发放借款、提前收回借款或者解除合同。

第二百零四条 办理贷款业务的金融机构贷款的利率，应当按照中国人民银行规定的贷款利率的上下限确定。

第二百零五条 借款人应当按照约定的期限支付利息。对支付利息的期限没有约定或者约定不明确，依照本法第六十一条的规定仍不能确定，借款期间不满一年的，应当在返还借款时一并支付；借款期间一年以上的，应当在每届满一年时支付，剩余期间不满一年的，应当在返还借款时一并支付。

第二百零六条 借款人应当按照约定的期限返还借款。对借款期限没有约定或者约定不明确，依照本法第六十一条的规定仍不能确定的，借款人可以随时返还；贷款人可以催告借款人在合理期限内返还。

第二百零七条 借款人未按照约定的期限返还借款的，应当按照约定或者国家有关规定支付逾期利息。

第二百零八条 借款人提前偿还借款的，除当事人另有约定的以外，应当按照实际借款的期间计算利息。

第二百零九条 借款人可以在还款期限届满之前向贷款人申请展期。贷款人同意的，可以展期。

第二百一十条 自然人之间的借款合同，自贷款人提供借款时生效。

第二百一十一条 自然人之间的借款合同对支付利息没有约定或者约定不明确的，视为不支付利息。

自然人之间的借款合同约定支付利息的，借款的利率不得违反国家有关限制借款利率的规定。

6. 中华人民共和国物权法(节录)

(2007 年 3 月 16 日第十届全国人民代表大会第五次会议通过　2007 年 3 月 16 日中华人民共和国主席令第六十二号公布　自 2007 年 10 月 1 日起施行)

第四编　担 保 物 权

第十五章　一 般 规 定

第一百七十条　担保物权人在债务人不履行到期债务或者发生当事人约定的实现担保物权的情形,依法享有就担保财产优先受偿的权利,但法律另有规定的除外。

第一百七十一条　债权人在借贷、买卖等民事活动中,为保障实现其债权,需要担保的,可以依照本法和其他法律的规定设立担保物权。

第三人为债务人向债权人提供担保的,可以要求债务人提供反担保。反担保适用本法和其他法律的规定。

第一百七十二条　设立担保物权,应当依照本法和其他法律的规定订立担保合同。担保合同是主债权债务合同的从合同。主债权债务合同无效,担保合同无效,但法律另有规定的除外。

担保合同被确认无效后,债务人、担保人、债权人有过错的,应当根据其过错各自承担相应的民事责任。

第一百七十三条　担保物权的担保范围包括主债权及其利息、违约金、损害赔偿金、保管担保财产和实现担保物权的费用。当事人另有约定的,按照约定。

第一百七十四条　担保期间,担保财产毁损、灭失或者被征收等,担保物权人可以就获得的保险金、赔偿金或者补偿金等优先受偿。被担保债权的履行期未届满的,也可以提存该保险金、赔偿金或者补偿金等。

第一百七十五条　第三人提供担保,未经其书面同意,债权人允许债务人转移全部或者部分债务的,担保人不再承担相应的担保责任。

第一百七十六条 被担保的债权既有物的担保又有人的担保的,债务人不履行到期债务或者发生当事人约定的实现担保物权的情形,债权人应当按照约定实现债权;没有约定或者约定不明确,债务人自己提供物的担保的,债权人应当先就该物的担保实现债权;第三人提供物的担保的,债权人可以就物的担保实现债权,也可以要求保证人承担保证责任。提供担保的第三人承担担保责任后,有权向债务人追偿。

第一百七十七条 有下列情形之一的,担保物权消灭:

(一)主债权消灭;

(二)担保物权实现;

(三)债权人放弃担保物权;

(四)法律规定担保物权消灭的其他情形。

第一百七十八条 担保法与本法的规定不一致的,适用本法。

第十六章 抵押权

第一节 一般抵押权

第一百七十九条 为担保债务的履行,债务人或者第三人不转移财产的占有,将该财产抵押给债权人的,债务人不履行到期债务或者发生当事人约定的实现抵押权的情形,债权人有权就该财产优先受偿。

前款规定的债务人或者第三人为抵押人,债权人为抵押权人,提供担保的财产为抵押财产。

第一百八十条 债务人或者第三人有权处分的下列财产可以抵押:

(一)建筑物和其他土地附着物;

(二)建设用地使用权;

(三)以招标、拍卖、公开协商等方式取得的荒地等土地承包经营权;

(四)生产设备、原材料、半成品、产品;

(五)正在建造的建筑物、船舶、航空器;

(六)交通运输工具;

（七）法律、行政法规未禁止抵押的其他财产。

抵押人可以将前款所列财产一并抵押。

第一百八十一条　经当事人书面协议，企业、个体工商户、农业生产经营者可以将现有的以及将有的生产设备、原材料、半成品、产品抵押，债务人不履行到期债务或者发生当事人约定的实现抵押权的情形，债权人有权就实现抵押权时的动产优先受偿。

第一百八十二条　以建筑物抵押的，该建筑物占用范围内的建设用地使用权一并抵押。以建设用地使用权抵押的，该土地上的建筑物一并抵押。

抵押人未依照前款规定一并抵押的，未抵押的财产视为一并抵押。

第一百八十三条　乡镇、村企业的建设用地使用权不得单独抵押。以乡镇、村企业的厂房等建筑物抵押的，其占用范围内的建设用地使用权一并抵押。

第一百八十四条　下列财产不得抵押：

（一）土地所有权；

（二）耕地、宅基地、自留地、自留山等集体所有的土地使用权，但法律规定可以抵押的除外；

（三）学校、幼儿园、医院等以公益为目的的事业单位、社会团体的教育设施、医疗卫生设施和其他社会公益设施；

（四）所有权、使用权不明或者有争议的财产；

（五）依法被查封、扣押、监管的财产；

（六）法律、行政法规规定不得抵押的其他财产。

第一百八十五条　设立抵押权，当事人应当采取书面形式订立抵押合同。

抵押合同一般包括下列条款：

（一）被担保债权的种类和数额；

（二）债务人履行债务的期限；

（三）抵押财产的名称、数量、质量、状况、所在地、所有权归属或者使用权归属；

(四)担保的范围。

第一百八十六条 抵押权人在债务履行期届满前,不得与抵押人约定债务人不履行到期债务时抵押财产归债权人所有。

第一百八十七条 以本法第一百八十条第一款第一项至第三项规定的财产或者第五项规定的正在建造的建筑物抵押的,应当办理抵押登记。抵押权自登记时设立。

第一百八十八条 以本法第一百八十条第一款第四项、第六项规定的财产或者第五项规定的正在建造的船舶、航空器抵押的,抵押权自抵押合同生效时设立;未经登记,不得对抗善意第三人。

第一百八十九条 企业、个体工商户、农业生产经营者以本法第一百八十一条规定的动产抵押的,应当向抵押人住所地的工商行政管理部门办理登记。抵押权自抵押合同生效时设立;未经登记,不得对抗善意第三人。

依照本法第一百八十一条规定抵押的,不得对抗正常经营活动中已支付合理价款并取得抵押财产的买受人。

第一百九十条 订立抵押合同前抵押财产已出租的,原租赁关系不受该抵押权的影响。抵押权设立后抵押财产出租的,该租赁关系不得对抗已登记的抵押权。

第一百九十一条 抵押期间,抵押人经抵押权人同意转让抵押财产的,应当将转让所得的价款向抵押权人提前清偿债务或者提存。转让的价款超过债权数额的部分归抵押人所有,不足部分由债务人清偿。

抵押期间,抵押人未经抵押权人同意,不得转让抵押财产,但受让人代为清偿债务消灭抵押权的除外。

第一百九十二条 抵押权不得与债权分离而单独转让或者作为其他债权的担保。债权转让的,担保该债权的抵押权一并转让,但法律另有规定或者当事人另有约定的除外。

第一百九十三条 抵押人的行为足以使抵押财产价值减少的,抵押权人有权要求抵押人停止其行为。抵押财产价值减少的,抵押权人有权要求恢复抵押财产的价值,或者提供与减少的价值相应的担保。抵押人不恢复抵押财产的价值也不提供担保的，抵押权人有权要求债务人提前清偿债务。

第一百九十四条　抵押权人可以放弃抵押权或者抵押权的顺位。抵押权人与抵押人可以协议变更抵押权顺位以及被担保的债权数额等内容，但抵押权的变更，未经其他抵押权人书面同意，不得对其他抵押权人产生不利影响。

债务人以自己的财产设定抵押，抵押权人放弃该抵押权、抵押权顺位或者变更抵押权的，其他担保人在抵押权人丧失优先受偿权益的范围内免除担保责任，但其他担保人承诺仍然提供担保的除外。

第一百九十五条　债务人不履行到期债务或者发生当事人约定的实现抵押权的情形，抵押权人可以与抵押人协议以抵押财产折价或者以拍卖、变卖该抵押财产所得的价款优先受偿。协议损害其他债权人利益的，其他债权人可以在知道或者应当知道撤销事由之日起一年内请求人民法院撤销该协议。

抵押权人与抵押人未就抵押权实现方式达成协议的，抵押权人可以请求人民法院拍卖、变卖抵押财产。

抵押财产折价或者变卖的，应当参照市场价格。

第一百九十六条　依照本法第一百八十一条规定设定抵押的，抵押财产自下列情形之一发生时确定：

（一）债务履行期届满，债权未实现；

（二）抵押人被宣告破产或者被撤销；

（三）当事人约定的实现抵押权的情形；

（四）严重影响债权实现的其他情形。

第一百九十七条　债务人不履行到期债务或者发生当事人约定的实现抵押权的情形，致使抵押财产被人民法院依法扣押的，自扣押之日起抵押权人有权收取该抵押财产的天然孳息或者法定孳息，但抵押权人未通知应当清偿法定孳息的义务人的除外。

前款规定的孳息应当先充抵收取孳息的费用。

第一百九十八条　抵押财产折价或者拍卖、变卖后，其价款超过债权数额的部分归抵押人所有，不足部分由债务人清偿。

第一百九十九条 同一财产向两个以上债权人抵押的，拍卖、变卖抵押财产所得的价款依照下列规定清偿：

（一）抵押权已登记的，按照登记的先后顺序清偿；顺序相同的，按照债权比例清偿；

（二）抵押权已登记的先于未登记的受偿；

（三）抵押权未登记的，按照债权比例清偿。

第二百条 建设用地使用权抵押后，该土地上新增的建筑物不属于抵押财产。该建设用地使用权实现抵押权时，应当将该土地上新增的建筑物与建设用地使用权一并处分，但新增建筑物所得的价款，抵押权人无权优先受偿。

第二百零一条 依照本法第一百八十条第一款第三项规定的土地承包经营权抵押的，或者依照本法第一百八十三条规定以乡镇、村企业的厂房等建筑物占用范围内的建设用地使用权一并抵押的，实现抵押权后，未经法定程序，不得改变土地所有权的性质和土地用途。

第二百零二条 抵押权人应当在主债权诉讼时效期间行使抵押权；未行使的，人民法院不予保护。

第二节 最高额抵押权

第二百零三条 为担保债务的履行，债务人或者第三人对一定期间内将要连续发生的债权提供担保财产的，债务人不履行到期债务或者发生当事人约定的实现抵押权的情形，抵押权人有权在最高债权额限度内就该担保财产优先受偿。

最高额抵押权设立前已经存在的债权，经当事人同意，可以转入最高额抵押担保的债权范围。

第二百零四条 最高额抵押担保的债权确定前，部分债权转让的，最高额抵押权不得转让，但当事人另有约定的除外。

第二百零五条 最高额抵押担保的债权确定前，抵押权人与抵押人可以通过协议变更债权确定的期间、债权范围以及最高债权额，但变更的内容不得对其他抵押权人产生不利影响。

第二百零六条　有下列情形之一的，抵押权人的债权确定：

（一）约定的债权确定期间届满；

（二）没有约定债权确定期间或者约定不明确，抵押权人或者抵押人自最高额抵押权设立之日起满二年后请求确定债权；

（三）新的债权不可能发生；

（四）抵押财产被查封、扣押；

（五）债务人、抵押人被宣告破产或者被撤销；

（六）法律规定债权确定的其他情形。

第二百零七条　最高额抵押权除适用本节规定外，适用本章第一节一般抵押权的规定。

第十七章　质　　权

第一节　动产质权

第二百零八条　为担保债务的履行，债务人或者第三人将其动产出质给债权人占有的，债务人不履行到期债务或者发生当事人约定的实现质权的情形，债权人有权就该动产优先受偿。

前款规定的债务人或者第三人为出质人，债权人为质权人，交付的动产为质押财产。

第二百零九条　法律、行政法规禁止转让的动产不得出质。

第二百一十条　设立质权，当事人应当采取书面形式订立质权合同。

质权合同一般包括下列条款：

（一）被担保债权的种类和数额；

（二）债务人履行债务的期限；

（三）质押财产的名称、数量、质量、状况；

（四）担保的范围；

（五）质押财产交付的时间。

第二百一十一条　质权人在债务履行期届满前，不得与出质人约定债务人不履行到期债务时质押财产归债权人所有。

第二百一十二条 质权自出质人交付质押财产时设立。

第二百一十三条 质权人有权收取质押财产的孳息，但合同另有约定的除外。

前款规定的孳息应当先充抵收取孳息的费用。

第二百一十四条 质权人在质权存续期间，未经出质人同意，擅自使用、处分质押财产，给出质人造成损害的，应当承担赔偿责任。

第二百一十五条 质权人负有妥善保管质押财产的义务；因保管不善致使质押财产毁损、灭失的，应当承担赔偿责任。

质权人的行为可能使质押财产毁损、灭失的，出质人可以要求质权人将质押财产提存，或者要求提前清偿债务并返还质押财产。

第二百一十六条 因不能归责于质权人的事由可能使质押财产毁损或者价值明显减少，足以危害质权人权利的，质权人有权要求出质人提供相应的担保；出质人不提供的，质权人可以拍卖、变卖质押财产，并与出质人通过协议将拍卖、变卖所得的价款提前清偿债务或者提存。

第二百一十七条 质权人在质权存续期间，未经出质人同意转质，造成质押财产毁损、灭失的，应当向出质人承担赔偿责任。

第二百一十八条 质权人可以放弃质权。债务人以自己的财产出质，质权人放弃该质权的，其他担保人在质权人丧失优先受偿权益的范围内免除担保责任，但其他担保人承诺仍然提供担保的除外。

第二百一十九条 债务人履行债务或者出质人提前清偿所担保的债权的，质权人应当返还质押财产。

债务人不履行到期债务或者发生当事人约定的实现质权的情形，质权人可以与出质人协议以质押财产折价，也可以就拍卖、变卖质押财产所得的价款优先受偿。

质押财产折价或者变卖的，应当参照市场价格。

第二百二十条 出质人可以请求质权人在债务履行期届满后及时行使质权；质权人不行使的，出质人可以请求人民法院拍卖、变卖质押财产。

出质人请求质权人及时行使质权，因质权人怠于行使权利造成损害的，由质权人承担赔偿责任。

第二百二十一条　质押财产折价或者拍卖、变卖后，其价款超过债权数额的部分归出质人所有，不足部分由债务人清偿。

第二百二十二条　出质人与质权人可以协议设立最高额质权。

最高额质权除适用本节有关规定外，参照本法第十六章第二节最高额抵押权的规定。

第二节　权　利　质

第二百二十三条　债务人或者第三人有权处分的下列权利可以出质：

（一）汇票、支票、本票；

（二）债券、存款单；

（三）仓单、提单；

（四）可以转让的基金份额、股权；

（五）可以转让的注册商标专用权、专利权、著作权等知识产权中的财产权；

（六）应收账款；

（七）法律、行政法规规定可以出质的其他财产权利。

第二百二十四条　以汇票、支票、本票、债券、存款单、仓单、提单出质的，当事人应当订立书面合同。质权自权利凭证交付质权人时设立；没有权利凭证的，质权自有关部门办理出质登记时设立。

第二百二十五条　汇票、支票、本票、债券、存款单、仓单、提单的兑现日期或者提货日期先于主债权到期的，质权人可以兑现或者提货，并与出质人协议将兑现的价款或者提取的货物提前清偿债务或者提存。

第二百二十六条　以基金份额、股权出质的，当事人应当订立书面合同。以基金份额、证券登记结算机构登记的股权出质的，质权自证券登记结算机构办理出质登记时设立；以其他股权出质的，质权自工商行政管理部门办理出质登记时设立。

基金份额、股权出质后，不得转让，但经出质人与质权人协商同意的除外。出质人转让基金份额、股权所得的价款,应当向质权人提前清偿债务或者提存。

第二百二十七条 以注册商标专用权、专利权、著作权等知识产权中的财产权出质的,当事人应当订立书面合同。质权自有关主管部门办理出质登记时设立。

知识产权中的财产权出质后,出质人不得转让或者许可他人使用,但经出质人与质权人协商同意的除外。出质人转让或者许可他人使用出质的知识产权中的财产权所得的价款,应当向质权人提前清偿债务或者提存。

第二百二十八条 以应收账款出质的,当事人应当订立书面合同。质权自信贷征信机构办理出质登记时设立。

应收账款出质后,不得转让,但经出质人与质权人协商同意的除外。出质人转让应收账款所得的价款,应当向质权人提前清偿债务或者提存。

第二百二十九条 权利质权除适用本节规定外,适用本章第一节动产质权的规定。

第十八章　留　置　权

第二百三十条 债务人不履行到期债务,债权人可以留置已经合法占有的债务人的动产,并有权就该动产优先受偿。

前款规定的债权人为留置权人,占有的动产为留置财产。

第二百三十一条 债权人留置的动产,应当与债权属于同一法律关系,但企业之间留置的除外。

第二百三十二条 法律规定或者当事人约定不得留置的动产,不得留置。

第二百三十三条 留置财产为可分物的,留置财产的价值应当相当于债务的金额。

第二百三十四条 留置权人负有妥善保管留置财产的义务;因保管不善致使留置财产毁损、灭失的,应当承担赔偿责任。

第二百三十五条 留置权人有权收取留置财产的孳息。

前款规定的孳息应当先充抵收取孳息的费用。

第二百三十六条　留置权人与债务人应当约定留置财产后的债务履行期间;没有约定或者约定不明确的,留置权人应当给债务人两个月以上履行债务的期间,但鲜活易腐等不易保管的动产除外。债务人逾期未履行的,留置权人可以与债务人协议以留置财产折价,也可以就拍卖、变卖留置财产所得的价款优先受偿。

留置财产折价或者变卖的,应当参照市场价格。

第二百三十七条　债务人可以请求留置权人在债务履行期届满后行使留置权;留置权人不行使的,债务人可以请求人民法院拍卖、变卖留置财产。

第二百三十八条　留置财产折价或者拍卖、变卖后,其价款超过债权数额的部分归债务人所有,不足部分由债务人清偿。

第二百三十九条　同一动产上已设立抵押权或者质权,该动产又被留置的,留置权人优先受偿。

第二百四十条　留置权人对留置财产丧失占有或者留置权人接受债务人另行提供担保的,留置权消灭。

7. 中华人民共和国刑法(节录)

(1979年7月1日第五届全国人民代表大会第二次会议通过　1979年7月6日全国人民代表大会常务委员会委员长令第五号公布　自1980年1月1日起施行　1997年3月14日第八届全国人民代表大会第五次会议修订　1997年3月14日中华人民共和国主席令第八十三号公布　自1997年10月1日起施行　《修正案》由1999年12月25日第九届全国人民代表大会常务委员会第十三次会议通过　1999年12月25日中华人民共和国主席令第二十七号公布　自公布之日起施行　《修正案(二)》由2001年8月31日第九届全国人民代表大会常务委员会第二十三次会议通过　2001年8月31日中华人民共和国主席令第五十六号公布　自公布之日起施行　《修正案(三)》由2001年12月29日第九届全国人民代表大会常务委员会第二十五次会议通过　2001年12月29日中华人民共和国主席令第六十四号公布　自公布之日起施行　《修正案(四)》由2002年12月28日第九届全国人民代表大会常务委员会第三十一次会议通过　自公布之日起施行　《修正案(五)》由2005年2月28日第十届全国人民代表大会常务委员会第十四次会议通过　自公布之日起施行　《修正案(六)》由2006年6月29日第十届全国人民代表大会常务委员会第二十二次会议通过　自公布之日起施行　《修正案(七)》由2009年2月28日第十一届全国人民代表大会常务委员会第七次会议通过　自公布之日起施行　《修正案(八)》由2011年2月25日第十一届全国人民代表大会常务委员会第十九次会议通过　自2011年5月1日起施行　《修正案(九)》由2015年8月29日第十二届全国人民代表大会常务委员会第十六次会议通过　自2015年11月1日起施行　《修正案(十)》由2017年11月4日第十二届全国人大常委会第三十次会议表决通过　自公布之日起施行　在公共场合侮辱国歌的行为被写入刑法　情节严重的可处3年以下有期徒刑)

第一百七十四条　【擅自设立金融机构罪;伪造、变造、转让金融机构经营许可证、批准文件罪】未经国家有关主管部门批准,擅自设立商业银行、证券交易所、期货交易所、证券公司、期货经纪公司、保险公司或者其他金融机构的,处三年以下有期徒刑或者拘役,并处或者单处二万元以上二十万元以下罚金;情节严重的,处三年以上十年以下有期徒刑,并处五万元以上五十万元以下罚金。

伪造、变造、转让商业银行、证券交易所、期货交易所、证券公司、期货经纪公司、保险公司或者其他金融机构的经营许可证或者批准文件的,依照前款的规定处罚。

单位犯前两款罪的,对单位判处罚金,并对其直接负责的主管人员和其他直接责任人员,依照第一款的规定处罚。

第一百七十五条　【高利转贷罪;骗取贷款、票据承兑、金融票证罪】以转贷牟利为目的,套取金融机构信贷资金高利转贷他人,违法所得数额较大的,处三年以下有期徒刑或者拘役,并处违法所得一倍以上五倍以下罚金;数额巨大的,处三年以上七年以下有期徒刑,并处违法所得一倍以上五倍以下罚金。

单位犯前款罪的,对单位判处罚金,并对其直接负责的主管人员和其他直接责任人员,处三年以下有期徒刑或者拘役。

第一百七十五条之一　以欺骗手段取得银行或者其他金融机构贷款、票据承兑、信用证、保函等,给银行或者其他金融机构造成重大损失或者有其他严重情节的,处三年以下有期徒刑或者拘役,并处或者单处罚金;给银行或者其他金融机构造成特别重大损失或者有其他特别严重情节的,处三年以上七年以下有期徒刑,并处罚金。

单位犯前款罪的,对单位判处罚金,并对其直接负责的主管人员和其他直接责任人员,依照前款的规定处罚。

第一百七十六条　【非法吸收公众存款罪】非法吸收公众存款或者变相吸收公众存款,扰乱金融秩序的,处三年以下有期徒刑或者拘役,并处或者单处二万元以上二十万元以下罚金;数额巨大或者有其他严重情节的,处三年以上十年以下有期徒刑,并处五万元以上五十万元以下罚金。

单位犯前款罪的,对单位判处罚金,并对其直接负责的主管人员和其他直接责任人员,依照前款的规定处罚。

第一百七十七条 【伪造、变造金融票证罪;妨害信用卡管理罪;窃取、收买、非法提供信用卡信息罪】有下列情形之一,伪造、变造金融票证的,处五年以下有期徒刑或者拘役,并处或者单处二万元以上二十万元以下罚金;情节严重的,处五年以上十年以下有期徒刑,并处五万元以上五十万元以下罚金;情节特别严重的,处十年以上有期徒刑或者无期徒刑,并处五万元以上五十万元以下罚金或者没收财产:

(一)伪造、变造汇票、本票、支票的;

(二)伪造、变造委托收款凭证、汇款凭证、银行存单等其他银行结算凭证的;

(三)伪造、变造信用证或者附随的单据、文件的;

(四)伪造信用卡的。

单位犯前款罪的,对单位判处罚金,并对其直接负责的主管人员和其他直接责任人员,依照前款的规定处罚。

第一百九十二条 【集资诈骗罪】以非法占有为目的,使用诈骗方法非法集资,数额较大的,处五年以下有期徒刑或者拘役,并处二万元以上二十万元以下罚金;数额巨大或者有其他严重情节的,处五年以上十年以下有期徒刑,并处五万元以上五十万元以下罚金;数额特别巨大或者有其他特别严重情节的,处十年以上有期徒刑或者无期徒刑,并处五万元以上五十万元以下罚金或者没收财产。

第一百九十九条 【部分金融诈骗罪的死刑规定】犯本节第一百九十二条规定之罪,数额特别巨大并且给国家和人民利益造成特别重大损失的,处无期徒刑或者死刑,并处没收财产。(刑法修正案九已删除)

8. 中华人民共和国民事诉讼法(节录)

(1991年4月9日第七届全国人民代表大会第四次会议通过　根据2007年10月28日第十届全国人民代表大会常务委员会第三十次会议《关于修改〈中华人民共和国民事诉讼法〉的决定》第一次修正　根据2012年8月31日第十一届全国人民代表大会常务委员会第二十八次会议《关于修改〈中华人民共和国民事诉讼法〉的决定》第二次修正)

第三条　人民法院受理公民之间、法人之间、其他组织之间以及他们相互之间因财产关系和人身关系提起的民事诉讼,适用本法的规定。

第四条　凡在中华人民共和国领域内进行民事诉讼,必须遵守本法。

第五条　外国人、无国籍人、外国企业和组织在人民法院起诉、应诉,同中华人民共和国公民、法人和其他组织有同等的诉讼权利义务。

外国法院对中华人民共和国公民、法人和其他组织的民事诉讼权利加以限制的,中华人民共和国人民法院对该国公民、企业和组织的民事诉讼权利,实行对等原则。

第六条　民事案件的审判权由人民法院行使。

人民法院依照法律规定对民事案件独立进行审判,不受行政机关、社会团体和个人的干涉。

第七条　人民法院审理民事案件,必须以事实为根据,以法律为准绳。

第八条　民事诉讼当事人有平等的诉讼权利。人民法院审理民事案件,应当保障和便利当事人行使诉讼权利,对当事人在适用法律上一律平等。

第九条　人民法院审理民事案件,应当根据自愿和合法的原则进行调解;调解不成的,应当及时判决。

第二十一条　对公民提起的民事诉讼,由被告住所地人民法院管辖;被告住所地与经常居住地不一致的，由经常居住地人民法院管辖。

对法人或者其他组织提起的民事诉讼，由被告住所地人民法院管辖。

同一诉讼的几个被告住所地、经常居住地在两个以上人民法院辖区的，各该人民法院都有管辖权。

第二十三条 因合同纠纷提起的诉讼，由被告住所地或者合同履行地人民法院管辖。

第三十四条 合同或者其他财产权益纠纷的当事人可以书面协议选择被告住所地、合同履行地、合同签订地、原告住所地、标的物所在地等与争议有实际联系的地点的人民法院管辖，但不得违反本法对级别管辖和专属管辖的规定。

第五十六条 对当事人双方的诉讼标的，第三人认为有独立请求权的，有权提起诉讼。

对当事人双方的诉讼标的，第三人虽然没有独立请求权，但案件处理结果同他有法律上的利害关系的，可以申请参加诉讼，或者由人民法院通知他参加诉讼。人民法院判决承担民事责任的第三人，有当事人的诉讼权利义务。

前两款规定的第三人，因不能归责于本人的事由未参加诉讼，但有证据证明发生法律效力的判决、裁定、调解书的部分或者全部内容错误，损害其民事权益的，可以自知道或者应当知道其民事权益受到损害之日起六个月内，向作出该判决、裁定、调解书的人民法院提起诉讼。人民法院经审理，诉讼请求成立的，应当改变或者撤销原判决、裁定、调解书；诉讼请求不成立的，驳回诉讼请求。

第二节 诉讼代理人

第五十七条 无诉讼行为能力人由他的监护人作为法定代理人代为诉讼。法定代理人之间互相推诿代理责任的，由人民法院指定其中一人代为诉讼。

第五十八条 当事人、法定代理人可以委托一至二人作为诉讼代理人。

下列人员可以被委托为诉讼代理人：

（一）律师、基层法律服务工作者；

（二）当事人的近亲属或者工作人员；

（三）当事人所在社区、单位以及有关社会团体推荐的公民。

第五十九条　委托他人代为诉讼，必须向人民法院提交由委托人签名或者盖章的授权委托书。

授权委托书必须记明委托事项和权限。诉讼代理人代为承认、放弃、变更诉讼请求，进行和解，提起反诉或者上诉，必须有委托人的特别授权。

侨居在国外的中华人民共和国公民从国外寄交或者托交的授权委托书，必须经中华人民共和国驻该国的使领馆证明；没有使领馆的，由与中华人民共和国有外交关系的第三国驻该国的使领馆证明，再转由中华人民共和国驻该第三国使领馆证明，或者由当地的爱国华侨团体证明。

第六十条　诉讼代理人的权限如果变更或者解除，当事人应当书面告知人民法院，并由人民法院通知对方当事人。

第六十一条　代理诉讼的律师和其他诉讼代理人有权调查收集证据，可以查阅本案有关材料。查阅本案有关材料的范围和办法由最高人民法院规定。

第六十二条　离婚案件有诉讼代理人的，本人除不能表达意思的以外，仍应出庭；确因特殊情况无法出庭的，必须向人民法院提交书面意见。

第六章　证　　据

第六十三条　证据包括：

（一）当事人的陈述；

（二）书证；

（三）物证；

（四）视听资料；

（五）电子数据；

（六）证人证言；

（七）鉴定意见；

（八）勘验笔录。

证据必须查证属实，才能作为认定事实的根据。

第六十四条 当事人对自己提出的主张，有责任提供证据。

当事人及其诉讼代理人因客观原因不能自行收集的证据，或者人民法院认为审理案件需要的证据，人民法院应当调查收集。

人民法院应当按照法定程序，全面地、客观地审查核实证据。

第六十五条 当事人对自己提出的主张应当及时提供证据。

第六十八条 证据应当在法庭上出示，并由当事人互相质证。对涉及国家秘密、商业秘密和个人隐私的证据应当保密，需要在法庭出示的，不得在公开开庭时出示。

第六十九条 经过法定程序公证证明的法律事实和文书，人民法院应当作为认定事实的根据，但有相反证据足以推翻公证证明的除外。

第七十五条 人民法院对当事人的陈述，应当结合本案的其他证据，审查确定能否作为认定事实的根据。

当事人拒绝陈述的，不影响人民法院根据证据认定案件事实。

第一百六十九条 第二审人民法院对上诉案件，应当组成合议庭，开庭审理。经过阅卷、调查和询问当事人，对没有提出新的事实、证据或者理由，合议庭认为不需要开庭审理的，可以不开庭审理。

第二审人民法院审理上诉案件，可以在本院进行，也可以到案件发生地或者原审人民法院所在地进行。

第一百七十条 第二审人民法院对上诉案件，经过审理，按照下列情形，分别处理：

（一）原判决、裁定认定事实清楚，适用法律正确的，以判决、裁定方式驳回上诉，维持原判决、裁定；

（二）原判决、裁定认定事实错误或者适用法律错误的，以判决、裁定方式依法改判、撤销或者变更；

（三）原判决认定基本事实不清的，裁定撤销原判决，发回原审人民法院重审，或者查清事实后改判；

（四）原判决遗漏当事人或者违法缺席判决等严重违反法定程序的，裁定撤销原判决，发回原审人民法院重审。

原审人民法院对发回重审的案件作出判决后，当事人提起上诉的，第二审人民法院不得再次发回重审。

9. 中华人民共和国刑事诉讼法(节录)

(1979 年 7 月 1 日第五届全国人民代表大会第二次会议通过　根据 1996 年 3 月 17 日第八届全国人民代表大会第四次会议《关于修改〈中华人民共和国刑事诉讼法〉的决定》第一次修正　根据 2012 年 3 月 14 日第十一届全国人民代表大会第五次会议《关于修改〈中华人民共和国刑事诉讼法〉的决定》第二次修正)

第七章　附带民事诉讼

第九十九条　被害人由于被告人的犯罪行为而遭受物质损失的,在刑事诉讼过程中,有权提起附带民事诉讼。被害人死亡或者丧失行为能力的,被害人的法定代理人、近亲属有权提起附带民事诉讼。

如果是国家财产、集体财产遭受损失的,人民检察院在提起公诉的时候,可以提起附带民事诉讼。

第一百条　人民法院在必要的时候,可以采取保全措施,查封、扣押或者冻结被告人的财产。附带民事诉讼原告人或者人民检察院可以申请人民法院采取保全措施。人民法院采取保全措施,适用民事诉讼法的有关规定。

第一百零一条　人民法院审理附带民事诉讼案件,可以进行调解,或者根据物质损失情况作出判决、裁定。

第一百零二条　附带民事诉讼应当同刑事案件一并审判,只有为了防止刑事案件审判的过分迟延,才可以在刑事案件审判后,由同一审判组织继续审理附带民事诉讼。

10. 贷款通则(节录)

(1996 年 6 月 28 日中国人民银行令第 2 号公布　自 1996 年 8 月 1 日起施行)

第一章　总　　则

第一条　为了规范贷款行为,维护借贷双方的合法权益,保证信贷资产的安全,提高贷款使用的整体效益,促进社会经济的持续发展。根据《中华人民共和国中国人民银行法》、《中华人民共和国商业银行法》等有关法律规定,制定本通则。

第二条　本通则所称贷款人。系指在中国境内依法设立的经营贷款业务的中资金融机构。

本通则所称借款人,系指从经营贷款业务的中资金融机构取得贷款的法人、其他经济组织、个体工商户和自然人。

本通则中所称贷款系指贷款人对借款人提供的并按约定的利率和期限还本付息的货币资金。

本通则中的贷款币种包括人民币和外币。

第三条　贷款的发放和使用应当符合国家的法律、行政法规和中国人民银行发布的行政规章。应当遵循效益性、安全性和流动性的原则。

第四条　借款人与贷款人的借贷活动应当遵循平等、自愿、公平和诚实信用的原则。

第五条　贷款人开展贷款业务,应当遵循公平竞争、密切协作的原则,不得从事不正当竞争。

第六条　中国人民银行及其分支机构是实施《贷款通则》的监管机关。

第二章　贷款种类

第七条　自营贷款、委托贷款和特定贷款:

自营贷款，系指贷款人以合法方式筹集的资金自主发放的贷款，其风险由贷款人承担，并由贷款人收回本金和利息。

委托贷款，系指由政府部门、企事业单位及个人等委托人提供资金，由贷款人(即受托人)根据委托人确定的贷款对象、用途、金额、期限、利率等代为发放、监督使用并协助收回的贷款。贷款人(受托人)只收取手续费，不承担贷款风险。

特定贷款，系指经国务院批准并对贷款可能造成的损失采取相应补救措施后责成国有独资商业银行发放的贷款。

第八条 短期贷款、中期贷款和长期贷款：

短期贷款，系指贷款期限在1年以内(含1年)的贷款。

中期贷款，系指贷款期限在1年以上(不含1年)5年以下(含5年)的贷款。

长期贷款，系指贷款期限在5年(不含5年)以上的贷款。

第九条 信用贷款、担保贷款和票据贴现：

信用贷款，系指以借款人的信誉发放的贷款。

担保贷款，系指保证贷款、抵押贷款、质押贷款。

保证贷款，系指按《中华人民共和国担保法》规定的保证方式以第三人承诺在借款人不能偿还贷款时。按约定承担一般保证责任或者连带责任而发放的贷款。

抵押贷款，系指按《中华人民共和国担保法》规定的抵押方式以借款人或第三人的财产作为抵押物发放的贷款。

质押贷款，系指按《中华人民共和国担保法》规定的质押方式以借款人或第三人的动产或权利作为质物发放的贷款。

票据贴现，系指贷款人以购买借款人未到期商业票据的方式发放的贷款。

第十条 除委托贷款以外，贷款人发放贷款，借款人应当提供担保。贷款人应当对保证人的偿还能力，抵押物、质物的权属和价值以及实现抵押权、质权的可行性进行严格审查。

经贷款审查、评估。确认借款人资信良好。确能偿还贷款的，可以不提供担保。

第三章　贷款期限和利率

第十一条　贷款期限：

贷款期限根据借款人的生产经营周期、还款能力和贷款人的资金供给能力由借贷双方共同商议后确定，并在借款合同中载明。自营贷款期限最长一般不得超过10年，超过10年应当报中国人民银行备案。票据贴现的贴现期限最长不得超过6个月，贴现期限为从贴现之日起到票据到期日止。

第十二条　贷款展期：

不能按期归还贷款的，借款人应当在贷款到期日之前，向贷款人申请贷款展期。是否展期由贷款人决定。申请保证贷款、抵押贷款、质押贷款展期的，还应当由保证人、抵押人、出质人出具同意的书面证明。已有约定的，按照约定执行。

短期贷款展期期限累计不得超过原贷款期限；中期贷款展期期限累计不得超过原贷款期限的一半；长期贷款展期期限累计不得超过3年。国家另有规定者除外。借款人未申请展期或申请展期未得到批准，其贷款从到期日次日起，转入逾期贷款账户。

第十三条　贷款利率的确定：

贷款人应当按照中国人民银行规定的贷款利率的上下限，确定每笔贷款利率，并在借款合同中载明。

第十四条　贷款利息的计收：

贷款人和借款人应当按借款合同和中国人民银行有关计息规定按期计收或交付利息。

贷款的展期期限加上原期限达到新的利率期限档次时，从展期之日起，贷款利息按新的期限档次利率计收。

逾期贷款按规定计收罚息。

第十五条 贷款的贴息：

根据国家政策，为了促进某些产业和地区经济的发展，有关部门可以对贷款补贴利息。

对有关部门贴息的贷款，承办银行应当自主审查发放，并根据本通则有关规定严格管理。

第十六条 贷款停息、减息、缓息和免息：

除国务院决定外，任何单位和个人无权决定停息、减息、缓息和免息。贷款人应当依据国务院决定，按照职责权限范围具体办理停息、减息、缓息和免息。

第四章 借 款 人

第十七条 借款人应当是经工商行政管理机关（或主管机关）核准登记的企（事）业法人、其他经济组织、个体工商户或具有中华人民共和国国籍的具有完全民事行为能力的自然人。借款人申请贷款，应当具备产品有市场、生产经营有效益、不挤占挪用信贷资金、恪守信用等基本条件，并且应当符合以下要求：

一、有按期还本付息的能力，原应付贷款利息和到期贷款已清偿；没有清偿的，已经做了贷款人认可的偿还计划。

二、除自然人和不需要经工商部门核准登记的事业法人外，应当经过工商部门办理年检手续。

三、已开立基本帐户或一般存款账户。

四、除国务院规定外，有限责任公司和股份有限公司对外股本权益性投资累计额未超过其净资产总额的50%。

五、借款人的资产负债率符合贷款人的要求。

六、申请中期、长期贷款的，新建项目的企业法人所有者权益与项目所需总投资的比例不低于国家规定的投资项目的资本金比例。

第十八条 借款人的权利：

一、可以自主向主办银行或者其他银行的经办机构申请贷款并依条件取得贷款；

二、有权按合同约定提取和使用全部贷款；

三、有权拒绝借款合同以外的附加条件；

四、有权向贷款人的上级和中国人民银行反映、举报有关情况；

五、在征得贷款人同意后，有权向第三人转让债务。

第十九条　借款人的义务：

一、应当如实提供贷款人要求的资料（法律规定不能提供者除外），应当向贷款人如实提供所有开户行、账号及存贷款余额情况，配合贷款人的调查、审查和检查；

二、应当接受贷款人对其使用信贷资金情况和有关生产经营、财务活动的监督；

三、应当按借款合同约定用途使用贷款；

四、应当按借款合同约定及时清偿贷款本息；

五、将债务全部或部分转让给第三人的，应当取得贷款人的同意；

六、有危及贷款人债权安全情况时，应当及时通知贷款人。同时采取保全措施。

第二十条　对借款人的限制：

一、不得在一个贷款人同一辖区内的两个或两个以上同级分支机构取得贷款。

二、不得向贷款人提供虚假的或者隐瞒重要事实的资产负债表、损益表等。

三、不得用贷款从事股本权益性投资，国家另有规定的除外。

四、不得用贷款在有价证券、期货等方面从事投机经营。

五、除依法取得经营房地产资格的借款人以外，不得用贷款经营房地产业务；依法取得经营房地产资格的借款人，不得用贷款从事房地产投机。

六、不得套取贷款用于借贷牟取非法收入。

七、不得违反国家外汇管理规定使用外币贷款。

八、不得采取欺诈手段骗取贷款。

第五章　贷　款　人

第二十一条　贷款人必须经中国人民银行批准经营贷款业务，持有中国人民银行颁发的《金融机构法人许可证》或《金融机构营业许可证》，并经工商行政管理部门核准登记。

第二十二条　贷款人的权利：

根据贷款条件和贷款程序自主审查和决定贷款，除国务院批准的特定贷款外，有权拒绝任何单位和个人强令其发放贷款或者提供担保。

一、要求借款人提供与借款有关的资料；

二、根据借款人的条件，决定贷与不贷、贷款金额、期限和利率等；

三、了解借款人的生产经营活动和财务活动；

四、依合同约定从借款人账户上划收贷款本金和利息；

五、借款人未能履行借款合同规定义务的，贷款人有权依合同约定要求借款人提前归还贷款或停止支付借款人尚未使用的贷款；

六、在贷款将受或已受损失时，可依据合同规定，采取使贷款免受损失的措施。

第二十三条　贷款人的义务：

一、应当公布所经营的贷款的种类、期限和利率，并向借款人提供咨询。

二、应当公开贷款审查的资信内容和发放贷款的条件。

三、贷款人应当审议借款人的借款申请，并及时答复贷与不贷。短期贷款答复时间不得超过1个月，中期、长期贷款答复时间不得超过6个月；国家另有规定者除外。

四、应当对借款人的债务、财务、生产、经营情况保密。但对依法查询者除外。

第二十四条　对贷款人的限制：

一、贷款的发放必须严格执行《中华人民共和国商业银行法》第三十九条关于资产负债比例管理的有关规定，第四十条关于不得向关系人发放信用贷款、向关系人发放担保贷款的条件不得优于其他借款人同类贷款条件的规定。

二、借款人有下列情形之一者，不得对其发放贷款：

(一)不具备本通则第四章第十七条所规定的资格和条件的；

(二)生产、经营或投资国家明文禁止的产品、项目的；

(三)违反国家外汇管理规定的；

(四)建设项目按国家规定应当报有关部门批准而未取得批准文件的；

(五)生产经营或投资项目未取得环境保护部门许可的；

(六)在实行承包、租赁、联营、合并(兼并)、合作、分立、产权有偿转让、股份制改造等体制变更过程中，未清偿原有贷款债务、落实原有贷款债务或提供相应担保的；

(七)有其他严重违法经营行为的。

三、未经中国人民银行批准，不得对自然人发放外币币种的贷款。

四、自营贷款和特定贷款，除按中国人民银行规定计收利息之外。不得收取其他任何费用；委托贷款，除按中国人民银行规定计收手续费之外，不得收取其他任何费用。

五、不得给委托人垫付资金，国家另有规定的除外。

六、严格控制信用贷款，积极推广担保贷款。

第六章　贷款程序

第二十五条　贷款申请：

借款人需要贷款，应当向主办银行或者其他银行的经办机构直接申请。借款人应当填写包括借款金额、借款用途、偿还能力及还款方式等主要内容的《借款申请书》并提供以下资料：

一、借款人及保证人基本情况；

二、财政部门或会计(审计)事务所核准的上年度财务报告，以及申请借款前一期的财务报告；

三、原有不合理占用的贷款的纠正情况；

四、抵押物、质物清单和有处分权人的同意抵押、质押的证明及保证人拟同意保证的有关证明文件；

五、项目建议书和可行性报告；

六、贷款人认为需要提供的其他有关资料。

第二十六条 对借款人的信用等级评估：

应当根据借款人的领导者素质、经济实力、资金结构、履约情况、经营效益和发展前景等因素，评定借款人的信用等级。评级可由贷款人独立进行，内部掌握，也可由有权部门批准的评估机构进行。

第二十七条 贷款调查：

贷款人受理借款人申请后，应当对借款人的信用等级以及借款的合法性、安全性、营利性等情况进行调查，核实抵押物、质物、保证人情况，测定贷款的风险度。

第二十八条 贷款审批：

贷款人应当建立审贷分离、分级审批的贷款管理制度。审查人员应当对调查人员提供的资料进行核实、评定。复测贷款风险度，提出意见，按规定权限报批。

第二十九条 签订借款合同：

所有贷款应当由贷款人与借款人签订借款合同。借款合同应当约定借款种类，借款用途、金额、利率，借款期限，还款方式，借、贷双方的权利、义务，违约责任和双方认为需要约定的其他事项。

保证贷款应当由保证人与贷款人签订保证合同，或保证人在借款合同上载明与贷款人协商一致的保证条款。加盖保证人的法人公章，并由保证人的法定代表人或其授权代理人签署姓名。抵押贷款、质押贷款应当由抵押人、出质人与贷款人签订抵押合同、质押合同，需要办理登记的，应依法办理登记。

第三十条 贷款发放：

贷款人要按借款合同规定按期发放贷款。贷款人不按合同约定按期发放贷款的，应偿付违约金。借款人不按合同约定用款的，应偿付违约金。

第三十一条　贷后检查:

贷款发放后,贷款人应当对借款人执行借款合同情况及借款人的经营情况进行追踪调查和检查。

第三十二条　贷款归还:

借款人应当按照借款合同规定按时足额归还贷款本息。

贷款人在短期贷款到期三个星期之前、中长期贷款到期 1 个月之前,应当向借款人发送还本付息通知单;借款人应当及时筹备资金。按期还本付息。

贷款人对逾期的贷款要及时发出催收通知单,做好这期贷款本息的催收工作。

贷款人对不能按借款合同约定期限归还的贷款,应当按规定加罚利息;对不能归还或者不能落实还本付息事宜的,应当督促归还或者依法起诉。

借款人提前归还贷款,应当与贷款人协商。

第七章　不良贷款监管

第三十三条　贷款人应当建立和完善贷款的质量监管制度,对不良贷款进行分类、登记、考核和催收。

第三十四条　不良贷款系指呆账贷款、呆滞贷款、逾期贷款。

呆账贷款,系指按财政部有关规定列为呆账的贷款。

呆滞贷款,系指按财政部有关规定,逾期(含展期后到期)超过规定年限以上仍未归还的贷款,或虽未逾期或逾期不满规定年限但生产经营已终止、项目已停建的贷款(不含呆账贷款)。

逾期贷款,系指借款合同约定到期(含展期后到期)未归还的贷款(不含呆滞贷款和呆账贷款)。

第三十五条　不良贷款的登记:

不良贷款由会计、信贷部门提供数据,由稽核部门负责审核并按规定权限认定,贷款人应当按季填报不良贷款情况表。在报上级行的同时,应当报中国人民银行当地分支机构。

第三十六条 不良贷款的考核：

贷款人的呆账贷款、呆滞贷款、逾期贷款不得超过中国人民银行规定的比例。贷款人应当对所属分支机构下达和考核呆账贷款、呆滞贷款和逾期贷款的有关指标。

第三十七条 不良贷款的催收和呆账贷款的冲销：

信贷部门负责不良贷款的催收，稽核部门负责对催收情况的检查。贷款人应当按照国家有关规定提取呆账准备金，并按照呆账冲销的条件和程序冲销呆账贷款。

未经国务院批准，贷款人不得豁免贷款。除国务院批准外，任何单位和个人不得强令贷款人豁免贷款。

第八章 贷款管理责任制

第三十八条 贷款管理实行行长（经理、主任，下同）负责制。

贷款实行分级经营管理，各级行长应当在授权范围内对贷款的发放和收回负全部责任。行长可以授权副行长或贷款管理部门负责审批贷款，副行长或贷款管理部门负责人应当对行长负责。

第三十九条 贷款人各级机构应当建立有行长或副行长（经理、主任，下同）和有关部门负责人参加的贷款审查委员会（小组），负责贷款的审查。

第四十条 建立审贷分离制：

贷款调查评估人员负责贷款调查评估，承担调查失误和评估失准的责任；贷款审查人员负责贷款风险的审查，承担审查失误的责任；贷款发放人员负责贷款的检查和清收，承担检查失误、清收不力的责任。

第四十一条 建立贷款分级审批制：

贷款人应当根据业务量大小、管理水平和贷款风险度确定各级分支机构的审批权限，超过审批权限的贷款，应当报上级审批。各级分支机构应当根据贷款种类、借款人的信用等级和抵押物、质物、保证人等情况确定每一笔贷款的风险度。

第四十二条　建立和健全信贷工作岗位责任制：

各级贷款管理部门应将贷款管理的每一个环节的管理责任落实到部门、岗位、个人，严格划分各级信贷工作人员的职责。

第四十三条　贷款人对大额借款人建立驻厂信贷员制度。

第四十四条　建立离职审计制：

贷款管理人员在调离原工作岗位时，应当对其在任职期间和权限内所发放的贷款风险情况进行审计。

第九章　贷款债权保全和清偿的管理

第四十五条　借款人不得违反法律规定，借兼并、破产或者股份制改造等途径，逃避银行债务，侵吞信贷资金；不得借承包、租赁等途径逃避贷款人的信贷监管以及偿还贷款本息的责任。

第四十六条　贷款人有权参与处于兼并、破产或股份制改造等过程中的借款人的债务重组，应当要求借款人落实贷款还本付息事宜。

第四十七条　贷款人应当要求实行承包、租赁经营的借款人，在承包、租赁合同中明确落实原贷款债务的偿还责任。

第四十八条　贷款人对实行股份制改造的借款人，应当要求其重新签订借款合同，明确原贷款债务的清偿责任。

对实行整体股份制改造的借款人，应当明确其所欠贷款债务由改造后公司全部承担；对实行部分股份制改造的借款人，应当要求改造后的股份公司按占用借款人的资本金或资产的比例承担原借款人的贷款债务。

第四十九条　贷款人对联营后组成新的企业法人的借款人，应当要求其依据所占用的资本金或资产的比例将贷款债务落实到新的企业法人。

第五十条　贷款人对合并（兼并）的借款人，应当要求其在合并（兼并）前清偿贷款债务或提供相应的担保。

借款人不清偿贷款债务或未提供相应担保，贷款人应当要求合并（兼并）企业或合并后新成立的企业承担归还原借款人贷款的义务，并与之重新签订有关合同或协议。

第五十一条 贷款人对与外商合资（合作）的借款人，应当要求其继续承担合资（合作）前的贷款归还责任，并要求其将所得收益优先归还贷款。借款人用已作为贷款抵押、质押的财产与外商合资（合作）时必须征求贷款人同意。

第五十二条 贷款人对分立的借款人，应当要求其在分立前清偿贷款债务或提供相应的担保。

借款人不清偿贷款债务或未提供相应担保，贷款人应当要求分立后的各企业，按照分立时所占资本或资产比例或协议，对原借款人所欠贷款承担清偿责任。对设立子公司的借款人，应当要求其子公司按所得资本或资产的比例承担和偿还母公司相应的贷款债务。

第五十三条 贷款人对产权有偿转让或申请解散的借款人，应当要求其在产权转让或解散前必须落实贷款债务的清偿。

第五十四条 贷款人应当按照有关法律参与借款人破产财产的认定与债权债务的处置，对于破产借款人已设定财产抵押、质押或其他担保的贷款债权，贷款人依法享有优先受偿权；无财产担保的贷款债权按法定程序和比例受偿。

第十章　贷款管理特别规定

第五十五条 建立贷款主办行制度：

借款人应按中国人民银行的规定与其开立基本账户的贷款人建立贷款主办行关系。

借款人发生企业分立、股份制改造、重大项目建设等涉及信贷资金使用和安全的重大经济活动，事先应当征求主办行的意见。一个借款人只能有一个贷款主办行，主办行应当随基本账户的变更而变更。

主办行不包资金，但应当按规定有计划地对借款人提供贷款，为借款人提供必要的信息咨询、代理等金融服务。

贷款主办行制度与实施办法，由中国人民银行另行规定。

第五十六条 银团贷款应当确定一个贷款人为牵头行，并签订银团贷款协议，明确各贷款人的权利和义务，共同评审贷款项目。牵头行应当按协议确定的比例监督贷款的偿还。银团贷款管理办法由中国人民银行另行规定。

第五十七条　特定贷款管理：

国有独资商业银行应当按国务院规定发放和管理特定贷款。

特定贷款管理办法另行规定。

第五十八条　非银行金融机构贷款的种类、对象、范围，应当符合中国人民银行规定。

第五十九条　贷款人发放异地贷款，或者接受异地存款，应当报中国人民银行当地分支机构备案。

第六十条　信贷资金不得用于财政支出。

第六十一条　各级行政部门和企事业单位、供销合作社等合作经济组织、农村合作基金会和其他基金会，不得经营存贷款等金融业务。企业之间不得违反国家规定办理借贷或者变相借贷融资业务。

11. 最高人民法院关于《审理民间借贷案件适用法律若干问题》的规定

（2015 年 6 月 23 日由最高人民法院审判委员会第 1655 次会议通过　自 2015 年 9 月 1 日起实施）

为正确审理民间借贷纠纷案件，根据《中华人民共和国民法通则》《中华人民共和国物权法》《中华人民共和国担保法》《中华人民共和国合同法》《中华人民共和国民事诉讼法》《中华人民共和国刑事诉讼法》等相关法律之规定，结合审判实践，制定本规定。

第一条　本规定所称的民间借贷，是指自然人、法人、其他组织之间及其相互之间进行资金融通的行为。

经金融监管部门批准设立的从事贷款业务的金融机构及其分支机构，因发放贷款等相关金融业务引发的纠纷，不适用本规定。

第二条　出借人向人民法院起诉时，应当提供借据、收据、欠条等债权凭证以及其他能够证明借贷法律关系存在的证据。

当事人持有的借据、收据、欠条等债权凭证没有载明债权人，持有债权凭证的当事人提起民间借贷诉讼的，人民法院应予受理。被告对原告的债权人资格提出有事实依据的抗辩，人民法院经审理认为原告不具有债权人资格的，裁定驳回起诉。

第三条　借贷双方就合同履行地未约定或者约定不明确，事后未达成补充协议，按照合同有关条款或者交易习惯仍不能确定的，以接受货币一方所在地为合同履行地。

第四条　保证人为借款人提供连带责任保证，出借人仅起诉借款人的，人民法院可以不追加保证人为共同被告；出借人仅起诉保证人的，人民法院可以追加借款人为共同被告。

保证人为借款人提供一般保证，出借人仅起诉保证人的，人民法院应当追加借款人为共同被告；出借人仅起诉借款人的，人民法院可以不追加保证人为共同被告。

第五条　人民法院立案后，发现民间借贷行为本身涉嫌非法集资犯罪的，应当裁定驳回起诉，并将涉嫌非法集资犯罪的线索、材料移送公安或者检察机关。

公安或者检察机关不予立案，或者立案侦查后撤销案件，或者检察机关作出不起诉决定，或者经人民法院生效判决认定不构成非法集资犯罪，当事人又以同一事实向人民法院提起诉讼的，人民法院应予受理。

第六条　人民法院立案后，发现与民间借贷纠纷案件虽有关联但不是同一事实的涉嫌非法集资等犯罪的线索、材料的，人民法院应当继续审理民间借贷纠纷案件，并将涉嫌非法集资等犯罪的线索、材料移送公安或者检察机关。

第七条　民间借贷的基本案件事实必须以刑事案件审理结果为依据，而该刑事案件尚未审结的，人民法院应当裁定中止诉讼。

第八条　借款人涉嫌犯罪或者生效判决认定其有罪，出借人起诉请求担保人承担民事责任的，人民法院应予受理。

第九条　具有下列情形之一，可以视为具备合同法第二百一十条关于自然人之间借款合同的生效要件：

（一）以现金支付的，自借款人收到借款时；

（二）以银行转账、网上电子汇款或者通过网络贷款平台等形式支付的，自资金到达借款人账户时；

（三）以票据交付的，自借款人依法取得票据权利时；

（四）出借人将特定资金账户支配权授权给借款人的，自借款人取得对该账户实际支配权时；

（五）出借人以与借款人约定的其他方式提供借款并实际履行完成时。

第十条　除自然人之间的借款合同外，当事人主张民间借贷合同自合同成立时生效的，人民法院应予支持，但当事人另有约定或者法律、行政法规另有规定的除外。

第十一条 法人之间、其他组织之间以及它们相互之间为生产、经营需要订立的民间借贷合同，除存在合同法第五十二条、本规定第十四条规定的情形外，当事人主张民间借贷合同有效的，人民法院应予支持。

第十二条 法人或者其他组织在本单位内部通过借款形式向职工筹集资金，用于本单位生产、经营，且不存在合同法第五十二条、本规定第十四条规定的情形，当事人主张民间借贷合同有效的，人民法院应予支持。

第十三条 借款人或者出借人的借贷行为涉嫌犯罪，或者已经生效的判决认定构成犯罪，当事人提起民事诉讼的，民间借贷合同并不当然无效。人民法院应当根据合同法第五十二条、本规定第十四条之规定，认定民间借贷合同的效力。

担保人以借款人或者出借人的借贷行为涉嫌犯罪或者已经生效的判决认定构成犯罪为由，主张不承担民事责任的，人民法院应当依据民间借贷合同与担保合同的效力、当事人的过错程度，依法确定担保人的民事责任。

第十四条 具有下列情形之一，人民法院应当认定民间借贷合同无效：

（一）套取金融机构信贷资金又高利转贷给借款人，且借款人事先知道或者应当知道的；

（二）以向其他企业借贷或者向本单位职工集资取得的资金又转贷给借款人牟利，且借款人事先知道或者应当知道的；

（三）出借人事先知道或者应当知道借款人借款用于违法犯罪活动仍然提供借款的；

（四）违背社会公序良俗的；

（五）其他违反法律、行政法规效力性强制性规定的。

第十五条 原告以借据、收据、欠条等债权凭证为依据提起民间借贷诉讼，被告依据基础法律关系提出抗辩或者反诉，并提供证据证明债权纠纷非民间借贷行为引起的，人民法院应当依据查明的案件事实，按照基础法律关系审理。

当事人通过调解、和解或者清算达成的债权债务协议，不适用前款规定。

第十六条　原告仅依据借据、收据、欠条等债权凭证提起民间借贷诉讼，被告抗辩已经偿还借款，被告应当对其主张提供证据证明。被告提供相应证据证明其主张后，原告仍应就借贷关系的成立承担举证证明责任。

被告抗辩借贷行为尚未实际发生并能作出合理说明，人民法院应当结合借贷金额、款项交付、当事人的经济能力、当地或者当事人之间的交易方式、交易习惯、当事人财产变动情况以及证人证言等事实和因素，综合判断查证借贷事实是否发生。

第十七条　原告仅依据金融机构的转账凭证提起民间借贷诉讼，被告抗辩转账系偿还双方之前借款或其他债务，被告应当对其主张提供证据证明。被告提供相应证据证明其主张后，原告仍应就借贷关系的成立承担举证证明责任。

第十八条　根据《关于适用〈中华人民共和国民事诉讼法〉的解释》第一百七十四条第二款之规定，负有举证证明责任的原告无正当理由拒不到庭，经审查现有证据无法确认借贷行为、借贷金额、支付方式等案件主要事实，人民法院对其主张的事实不予认定。

第十九条　人民法院审理民间借贷纠纷案件时发现有下列情形，应当严格审查借贷发生的原因、时间、地点、款项来源、交付方式、款项流向以及借贷双方的关系、经济状况等事实，综合判断是否属于虚假民事诉讼：

（一）出借人明显不具备出借能力；

（二）出借人起诉所依据的事实和理由明显不符合常理；

（三）出借人不能提交债权凭证或者提交的债权凭证存在伪造的可能；

（四）当事人双方在一定期间内多次参加民间借贷诉讼；

（五）当事人一方或者双方无正当理由拒不到庭参加诉讼，委托代理人对借贷事实陈述不清或者陈述前后矛盾；

（六）当事人双方对借贷事实的发生没有任何争议或者诉辩明显不符合常理；

（七）借款人的配偶或合伙人、案外人的其他债权人提出有事实依据的异议；

（八）当事人在其他纠纷中存在低价转让财产的情形；

（九）当事人不正当放弃权利；

（十）其他可能存在虚假民间借贷诉讼的情形。

第二十条 经查明属于虚假民间借贷诉讼，原告申请撤诉的，人民法院不予准许，并应当根据民事诉讼法第一百一十二条之规定，判决驳回其请求。

诉讼参与人或者其他人恶意制造、参与虚假诉讼，人民法院应当依照民事诉讼法第一百一十一条、第一百一十二条和第一百一十三条之规定，依法予以罚款、拘留；构成犯罪的，应当移送有管辖权的司法机关追究刑事责任。

单位恶意制造、参与虚假诉讼的，人民法院应当对该单位进行罚款，并可以对其主要负责人或者直接责任人员予以罚款、拘留；构成犯罪的，应当移送有管辖权的司法机关追究刑事责任。

第二十一条 他人在借据、收据、欠条等债权凭证或者借款合同上签字或者盖章，但未表明其保证人身份或者承担保证责任，或者通过其他事实不能推定其为保证人，出借人请求其承担保证责任的，人民法院不予支持。

第二十二条 借贷双方通过网络贷款平台形成借贷关系，网络贷款平台的提供者仅提供媒介服务，当事人请求其承担担保责任的，人民法院不予支持。

网络贷款平台的提供者通过网页、广告或者其他媒介明示或者有其他证据证明其为借贷提供担保，出借人请求网络贷款平台的提供者承担担保责任的，人民法院应予支持。

第二十三条 企业法定代表人或负责人以企业名义与出借人签订民间借贷合同，出借人、企业或者其股东能够证明所借款项用于企业法定代表人或负责人个人使用，出借人请求将企业法定代表人或负责人列为共同被告或者第三人的，人民法院应予准许。

企业法定代表人或负责人以个人名义与出借人签订民间借贷合同，所借款项用于企业生产经营，出借人请求企业与个人共同承担责任的，人民法院应予支持。

第二十四条　当事人以签订买卖合同作为民间借贷合同的担保,借款到期后借款人不能还款,出借人请求履行买卖合同的,人民法院应当按照民间借贷法律关系审理,并向当事人释明变更诉讼请求。当事人拒绝变更的,人民法院裁定驳回起诉。

按照民间借贷法律关系审理作出的判决生效后,借款人不履行生效判决确定的金钱债务,出借人可以申请拍卖买卖合同标的物,以偿还债务。就拍卖所得的价款与应偿还借款本息之间的差额,借款人或者出借人有权主张返还或补偿。

第二十五条　借贷双方没有约定利息,出借人主张支付借期内利息的,人民法院不予支持。

自然人之间借贷对利息约定不明,出借人主张支付利息的,人民法院不予支持。除自然人之间借贷的外,借贷双方对借贷利息约定不明,出借人主张利息的,人民法院应当结合民间借贷合同的内容,并根据当地或者当事人的交易方式、交易习惯、市场利率等因素确定利息。

第二十六条　借贷双方约定的利率未超过年利率24%,出借人请求借款人按照约定的利率支付利息的,人民法院应予支持。

借贷双方约定的利率超过年利率36%,超过部分的利息约定无效。借款人请求出借人返还已支付的超过年利率36%部分的利息的,人民法院应予支持。

第二十七条　借据、收据、欠条等债权凭证载明的借款金额,一般认定为本金。预先在本金中扣除利息的,人民法院应当将实际出借的金额认定为本金。

第二十八条　借贷双方对前期借款本息结算后将利息计入后期借款本金并重新出具债权凭证,如果前期利率没有超过年利率24%,重新出具的债权凭证载明的金额可认定为后期借款本金;超过部分的利息不能计入后期借款本金。约定的利率超过年利率24%,当事人主张超过部分的利息不能计入后期借款本金的,人民法院应予支持。

按前款计算,借款人在借款期间届满后应当支付的本息之和,不能超过最初借款本金与以最初借款本金为基数,以年利率24%计算的整个借款期间的利息之和。出借人请求借款人支付超过部分的,人民法院不予支持。

第二十九条 借贷双方对逾期利率有约定的,从其约定,但以不超过年利率24%为限。

未约定逾期利率或者约定不明的,人民法院可以区分不同情况处理:

(一)既未约定借期内的利率,也未约定逾期利率,出借人主张借款人自逾期还款之日起按照年利率6%支付资金占用期间利息的,人民法院应予支持;

(二)约定了借期内的利率但未约定逾期利率,出借人主张借款人自逾期还款之日起按照借期内的利率支付资金占用期间利息的,人民法院应予支持。

第三十条 出借人与借款人既约定了逾期利率,又约定了违约金或者其他费用,出借人可以选择主张逾期利息、违约金或者其他费用,也可以一并主张,但总计超过年利率24%的部分,人民法院不予支持。

第三十一条 没有约定利息但借款人自愿支付,或者超过约定的利率自愿支付利息或违约金,且没有损害国家、集体和第三人利益,借款人又以不当得利为由要求出借人返还的,人民法院不予支持,但借款人要求返还超过年利率36%部分的利息除外。

第三十二条 借款人可以提前偿还借款,但当事人另有约定的除外。

借款人提前偿还借款并主张按照实际借款期间计算利息的,人民法院应予支持。

第三十三条 本规定公布施行后,最高人民法院于1991年8月13日发布的《关于人民法院审理借贷案件的若干意见》同时废止;最高人民法院以前发布的司法解释与本规定不一致的,不再适用。

12. 最高人民法院关于如何确认公民与企业之间借贷行为效力问题的批复

（1999 年 1 月 26 日由最高人民法院审判委员会第 1041 次会议通过　自 1999 年 2 月 13 日起施行）

黑龙江省高级人民法院：

你院黑高法〔1998〕192 号《关于公民与企业之间借贷合同效力如何确认的请示》收悉。经研究，答复如下：

公民与非金融企业（以下简称企业）之间的借贷属于民间借贷。只要双方当事人意思表示真实即可认定有效。但是，具有下列情形之一的，应当认定无效：

（一）企业以借贷名义向职工非法集资；

（二）企业以借贷名义非法向社会集资；

（三）企业以借贷名义向社会公众发放贷款；

（四）其他违反法律、行政法规的行为。

借贷利率超过银行同期同类贷款利率 4 倍的，按照最高人民法院法（民）发〔1991〕21 号《关于人民法院审理借贷案件的若干意见》的有关规定办理。

此复

1999 年 1 月 26 日

13. 最高人民法院关于适用《中华人民共和国担保法》若干问题的解释

(2000年9月29日由最高人民法院审判委员会第1133次会议通过　自2000年12月13日起施行)

为了正确适用《中华人民共和国担保法》(以下简称担保法),结合审判实践经验,对人民法院审理担保纠纷案件适用法律问题作出如下解释。

一、关于总则部分的解释

第一条　当事人对由民事关系产生的债权,在不违反法律、法规强制性规定的情况下,以担保法规定的方式设定担保的,可以认定为有效。

第二条　反担保人可以是债务人,也可以是债务人之外的其他人。

反担保方式可以是债务人提供的抵押或者质押,也可以是其他人提供的保证、抵押或者质押。

第三条　国家机关和以公益为目的的事业单位、社会团体违反法律规定提供担保的,担保合同无效。因此给债权人造成损失的,应当根据担保法第五条第二款的规定处理。

第四条　董事、经理违反《中华人民共和国公司法》第六十条的规定,以公司资产为本公司的股东或者其他个人债务提供担保的,担保合同无效。除债权人知道或者应当知道的外,债务人、担保人应当对债权人的损失承担连带赔偿责任。

第五条　以法律、法规禁止流通的财产或者不可转让的财产设定担保的,担保合同无效。

以法律、法规限制流通的财产设定担保的,在实现债权时,人民法院应当按照有关法律、法规的规定对该财产进行处理。

第六条　有下列情形之一的，对外担保合同无效：

（一）未经国家有关主管部门批准或者登记对外担保的；

（二）未经国家有关主管部门批准或者登记，为境外机构向境内债权人提供担保的；

（三）为外商投资企业注册资本、外商投资企业中的外方投资部分的对外债务提供担保的；

（四）无权经营外汇担保业务的金融机构、无外汇收入的非金融性质的企业法人提供外汇担保的；

（五）主合同变更或者债权人将对外担保合同项下的权利转让，未经担保人同意和国家有关主管部门批准的，担保人不再承担担保责任。但法律、法规另有规定的除外。

第七条　主合同有效而担保合同无效，债权人无过错的，担保人与债务人对主合同债权人的经济损失，承担连带赔偿责任；债权人、担保人有过错的，担保人承担民事责任的部分，不应超过债务人不能清偿部分的二分之一。

第八条　主合同无效而导致担保合同无效，担保人无过错的，担保人不承担民事责任；担保人有过错的，担保人承担民事责任的部分，不应超过债务人不能清偿部分的三分之一。

第九条　担保人因无效担保合同向债权人承担赔偿责任后，可以向债务人追偿，或者在承担赔偿责任的范围内，要求有过错的反担保人承担赔偿责任。

担保人可以根据承担赔偿责任的事实对债务人或者反担保人另行提起诉讼。

第十条　主合同解除后，担保人对债务人应当承担的民事责任仍应承担担保责任。但是，担保合同另有约定的除外。

第十一条　法人或者其他组织的法定代表人、负责人超越权限订立的担保合同，除相对人知道或者应当知道其超越权限的以外，该代表行为有效。

第十二条 当事人约定的或者登记部门要求登记的担保期间，对担保物权的存续不具有法律约束力。

担保物权所担保的债权的诉讼时效结束后，担保权人在诉讼时效结束后的二年内行使担保物权的，人民法院应当予以支持。

二、关于保证部分的解释

第十三条 保证合同中约定保证人代为履行非金钱债务的，如果保证人不能实际代为履行，对债权人因此造成的损失，保证人应当承担赔偿责任。

第十四条 不具有完全代偿能力的法人、其他组织或者自然人，以保证人身份订立保证合同后，又以自己没有代偿能力要求免除保证责任的，人民法院不予支持。

第十五条 担保法第七条规定的其他组织主要包括：

（一）依法登记领取营业执照的独资企业、合伙企业；

（二）依法登记领取营业执照的联营企业；

（三）依法登记领取营业执照的中外合作经营企业；

（四）经民政部门核准登记的社会团体；

（五）经核准登记领取营业执照的乡镇、街道、村办企业。

第十六条 从事经营活动的事业单位、社会团体为保证人的，如无其他导致保证合同无效的情况，其所签定的保证合同应当认定为有效。

第十七条 企业法人的分支机构未经法人书面授权提供保证的，保证合同无效。因此给债权人造成损失的，应当根据担保法第五条第二款的规定处理。

企业法人的分支机构经法人书面授权提供保证的，如果法人的书面授权范围不明，法人的分支机构应当对保证合同约定的全部债务承担保证责任。

企业法人的分支机构经营管理的财产不足以承担保证责任的，由企业法人承担民事责任。

企业法人的分支机构提供的保证无效后应当承担赔偿责任的，由分支机构经营管理的财产承担。企业法人有过错的，按照担保法第二十九条的规定处理。

第十八条　企业法人的职能部门提供保证的，保证合同无效。债权人知道或者应当知道保证人为企业法人的职能部门的，因此造成的损失由债权人自行承担。

债权人不知保证人为企业法人的职能部门，因此造成的损失，可以参照担保法第五条第二款的规定和第二十九条的规定处理。

第十九条　两个以上保证人对同一债务同时或者分别提供保证时，各保证人与债权人没有约定保证份额的，应当认定为连带共同保证。

连带共同保证的保证人以其相互之间约定各自承担的份额对抗债权人的，人民法院不予支持。

第二十条　连带共同保证的债务人在主合同规定的债务履行期届满没有履行债务的，债权人可以要求债务人履行债务，也可以要求任何一个保证人承担全部保证责任。

连带共同保证的保证人承担保证责任后，向债务人不能追偿的部分，由各连带保证人按其内部约定的比例分担。没有约定的，平均分担。

第二十一条　按份共同保证的保证人按照保证合同约定的保证份额承担保证责任后，在其履行保证责任的范围内对债务人行使追偿权。

第二十二条　第三人单方以书面形式向债权人出具担保书，债权人接受且未提出异议的，保证合同成立。

主合同中虽然没有保证条款，但是，保证人在主合同上以保证人的身份签字或者盖章的，保证合同成立。

第二十三条　最高额保证合同的不特定债权确定后，保证人应当对在最高债权额限度内就一定期间连续发生的债权余额承担保证责任。

第二十四条　一般保证的保证人在主债权履行期间届满后，向债权人提供了债务人可供执行财产的真实情况的，债权人放弃或者怠于行使权利致使该财产不能被执行，保证人可以请求人民法院在其提供可供执行财产的实际价值范围内免除保证责任。

第二十五条 担保法第十七条第三款第(一)项规定的债权人要求债务人履行债务发生的重大困难情形,包括债务人下落不明、移居境外,且无财产可供执行。

第二十六条 第三人向债权人保证监督支付专款专用的,在履行了监督支付专款专用的义务后,不再承担责任。未尽监督义务造成资金流失的,应当对流失的资金承担补充赔偿责任。

第二十七条 保证人对债务人的注册资金提供保证的,债务人的实际投资与注册资金不符,或者抽逃转移注册资金的,保证人在注册资金不足或者抽逃转移注册资金的范围内承担连带保证责任。

第二十八条 保证期间,债权人依法将主债权转让给第三人的,保证债权同时转让,保证人在原保证担保的范围内对受让人承担保证责任。但是保证人与债权人事先约定仅对特定的债权人承担保证责任或者禁止债权转让的,保证人不再承担保证责任。

第二十九条 保证期间,债权人许可债务人转让部分债务未经保证人书面同意的,保证人对未经其同意转让部分的债务,不再承担保证责任。但是,保证人仍应当对未转让部分的债务承担保证责任。

第三十条 保证期间,债权人与债务人对主合同数量、价款、币种、利率等内容作了变动,未经保证人同意的,如果减轻债务人的债务的,保证人仍应当对变更后的合同承担保证责任;如果加重债务人的债务的,保证人对加重的部分不承担保证责任。

债权人与债务人对主合同履行期限作了变动,未经保证人书面同意的,保证期间为原合同约定的或者法律规定的期间。

债权人与债务人协议变动主合同内容,但并未实际履行的,保证人仍应当承担保证责任。

第三十一条 保证期间不因任何事由发生中断、中止、延长的法律后果。

第三十二条 保证合同约定的保证期间早于或者等于主债务履行期限的,视为没有约定,保证期间为主债务履行期届满之日起六个月。

保证合同约定保证人承担保证责任直至主债务本息还清时为止等类似内容的，视为约定不明，保证期间为主债务履行期届满之日起二年。

第三十三条　主合同对主债务履行期限没有约定或者约定不明的，保证期间自债权人要求债务人履行义务的宽限期届满之日起计算。

第三十四条　一般保证的债权人在保证期间届满前对债务人提起诉讼或者申请仲裁的，从判决或者仲裁裁决生效之日起，开始计算保证合同的诉讼时效。

连带责任保证的债权人在保证期间届满前要求保证人承担保证责任的，从债权人要求保证人承担保证责任之日起，开始计算保证合同的诉讼时效。

第三十五条　保证人对已经超过诉讼时效期间的债务承担保证责任或者提供保证的，又以超过诉讼时效为由抗辩的，人民法院不予支持。

第三十六条　一般保证中，主债务诉讼时效中断，保证债务诉讼时效中断；连带责任保证中，主债务诉讼时效中断，保证债务诉讼时效不中断。

一般保证和连带责任保证中，主债务诉讼时效中止的，保证债务的诉讼时效同时中止。

第三十七条　最高额保证合同对保证期间没有约定或者约定不明的，如最高额保证合同约定有保证人清偿债务期限的，保证期间为清偿期限届满之日起六个月。没有约定债务清偿期限的，保证期间自最高额保证终止之日或自债权人收到保证人终止保证合同的书面通知到达之日起六个月。

第三十八条　同一债权既有保证又有第三人提供物的担保的，债权人可以请求保证人或者物的担保人承担担保责任。当事人对保证担保的范围或者物的担保的范围没有约定或者约定不明的，承担了担保责任的担保人，可以向债务人追偿，也可以要求其他担保人清偿其应当分担的份额。

同一债权既有保证又有物的担保的，物的担保合同被确认无效或者被撤销，或者担保物因不可抗力的原因灭失而没有代位物的，保证人仍应当按合同的约定或者法律的规定承担保证责任。

债权人在主合同履行期届满后怠于行使担保物权，致使担保物的价值减少或者毁损、灭失的,视为债权人放弃部分或者全部物的担保。保证人在债权人放弃权利的范围内减轻或者免除保证责任。

第三十九条 主合同当事人双方协议以新贷偿还旧贷,除保证人知道或者应当知道的外,保证人不承担民事责任。

新贷与旧贷系同一保证人的,不适用前款的规定。

第四十条 主合同债务人采取欺诈、胁迫等手段,使保证人在违背真实意思的情况下提供保证的,债权人知道或者应当知道欺诈、胁迫事实的,按照担保法第三十条的规定处理。

第四十一条 债务人与保证人共同欺骗债权人,订立主合同和保证合同的,债权人可以请求人民法院予以撤销。因此给债权人造成损失的,由保证人与债务人承担连带赔偿责任。

第四十二条 人民法院判决保证人承担保证责任或者赔偿责任的,应当在判决书主文中明确保证人享有担保法第三十一条规定的权利。判决书中未予明确追偿权的,保证人只能按照承担责任的事实,另行提起诉讼。

保证人对债务人行使追偿权的诉讼时效,自保证人向债权人承担责任之日起开始计算。

第四十三条 保证人自行履行保证责任时,其实际清偿额大于主债权范围的,保证人只能在主债权范围内对债务人行使追偿权。

第四十四条 保证期间,人民法院受理债务人破产案件的,债权人既可以向人民法院申报债权,也可以向保证人主张权利。

债权人申报债权后在破产程序中未受清偿的部分,保证人仍应当承担保证责任。债权人要求保证人承担保证责任的,应当在破产程序终结后六个月内提出。

第四十五条 债权人知道或者应当知道债务人破产,既未申报债权也未通知保证人,致使保证人不能预先行使追偿权的,保证人在该债权在破产程序中可能受偿的范围内免除保证责任。

第四十六条 人民法院受理债务人破产案件后,债权人未申报债权的,各连带共同保证的保证人应当作为一个主体申报债权,预先行使追偿权。

三、关于抵押部分的解释

第四十七条 以依法获准尚未建造的或者正在建造中的房屋或者其他建筑物抵押的，当事人办理了抵押物登记，人民法院可以认定抵押有效。

第四十八条 以法定程序确认为违法、违章的建筑物抵押的，抵押无效。

第四十九条 以尚未办理权属证书的财产抵押的，在第一审法庭辩论终结前能够提供权利证书或者补办登记手续的，可以认定抵押有效。

当事人未办理抵押物登记手续的，不得对抗第三人。

第五十条 以担保法第三十四条第一款所列财产一并抵押的，抵押财产的范围应当以登记的财产为准。抵押财产的价值在抵押权实现时予以确定。

第五十一条 抵押人所担保的债权超出其抵押物价值的，超出的部分不具有优先受偿的效力。

第五十二条 当事人以农作物和与其尚未分离的土地使用权同时抵押的，土地使用权部分的抵押无效。

第五十三条 学校、幼儿园、医院等以公益为目的的事业单位、社会团体，以其教育设施、医疗卫生设施和其他社会公益设施以外的财产为自身债务设定抵押的，人民法院可以认定抵押有效。

第五十四条 按份共有人以其共有财产中享有的份额设定抵押的，抵押有效。

共同共有人以其共有财产设定抵押，未经其他共有人的同意，抵押无效。但是，其他共有人知道或者应当知道而未提出异议的视为同意，抵押有效。

第五十五条 已经设定抵押的财产被采取查封、扣押等财产保全或者执行措施的，不影响抵押权的效力。

第五十六条 抵押合同对被担保的主债权种类、抵押财产没有约定或者约定不明，根据主合同和抵押合同不能补正或者无法推定的，抵押不成立。

法律规定登记生效的抵押合同签订后，抵押人违背诚实信用原则拒绝办理抵押登记致使债权人受到损失的，抵押人应当承担赔偿责任。

第五十七条 当事人在抵押合同中约定，债务履行期届满抵押权人未受清偿时，抵押物的所有权转移为债权人所有的内容无效。该内容的无效不影响抵押合同其他部分内容的效力。

债务履行期届满后抵押权人未受清偿时，抵押权人和抵押人可以协议以抵押物折价取得抵押物。但是，损害顺序在后的担保物权人和其他债权人利益的，人民法院可以适用合同法第七十四条、第七十五条的有关规定。

第五十八条 当事人同一天在不同的法定登记部门办理抵押物登记的，视为顺序相同。

因登记部门的原因致使抵押物进行连续登记的，抵押物第一次登记的日期，视为抵押登记的日期，并依此确定抵押权的顺序。

第五十九条 当事人办理抵押物登记手续时，因登记部门的原因致使其无法办理抵押物登记，抵押人向债权人交付权利凭证的，可以认定债权人对该财产有优先受偿权。但是，未办理抵押物登记的，不得对抗第三人。

第六十条 以担保法第四十二条第（二）项规定的不动产抵押的，县级以上地方人民政府对登记部门未作规定，当事人在土地管理部门或者房产管理部门办理了抵押物登记手续，人民法院可以确认其登记的效力。

第六十一条 抵押物登记记载的内容与抵押合同约定的内容不一致的，以登记记载的内容为准。

第六十二条 抵押物因附合、混合或者加工使抵押物的所有权为第三人所有的，抵押权的效力及于补偿金；抵押物所有人为附合物、混合物或者加工物的所有人的，抵押权的效力及于附合物、混合物或者加工物；第三人与抵押物所有人为附合物、混合物或者加工物的共有人的，抵押权的效力及于抵押人对共有物享有的份额。

第六十三条 抵押权设定前为抵押物的从物的，抵押权的效力及于抵押物的从物。但是，抵押物与其从物为两个以上的人分别所有时，抵押权的效力不及于抵押物的从物。

第六十四条　债务履行期届满，债务人不履行债务致使抵押物被人民法院依法扣押的，自扣押之日起抵押权人收取的由抵押物分离的天然孳息和法定孳息，按照下列顺序清偿：

（一）收取孳息的费用；

（二）主债权的利息；

（三）主债权。

第六十五条　抵押人将已出租的财产抵押的，抵押权实现后，租赁合同在有效期内对抵押物的受让人继续有效。

第六十六条　抵押人将已抵押的财产出租的，抵押权实现后，租赁合同对受让人不具有约束力。

抵押人将已抵押的财产出租时，如果抵押人未书面告知承租人该财产已抵押的，抵押人对出租抵押物造成承租人的损失承担赔偿责任；如果抵押人已书面告知承租人该财产已抵押的，抵押权实现造成承租人的损失，由承租人自己承担。

第六十七条　抵押权存续期间，抵押人转让抵押物未通知抵押权人或者未告知受让人的，如果抵押物已经登记的，抵押权人仍可以行使抵押权；取得抵押物所有权的受让人，可以代替债务人清偿其全部债务，使抵押权消灭。受让人清偿债务后可以向抵押人追偿。

如果抵押物未经登记的，抵押权不得对抗受让人，因此给抵押权人造成损失的，由抵押人承担赔偿责任。

第六十八条　抵押物依法被继承或者赠与的，抵押权不受影响。

第六十九条　债务人有多个普通债权人的，在清偿债务时，债务人与其中一个债权人恶意串通，将其全部或者部分财产抵押给该债权人，因此丧失了履行其他债务的能力，损害了其他债权人的合法权益，受损害的其他债权人可以请求人民法院撤销该抵押行为。

第七十条　抵押人的行为足以使抵押物价值减少的，抵押权人请求抵押人恢复原状或提供担保遭到拒绝时，抵押权人可以请求债务人履行债务，也可以请求提前行使抵押权。

第七十一条　主债权未受全部清偿的，抵押权人可以就抵押物的全部行使其抵押权。

抵押物被分割或者部分转让的，抵押权人可以就分割或者转让后的抵押物行使抵押权。

第七十二条　主债权被分割或者部分转让的，各债权人可以就其享有的债权份额行使抵押权。

主债务被分割或者部分转让的，抵押人仍以其抵押物担保数个债务人履行债务。但是，第三人提供抵押的，债权人许可债务人转让债务未经抵押人书面同意的，抵押人对未经其同意转让的债务，不再承担担保责任。

第七十三条　抵押物折价或者拍卖、变卖该抵押物的价款低于抵押权设定时约定价值的，应当按照抵押物实现的价值进行清偿。不足清偿的剩余部分，由债务人清偿。

第七十四条　抵押物折价或者拍卖、变卖所得的价款，当事人没有约定的，按下列顺序清偿：

（一）实现抵押权的费用；

（二）主债权的利息；

（三）主债权。

第七十五条　同一债权有两个以上抵押人的，债权人放弃债务人提供的抵押担保的，其他抵押人可以请求人民法院减轻或者免除其应当承担的担保责任。

同一债权有两个以上抵押人的，当事人对其提供的抵押财产所担保的债权份额或者顺序没有约定或者约定不明的，抵押权人可以就其中任一或者各个财产行使抵押权。

抵押人承担担保责任后，可以向债务人追偿，也可以要求其他抵押人清偿其应当承担的份额。

第七十六条　同一动产向两个以上债权人抵押的，当事人未办理抵押物登记，实现抵押权时，各抵押权人按照债权比例受偿。

第七十七条　同一财产向两个以上债权人抵押的，顺序在先的抵押权与该财产的所有权归属一人时，该财产的所有权人可以以其抵押权对抗顺序在后的抵押权。

第七十八条　同一财产向两个以上债权人抵押的，顺序在后的抵押权所担保的债权先到期的，抵押权人只能就抵押物价值超出顺序在先的抵押担保债权的部分受偿。

顺序在先的抵押权所担保的债权先到期的，抵押权实现后的剩余价款应予提存，留待清偿顺序在后的抵押担保债权。

第七十九条　同一财产法定登记的抵押权与质权并存时，抵押权人优先于质权人受偿。

同一财产抵押权与留置权并存时，留置权人优先于抵押权人受偿。

第八十条　在抵押物灭失、毁损或者被征用的情况下，抵押权人可以就该抵押物的保险金、赔偿金或者补偿金优先受偿。

抵押物灭失、毁损或者被征用的情况下，抵押权所担保的债权未届清偿期的，抵押权人可以请求人民法院对保险金、赔偿金或补偿金等采取保全措施。

第八十一条　最高额抵押权所担保的债权范围，不包括抵押物因财产保全或者执行程序被查封后或债务人、抵押人破产后发生的债权。

第八十二条　当事人对最高额抵押合同的最高限额、最高额抵押期间进行变更，以其变更对抗顺序在后的抵押权人的，人民法院不予支持。

第八十三条　最高额抵押权所担保的不特定债权，在特定后，债权已届清偿期的，最高额抵押权人可以根据普通抵押权的规定行使其抵押权。

抵押权人实现最高额抵押权时，如果实际发生的债权余额高于最高限额的，以最高限额为限，超过部分不具有优先受偿的效力；如果实际发生的债权余额低于最高限额的，以实际发生的债权余额为限对抵押物优先受偿。

四、关于质押部分的解释

（一）动产质押

第八十四条　出质人以其不具有所有权但合法占有的动产出质的，不知出质人无处分权的质权人行使质权后，因此给动产所有人造成损失的，由出质人承担赔偿责任。

第八十五条 债务人或者第三人将其金钱以特户、封金、保证金等形式特定化后，移交债权人占有作为债权的担保，债务人不履行债务时，债权人可以以该金钱优先受偿。

第八十六条 债务人或者第三人未按质押合同约定的时间移交质物的，因此给质权人造成损失的，出质人应当根据其过错承担赔偿责任。

第八十七条 出质人代质权人占有质物的，质押合同不生效；质权人将质物返还于出质人后，以其质权对抗第三人的，人民法院不予支持。

因不可归责于质权人的事由而丧失对质物的占有，质权人可以向不当占有人请求停止侵害、恢复原状、返还质物。

第八十八条 出质人以间接占有的财产出质的，质押合同自书面通知送达占有人时视为移交。占有人收到出质通知后，仍接受出质人的指示处分出质财产的，该行为无效。

第八十九条 质押合同中对质押的财产约定不明，或者约定的出质财产与实际移交的财产不一致的，以实际交付占有的财产为准。

第九十条 质物有隐蔽瑕疵造成质权人其他财产损害的，应由出质人承担赔偿责任。但是，质权人在质物移交时明知质物有瑕疵而予以接受的除外。

第九十一条 动产质权的效力及于质物的从物。但是，从物未随同质物移交质权人占有的，质权的效力不及于从物。

第九十二条 按照担保法第六十九条的规定将质物提存的，质物提存费用由质权人负担；出质人提前清偿债权的，应当扣除未到期部分的利息。

第九十三条 质权人在质权存续期间，未经出质人同意，擅自使用、出租、处分质物，因此给出质人造成损失的，由质权人承担赔偿责任。

第九十四条 质权人在质权存续期间，为担保自己的债务，经出质人同意，以其所占有的质物为第三人设定质权的，应当在原质权所担保的债权范围之内，超过的部分不具有优先受偿的效力。转质权的效力优于原质权。

质权人在质权存续期间，未经出质人同意，为担保自己的债务，在其所占有的质物上为第三人设定质权的无效。质权人对因转质而发生的损害承担赔偿责任。

第九十五条　债务履行期届满质权人未受清偿的，质权人可以继续留置质物，并以质物的全部行使权利。出质人清偿所担保的债权后，质权人应当返还质物。

债务履行期届满，出质人请求质权人及时行使权利，而质权人怠于行使权利致使质物价格下跌的，由此造成的损失，质权人应当承担赔偿责任。

第九十六条　本解释第五十七条、第六十二条、第六十四条、第七十一条、第七十二条、第七十三条、第七十四条、第八十条之规定，适用于动产质押。

(二)权利质押

第九十七条　以公路桥梁、公路隧道或者公路渡口等不动产收益权出质的，按照担保法第七十五条第(四)项的规定处理。

第九十八条　以汇票、支票、本票出质，出质人与质权人没有背书记载“质押”字样，以票据出质对抗善意第三人的，人民法院不予支持。

第九十九条　以公司债券出质的，出质人与质权人没有背书记载“质押”字样，以债券出质对抗公司和第三人的，人民法院不予支持。

第一百条　以存款单出质的，签发银行核押后又受理挂失并造成存款流失的，应当承担民事责任。

第一百零一条　以票据、债券、存款单、仓单、提单出质的，质权人再转让或者质押的无效。

第一百零二条　以载明兑现或者提货日期的汇票、支票、本票、债券、存款单、仓单、提单出质的，其兑现或者提货日期后于债务履行期的，质权人只能在兑现或者提货日期届满时兑现款项或者提取货物。

第一百零三条　以股份有限公司的股份出质的，适用《中华人民共和国公司法》有关股份转让的规定。

以上市公司的股份出质的，质押合同自股份出质向证券登记机构办理出质登记之日起生效。

以非上市公司的股份出质的，质押合同自股份出质记载于股东名册之日起生效。

第一百零四条 以依法可以转让的股份、股票出质的，质权的效力及于股份、股票的法定孳息。

第一百零五条 以依法可以转让的商标专用权，专利权、著作权中的财产权出质的，出质人未经质权人同意而转让或者许可他人使用已出质权利的，应当认定为无效。因此给质权人或者第三人造成损失的，由出质人承担民事责任。

第一百零六条 质权人向出质人、出质债权的债务人行使质权时，出质人、出质债权的债务人拒绝的，质权人可以起诉出质人和出质债权的债务人，也可以单独起诉出质债权的债务人。

五、关于留置部分的解释

第一百零七条 当事人在合同中约定排除留置权，债务履行期届满，债权人行使留置权的，人民法院不予支持。

第一百零八条 债权人合法占有债务人交付的动产时，不知债务人无处分该动产的权利，债权人可以按照担保法第八十二条的规定行使留置权。

第一百零九条 债权人的债权已届清偿期，债权人对动产的占有与其债权的发生有牵连关系，债权人可以留置其所占有的动产。

第一百一十条 留置权人在债权未受全部清偿前，留置物为不可分物的，留置权人可以就其留置物的全部行使留置权。

第一百一十一条 债权人行使留置权与其承担的义务或者合同的特殊约定相抵触的，人民法院不予支持。

第一百一十二条 债权人的债权未届清偿期，其交付占有标的物的义务已届履行期的，不能行使留置权。但是，债权人能够证明债务人无支付能力的除外。

第一百一十三条 债权人未按担保法第八十七条规定的期限通知债务人履行义务，直接变价处分留置物的，应当对此造成的损失承担赔偿责任。债权人与债务人按照担保法第八十七条的规定在合同中约定宽限期的，债权人可以不经通知,直接行使留置权。

第一百一十四条　本解释第六十四条、第八十条、第八十七条、第九十一条、第九十三条的规定,适用于留置。

六、关于定金部分的解释

第一百一十五条　当事人约定以交付定金作为订立主合同担保的,给付定金的一方拒绝订立主合同的,无权要求返还定金;收受定金的一方拒绝订立合同的,应当双倍返还定金。

第一百一十六条　当事人约定以交付定金作为主合同成立或者生效要件的,给付定金的一方未支付定金,但主合同已经履行或者已经履行主要部分的,不影响主合同的成立或者生效。

第一百一十七条　定金交付后,交付定金的一方可以按照合同的约定以丧失定金为代价而解除主合同,收受定金的一方可以双倍返还定金为代价而解除主合同。对解除主合同后责任的处理,适用《中华人民共和国合同法》的规定。

第一百一十八条　当事人交付留置金、担保金、保证金、订约金、押金或者订金等,但没有约定定金性质的,当事人主张定金权利的,人民法院不予支持。

第一百一十九条　实际交付的定金数额多于或者少于约定数额,视为变更定金合同;收受定金一方提出异议并拒绝接受定金的,定金合同不生效。

第一百二十条　因当事人一方迟延履行或者其他违约行为,致使合同目的不能实现,可以适用定金罚则。但法律另有规定或者当事人另有约定的除外。

当事人一方不完全履行合同的,应当按照未履行部分所占合同约定内容的比例,适用定金罚则。

第一百二十一条　当事人约定的定金数额超过主合同标的额百分之二十的,超过的部分,人民法院不予支持。

第一百二十二条　因不可抗力、意外事件致使主合同不能履行的,不适用定金罚则。因合同关系以外第三人的过错,致使主合同不能履行的,适用定金罚则。受定金处罚的一方当事人,可以依法向第三人追偿。

七、关于其他问题的解释

第一百二十三条 同一债权上数个担保物权并存时,债权人放弃债务人提供的物的担保的,其他担保人在其放弃权利的范围内减轻或者免除担保责任。

第一百二十四条 企业法人的分支机构为他人提供保证的,人民法院在审理保证纠纷案件中可以将该企业法人作为共同被告参加诉讼。但是商业银行、保险公司的分支机构提供保证的除外。

第一百二十五条 一般保证的债权人向债务人和保证人一并提起诉讼的,人民法院可以将债务人和保证人列为共同被告参加诉讼。但是,应当在判决书中明确在对债务人财产依法强制执行后仍不能履行债务时,由保证人承担保证责任。

第一百二十六条 连带责任保证的债权人可以将债务人或者保证人作为被告提起诉讼,也可以将债务人和保证人作为共同被告提起诉讼。

第一百二十七条 债务人对债权人提起诉讼,债权人提起反诉的,保证人可以作为第三人参加诉讼。

第一百二十八条 债权人向人民法院请求行使担保物权时,债务人和担保人应当作为共同被告参加诉讼。

同一债权既有保证又有物的担保的,当事人发生纠纷提起诉讼的,债务人与保证人、抵押人或者出质人可以作为共同被告参加诉讼。

第一百二十九条 主合同和担保合同发生纠纷提起诉讼的,应当根据主合同确定案件管辖。担保人承担连带责任的担保合同发生纠纷,债权人向担保人主张权利的,应当由担保人住所地的法院管辖。

主合同和担保合同选择管辖的法院不一致的,应当根据主合同确定案件管辖。

第一百三十条 在主合同纠纷案件中,对担保合同未经审判,人民法院不应当依据对主合同当事人所作出的判决或者裁定,直接执行担保人的财产。

第一百三十一条　本解释所称“不能清偿”指对债务人的存款、现金、有价证券、成品、半成品、原材料、交通工具等可以执行的动产和其他方便执行的财产执行完毕后，债务仍未能得到清偿的状态。

第一百三十二条　在案件审理或者执行程序中，当事人提供财产担保的，人民法院应当对该财产的权属证书予以扣押，同时向有关部门发出协助执行通知书，要求其在规定的时间内不予办理担保财产的转移手续。

第一百三十三条　担保法施行以前发生的担保行为，适用担保行为发生时的法律法规和有关司法解释。

担保法施行以后因担保行为发生的纠纷案件，在本解释公布施行前已经终审，当事人申请再审或者按审判监督程序决定再审的，不适用本解释。

担保法施行以后因担保行为发生的纠纷案件，在本解释公布施行后尚在一审或二审阶段的，适用担保法和本解释。

第一百三十四条　最高人民法院在担保法施行以前作出的有关担保问题的司法解释，与担保法和本解释相抵触的，不再适用。

14. 最高人民法院关于适用《中华人民共和国物权法》若干问题的解释(一)(节录)

(2015 年 12 月 10 日由最高人民法院审判委员会第 1670 次会议通过　自 2016 年 3 月 1 日起施行)

为正确审理物权纠纷案件,根据《中华人民共和国物权法》的相关规定,结合民事审判实践,制定本解释。

第二十一条　具有下列情形之一,受让人主张根据物权法第一百零六条规定取得所有权的,不予支持:

(一)转让合同因违反合同法第五十二条规定被认定无效;

(二)转让合同因受让人存在欺诈、胁迫或者乘人之危等法定事由被撤销。

第二十二条　本解释自 2016 年 3 月 1 日起施行。

本解释施行后人民法院新受理的一审案件,适用本解释。

本解释施行前人民法院已经受理、施行后尚未审结的一审、二审案件,以及本解释施行前已经终审、施行后当事人申请再审或者按照审判监督程序决定再审的案件,不适用本解释。

15.最高人民法院关于适用《中华人民共和国合同法》若干问题的解释(一)(节录)

(1999年12月1日由最高人民法院审判委员会第1090次会议通过　自1999年12月29日起施行)

为了正确审理合同纠纷案件,根据《中华人民共和国合同法》(以下简称合同法)的规定,对人民法院适用合同法的有关问题作出如下解释:

一、法律适用范围

第一条　合同法实施以后成立的合同发生纠纷起诉到人民法院的,适用合同法的规定;合同法实施以前成立的合同发生纠纷起诉到人民法院的,除本解释另有规定的以外,适用当时的法律规定,当时没有法律规定的,可以适用合同法的有关规定。

第二条　合同成立于合同法实施之前,但合同约定的履行期限跨越合同法实施之日或者履行期限在合同法实施之后,因履行合同发生的纠纷,适用合同法第四章的有关规定。

第三条　人民法院确认合同效力时,对合同法实施以前成立的合同,适用当时的法律合同无效而适用合同法合同有效的,则适用合同法。

第四条　合同法实施以后,人民法院确认合同无效,应当以全国人大及其常委会制定的法律和国务院制定的行政法规为依据,不得以地方性法规、行政规章为依据。

第五条　人民法院对合同法实施以前已经作出终审裁决的案件进行再审,不适用合同法。

二、诉讼时效

第八条　合同法第五十五条规定的“一年”、第七十五条和第一百零四条第二款规定的“五年”为不变期间，不适用诉讼时效中止、中断或者延长的规定。

三、合同效力

第九条　依照合同法第四十四条第二款的规定，法律、行政法规规定合同应当办理批准手续，或者办理批准、登记等手续才生效，在一审法庭辩论终结前当事人仍未办理批准手续的，或者仍未办理批准、登记等手续的，人民法院应当认定该合同未生效；法律、行政法规规定合同应当办理登记手续，但未规定登记后生效的，当事人未办理登记手续不影响合同的效力，合同标的物所有权及其他物权不能转移。

合同法第七十七条第二款、第八十七条、第九十六条第二款所列合同变更、转让、解除等情形，依照前款规定处理。

第十条　当事人超越经营范围订立合同，人民法院不因此认定合同无效。但违反国家限制经营、特许经营以及法律、行政法规禁止经营规定的除外。

六、合同转让中的第三人

第二十七条　债权人转让合同权利后，债务人与受让人之间因履行合同发生纠纷诉至人民法院，债务人对债权人的权利提出抗辩的，可以将债权人列为第三人。

第二十八条　经债权人同意，债务人转移合同义务后，受让人与债权人之间因履行合同发生纠纷诉至人民法院，受让人就债务人对债权人的权利提出抗辩的，可以将债务人列为第三人。

第二十九条　合同当事人一方经对方同意将其在合同中的权利义务一并转让给受让人，对方与受让人因履行合同发生纠纷诉至人民法院，对方就合同权利义务提出抗辩的，可以将出让方列为第三人。

16. 最高人民法院关于适用《中华人民共和国合同法》若干问题的解释(二)(节录)

(2009年2月9日由最高人民法院审判委员会第1462次会议通过　自2009年5月13日实施)

第二十条　债务人的给付不足以清偿其对同一债权人所负的数笔相同种类的全部债务,应当优先抵充已到期的债务;几项债务均到期的,优先抵充对债权人缺乏担保或者担保数额最少的债务;担保数额相同的,优先抵充债务负担较重的债务;负担相同的,按照债务到期的先后顺序抵充;到期时间相同的,按比例抵充。但是,债权人与债务人对清偿的债务或者清偿抵充顺序有约定的除外。

第二十一条　债务人除主债务之外还应当支付利息和费用,当其给付不足以清偿全部债务时,并且当事人没有约定的,人民法院应当按照下列顺序抵充:

(一)实现债权的有关费用;

(二)利息;

(三)主债务。

17. 最高人民法院关于在审理经济纠纷案件中涉及经济犯罪嫌疑若干问题的规定

（1998 年 4 月 9 日由最高人民法院审判委员会第 974 次会议通过　自 1998 年 4 月 29 日起施行）

根据《中华人民共和国民法通则》《中华人民共和国刑法》《中华人民共和国民事诉讼法》《中华人民共和国刑事诉讼法》等有关规定，对审理经济纠纷案件中涉及经济犯罪嫌疑问题作以下规定：

第一条　同一公民、法人或其他经济组织因不同的法律事实，分别涉及经济纠纷和经济犯罪嫌疑的，经济纠纷案件和经济犯罪嫌疑案件应当分开审理。

第二条　单位直接负责的主管人员和其他直接责任人员，以为单位骗取财物为目的，采取欺骗手段对外签订经济合同，骗取的财物被该单位占有、使用或处分构成犯罪的，除依法追究有关人员的刑事责任，责令该单位返还骗取的财物外，如给被害人造成经济损失的，单位应当承担赔偿责任。

第三条　单位直接负责的主管人员和其他直接责任人员，以该单位的名义对外签订经济合同，将取得的财物部分或全部占为已有构成犯罪的，除依法追究行为人的刑事责任外，该单位对行为人因签订、履行该经济合同造成的后果，依法应当承担民事责任。

第四条　个人借用单位的业务介绍信、合同专用章或者盖有公章的空白合同书，以出借单位名义签订经济合同，骗取财物归个人占有、使用、处分或者进行其他犯罪活动，给对方造成经济损失构成犯罪的，除依法追究借用人的刑事责任外，出借业务介绍信、合同专用章或者盖有公章的空白合同书的单位，依法应当承担赔偿责任。但是，有证据证明被害人明知签订合同对方当事人是借用行为，仍与之签订合同的除外。

第五条　行为人盗窃、盗用单位的公章、业务介绍信、盖有公章的空白合同书，或者私刻单位的公章签订经济合同，骗取财物归个人占有、使用、处分或者进行其他犯罪活动构成犯罪的，单位对行为人该犯罪行为所造成的经济损失不承担民事责任。

行为人私刻单位公章或者擅自使用单位公章、业务介绍信、盖有公章的空白合同书以签订经济合同的方法进行的犯罪行为，单位有明显过错，且该过错行为与被害人的经济损失之间具有因果关系的，单位对该犯罪行为所造成的经济损失，依法应当承担赔偿责任。

第六条　企业承包、租赁经营合同期满后，企业按规定办理了企业法定代表人的变更登记，而企业法人未采取有效措施收回其公章、业务介绍信、盖有公章的空白合同书，或者没有及时采取措施通知相对人，致原企业承包人、租赁人得以用原承包、租赁企业的名义签订经济合同，骗取财物占为己有构成犯罪的，该企业对被害人的经济损失，依法应当承担赔偿责任。但是，原承包人、承租人利用擅自保留的公章、业务介绍信、盖有公章的空白合同书以原承包、租赁企业的名义签订经济合同，骗取财物占为己有构成犯罪的，企业一般不承担民事责任。

单位聘用的人员被解聘后，或者受单位委托保管公章的人员被解除委托后，单位未及时收回其公章，行为人擅自利用保留的原单位公章签订经济合同，骗取财物占为己有构成犯罪，如给被害人造成经济损失的，单位应当承担赔偿责任。

第七条　单位直接负责的主管人员和其他直接责任人员，将单位进行走私或其他犯罪活动所得财物以签订经济合同的方法予以销售，买方明知或者应当知道的，如因此造成经济损失，其损失由买方自负。但是，如果买方不知该经济合同的标的物是犯罪行为所得财物而购买的，卖方对买方所造成的经济损失应当承担民事责任。

第八条　根据《中华人民共和国刑事诉讼法》第七十七条第一款的规定，被害人对本《规定》第二条因单位犯罪行为造成经济损失的，对第四条、

第五条第一款、第六条应当承担刑事责任的被告人未能返还财物而遭受经济损失提起附带民事诉讼的，受理刑事案件的人民法院应当依法一并审理。被害人因其遭受经济损失也有权对单位另行提起民事诉讼。若被害人另行提起民事诉讼的，有管辖权的人民法院应当依法受理。

第九条 被害人请求保护其民事权利的诉讼时效在公安机关、检察机关查处经济犯罪嫌疑期间中断。如果公安机关决定撤销涉嫌经济犯罪案件或者检察机关决定不起诉的，诉讼时效从撤销案件或决定不起诉之次日起重新计算。

第十条 人民法院在审理经济纠纷案件中，发现与本案有牵连，但与本案不是同一法律关系的经济犯罪嫌疑线索、材料，应将犯罪嫌疑线索、材料移送有关公安机关或检察机关查处，经济纠纷案件继续审理。

第十一条 人民法院作为经济纠纷受理的案件，经审理认为不属经济纠纷案件而有经济犯罪嫌疑的，应当裁定驳回起诉，将有关材料移送公安机关或检察机关。

第十二条 人民法院已立案审理的经济纠纷案件，公安机关或检察机关认为有经济犯罪嫌疑，并说明理由附有关材料函告受理该案的人民法院的，有关人民法院应当认真审查。经过审查，认为确有经济犯罪嫌疑的，应当将案件移送公安机关或检察机关，并书面通知当事人，退还案件受理费；如认为确属经济纠纷案件的，应当依法继续审理，并将结果函告有关公安机关或检察机关。

18. 最高人民法院关于审理非法集资刑事案件具体应用法律若干问题的解释

（2010年11月22日由最高人民法院审判委员会第1502次会议通过　自2011年1月4日起施行）

为依法惩治非法吸收公众存款、集资诈骗等非法集资犯罪活动，根据刑法有关规定，现就审理此类刑事案件具体应用法律的若干问题解释如下：

第一条　违反国家金融管理法律规定，向社会公众（包括单位和个人）吸收资金的行为，同时具备下列四个条件的，除刑法另有规定的以外，应当认定为刑法第一百七十六条规定的“非法吸收公众存款或者变相吸收公众存款”：

（一）未经有关部门依法批准或者借用合法经营的形式吸收资金；

（二）通过媒体、推介会、传单、手机短信等途径向社会公开宣传；

（三）承诺在一定期限内以货币、实物、股权等方式还本付息或者给付回报；

（四）向社会公众即社会不特定对象吸收资金。

未向社会公开宣传，在亲友或者单位内部针对特定对象吸收资金的，不属于非法吸收或者变相吸收公众存款。

第二条　实施下列行为之一，符合本解释第一条第一款规定的条件的，应当依照刑法第一百七十六条的规定，以非法吸收公众存款罪定罪处罚：

（一）不具有房产销售的真实内容或者不以房产销售为主要目的，以返本销售、售后包租、约定回购、销售房产份额等方式非法吸收资金的；

（二）以转让林权并代为管护等方式非法吸收资金的；

（三）以代种植（养殖）、租种植（养殖）、联合种植（养殖）等方式非法吸收资金的；

（四）不具有销售商品、提供服务的真实内容或者不以销售商品、提供服务为主要目的，以商品回购、寄存代售等方式非法吸收资金的；

（五）不具有发行股票、债券的真实内容，以虚假转让股权、发售虚构债券等方式非法吸收资金的；

（六）不具有募集基金的真实内容，以假借境外基金、发售虚构基金等方式非法吸收资金的；

（七）不具有销售保险的真实内容，以假冒保险公司、伪造保险单据等方式非法吸收资金的；

（八）以投资入股的方式非法吸收资金的；

（九）以委托理财的方式非法吸收资金的；

（十）利用民间“会”、“社”等组织非法吸收资金的；

（十一）其他非法吸收资金的行为。

第三条 非法吸收或者变相吸收公众存款，具有下列情形之一的，应当依法追究刑事责任：

（一）个人非法吸收或者变相吸收公众存款，数额在 20 万元以上的，单位非法吸收或者变相吸收公众存款，数额在 100 万元以上的；

（二）个人非法吸收或者变相吸收公众存款对象 30 人以上的，单位非法吸收或者变相吸收公众存款对象 150 人以上的；

（三）个人非法吸收或者变相吸收公众存款，给存款人造成直接经济损失数额在 10 万元以上的，单位非法吸收或者变相吸收公众存款，给存款人造成直接经济损失数额在 50 万元以上的；

（四）造成恶劣社会影响或者其他严重后果的。

具有下列情形之一的，属于刑法第一百七十六条规定的“数额巨大或者有其他严重情节”：

（一）个人非法吸收或者变相吸收公众存款，数额在 100 万元以上的，单位非法吸收或者变相吸收公众存款，数额在 500 万元以上的；

（二）个人非法吸收或者变相吸收公众存款对象 100 人以上的，单位非法吸收或者变相吸收公众存款对象 500 人以上的；

（三）个人非法吸收或者变相吸收公众存款，给存款人造成直接经济损失数额在 50 万元以上的，单位非法吸收或者变相吸收公众存款，给存款人造成直接经济损失数额在 250 万元以上的；

（四）造成特别恶劣社会影响或者其他特别严重后果的。

非法吸收或者变相吸收公众存款的数额，以行为人所吸收的资金全额计算。案发前后已归还的数额，可以作为量刑情节酌情考虑。

非法吸收或者变相吸收公众存款，主要用于正常的生产经营活动，能够及时清退所吸收资金，可以免予刑事处罚；情节显著轻微的，不作为犯罪处理。

第四条　以非法占有为目的，使用诈骗方法实施本解释第二条规定所列行为的，应当依照刑法第一百九十二条的规定，以集资诈骗罪定罪处罚。

使用诈骗方法非法集资，具有下列情形之一的，可以认定为“以非法占有为目的”：

（一）集资后不用于生产经营活动或者用于生产经营活动与筹集资金规模明显不成比例，致使集资款不能返还的；

（二）肆意挥霍集资款，致使集资款不能返还的；

（三）携带集资款逃匿的；

（四）将集资款用于违法犯罪活动的；

（五）抽逃、转移资金、隐匿财产，逃避返还资金的；

（六）隐匿、销毁账目，或者搞假破产、假倒闭，逃避返还资金的；

（七）拒不交代资金去向，逃避返还资金的；

（八）其他可以认定非法占有目的的情形。

集资诈骗罪中的非法占有目的，应当区分情形进行具体认定。行为人部分非法集资行为具有非法占有目的的，对该部分非法集资行为所涉集资款以集资诈骗罪定罪处罚；非法集资共同犯罪中部分行为人具有非法占有目的，其他行为人没有非法占有集资款的共同故意和行为的，对具有非法占有目的的行为人以集资诈骗罪定罪处罚。

第五条　个人进行集资诈骗，数额在 10 万元以上的，应当认定为“数额较大”；数额在 30 万元以上的，应当认定为“数额巨大”；数额在 100 万元以上的,应当认定为“数额特别巨大”。

单位进行集资诈骗,数额在 50 万元以上的,应当认定为“数额较大”;数额在 150 万元以上的,应当认定为“数额巨大”;数额在 500 万元以上的,应当认定为“数额特别巨大”。

集资诈骗的数额以行为人实际骗取的数额计算,案发前已归还的数额应予扣除。行为人为实施集资诈骗活动而支付的广告费、中介费、手续费、回扣,或者用于行贿、赠与等费用,不予扣除。行为人为实施集资诈骗活动而支付的利息,除本金未归还可予折抵本金以外,应当计入诈骗数额。

第六条 未经国家有关主管部门批准,向社会不特定对象发行、以转让股权等方式变相发行股票或者公司、企业债券,或者向特定对象发行、变相发行股票或者公司、企业债券累计超过 200 人的,应当认定为刑法第一百七十九条规定的“擅自发行股票、公司、企业债券”。构成犯罪的,以擅自发行股票、公司、企业债券罪定罪处罚。

第七条 违反国家规定,未经依法核准擅自发行基金份额募集基金,情节严重的,依照刑法第二百二十五条的规定,以非法经营罪定罪处罚。

第八条 广告经营者、广告发布者违反国家规定,利用广告为非法集资活动相关的商品或者服务作虚假宣传,具有下列情形之一的,依照刑法第二百二十二条的规定,以虚假广告罪定罪处罚:

(一)违法所得数额在 10 万元以上的;

(二)造成严重危害后果或者恶劣社会影响的;

(三)二年内利用广告作虚假宣传,受过行政处罚二次以上的;

(四)其他情节严重的情形。

明知他人从事欺诈发行股票、债券,非法吸收公众存款,擅自发行股票、债券,集资诈骗或者组织、领导传销活动等集资犯罪活动,为其提供广告等宣传的,以相关犯罪的共犯论处。

第九条 此前发布的司法解释与本解释不一致的,以本解释为准。

19. 最高人民法院、最高人民检察院、公安部关于依法处理非法集资犯罪的通告

（最高人民法院、最高人民检察院、公安部联合发布　自2015年9月29日实施）

为依法惩治非法集资犯罪，加快涉案款物的追缴工作，最大程度地维护广大人民群众的合法权益，根据《中华人民共和国刑法》、《中华人民共和国刑事诉讼法》和《最高人民法院、最高人民检察院、公安部关于办理非法集资刑事案件适用法律若干问题的意见》、《最高人民法院关于审理非法集资刑事案件具体应用法律若干问题的解释》等有关规定，依据宽严相济的刑事司法政策，现将非法集资类犯罪案件中的集资人，收取代理费、好处费、返点费、佣金、提成等费用的代理人及其他涉案人员的处理意见通告如下：

一、个人或者单位非法吸收公众存款或者变相吸收公众存款，扰乱金融秩序的，依据《中华人民共和国刑法》第一百七十六条之规定以非法吸收公众存款罪追究刑事责任。

二、个人或者单位以非法占有为目的，使用诈骗方法非法集资的，依据《中华人民共和国刑法》第一百九十二条之规定以集资诈骗罪追究刑事责任。

三、为他人向社会公众非法吸收资金提供帮助，从中收取代理费、好处费、返点费、佣金、提成等费用，构成非法集资共同犯罪的，依法追究刑事责任。

四、明知是非法吸收公众存款犯罪、集资诈骗犯罪的违法所得及其产生的收益，为其提供资金账户的，协助将财产转换为现金或者金融票据的，通过转账或者其他结算方式协助资金转移的，协助将资金汇往境外的，以及以

其他方法掩饰、隐瞒犯罪的违法所得及其收益的性质和来源的,依据《中华人民共和国刑法》第一百九十一条之规定以洗钱罪依法追究刑事责任。

五、向社会公众非法吸收的资金属于违法所得。以吸收的资金向集资参与人支付的利息、分红等回报,以及向帮助吸收资金人员支付的代理费、好处费、返点费、佣金、提成等费用,应当依法追缴。集资参与人本金尚未归还的,所支付的回报可予折抵本金。

将非法吸收的资金及其转换财物用于清偿债务或者转让给他人,有下列情形之一的,应当依法追缴:

(一)他人明知是上述资金及财物而收取的;

(二)他人无偿取得上述资金及财物的;

(三)他人以明显低于市场的价格取得上述资金及财物的;

(四)他人取得上述资金及财物系源于非法债务或者违法犯罪活动的;

(五)其他依法应当追缴的情形。

六、非法集资案件中的集资行为人、代理人,自本通告发布之日起,凡积极配合调查,主动全部清退所吸收资金或代理费、好处、返点费、佣金、提成等费用,及时消除社会影响的,可以从轻处罚;其中情节轻微的,可以免除处罚;情节显著轻微、危害不大的,不作为犯罪处理。

七、本通告发布前被羁押的,凡能全部清退所吸收资金或者退回代理费、好处费、返点费、佣金、提成等费用的,可以依法变更为非羁押性强制措施,并按照本通告第六条之规定从轻、减轻或者免除处罚。

八、对拒不投案自首,也不清退涉案资金的人员,将依法从严从重追究刑事责任。

九、本通告自发布之日起施行。

二〇一五年九月二十九日

20. 最高人民法院关于债务人在约定的期限届满后未履行债务而出具没有还款日期的欠款条诉讼时效期间应从何时开始计算问题的批复

（最高人民法院于1994年3月26日颁布并实施）

山东省高级人民法院：

你院鲁高法〔1992〕70号请示收悉。关于债务人在约定的期限届满后未履行债务，而出具没有还款日期的欠款条，诉讼时效期间应从何时开始计算的问题，经研究，答复如下：

据你院报告称，双方当事人原约定，供方交货后，需方立即付款。需方收货后因无款可付，经供方同意写了没有还款日期的欠款条，根据《中华人民共和国民法通则》第一百四十条的规定，对此应认定诉讼时效中断。如果供方在诉讼时效中断后一直未主张权利，诉讼时效期间则应从供方收到需方所写欠款条之日的第二天开始重新计算。

此复

21. 最高人民法院、最高人民检察院、公安部关于办理非法集资刑事案件适用法律若干问题的意见

（由最高人民法院、最高人民检察院、公安部制定　自2014年3月25日发布）

各省、自治区、直辖市高级人民法院，人民检察院，公安厅、局，解放军军事法院、军事检察院，新疆维吾尔自治区高级人民法院生产建设兵团分院，新疆生产建设兵团人民检察院、公安局：

为解决近年来公安机关、人民检察院、人民法院在办理非法集资刑事案件中遇到的问题，依法惩治非法吸收公众存款、集资诈骗等犯罪，根据刑法、刑事诉讼法的规定，结合司法实践，现就办理非法集资刑事案件适用法律问题提出以下意见：

一、关于行政认定的问题

行政部门对于非法集资的性质认定，不是非法集资刑事案件进入刑事诉讼程序的必经程序。行政部门未对非法集资作出性质认定的，不影响非法集资刑事案件的侦查、起诉和审判。

公安机关、人民检察院、人民法院应当依法认定案件事实的性质，对于案情复杂、性质认定疑难的案件，可参考有关部门的认定意见，根据案件事实和法律规定作出性质认定。

二、关于“向社会公开宣传”的认定问题

《最高人民法院关于审理非法集资刑事案件具体应用法律若干问题的解释》第一条第一款第二项中的“向社会公开宣传”，包括以各种途径向社会公众传播吸收资金的信息，以及明知吸收资金的信息向社会公众扩散而予以放任等情形。

三、关于“社会公众”的认定问题

下列情形不属于《最高人民法院关于审理非法集资刑事案件具体应用法律若干问题的解释》第一条第二款规定的“针对特定对象吸收资金”的行为，应当认定为向社会公众吸收资金：

（一）在向亲友或者单位内部人员吸收资金的过程中，明知亲友或者单位内部人员向不特定对象吸收资金而予以放任的；

（二）以吸收资金为目的，将社会人员吸收为单位内部人员，并向其吸收资金的。

四、关于共同犯罪的处理问题

为他人向社会公众非法吸收资金提供帮助，从中收取代理费、好处费、返点费、佣金、提成等费用，构成非法集资共同犯罪的，应当依法追究刑事责任。能够及时退缴上述费用的，可依法从轻处罚；其中情节轻微的，可以免除处罚；情节显著轻微、危害不大的，不作为犯罪处理。

五、关于涉案财物的追缴和处置问题

向社会公众非法吸收的资金属于违法所得。以吸收的资金向集资参与人支付的利息、分红等回报，以及向帮助吸收资金人员支付的代理费、好处费、返点费、佣金、提成等费用，应当依法追缴。集资参与人本金尚未归还的，所支付的回报可予折抵本金。

将非法吸收的资金及其转换财物用于清偿债务或者转让给他人，有下列情形之一的，应当依法追缴：

（一）他人明知是上述资金及财物而收取的；

（二）他人无偿取得上述资金及财物的；

（三）他人以明显低于市场的价格取得上述资金及财物的；

（四）他人取得上述资金及财物系源于非法债务或者违法犯罪活动的；

（五）其他依法应当追缴的情形。

查封、扣押、冻结的易贬值及保管、养护成本较高的涉案财物，可以在诉讼终结前依照有关规定变卖、拍卖。所得价款由查封、扣押、冻结机关予以保管，待诉讼终结后一并处置。

查封、扣押、冻结的涉案财物，一般应在诉讼终结后，返还集资参与人。涉案财物不足全部返还的，按照集资参与人的集资额比例返还。

六、关于证据的收集问题

办理非法集资刑事案件中，确因客观条件的限制无法逐一收集集资参与人的言词证据的，可结合已收集的集资参与人的言词证据和依法收集并查证属实的书面合同、银行账户交易记录、会计凭证及会计账簿、资金收付凭证、审计报告、互联网电子数据等证据，综合认定非法集资对象人数和吸收资金数额等犯罪事实。

七、关于涉及民事案件的处理问题

对于公安机关、人民检察院、人民法院正在侦查、起诉、审理的非法集资刑事案件，有关单位或者个人就同一事实向人民法院提起民事诉讼或者申请执行涉案财物的，人民法院应当不予受理，并将有关材料移送公安机关或者检察机关。

人民法院在审理民事案件或者执行过程中，发现有非法集资犯罪嫌疑的，应当裁定驳回起诉或者中止执行，并及时将有关材料移送公安机关或者检察机关。

公安机关、人民检察院、人民法院在侦查、起诉、审理非法集资刑事案件中，发现与人民法院正在审理的民事案件属同一事实，或者被申请执行的财物属于涉案财物的，应当及时通报相关人民法院。人民法院经审查认为确属涉嫌犯罪的，依照前款规定处理。

八、关于跨区域案件的处理问题

跨区域非法集资刑事案件，在查清犯罪事实的基础上，可以由不同地区的公安机关、人民检察院、人民法院分别处理。

对于分别处理的跨区域非法集资刑事案件，应当按照统一制定的方案处置涉案财物。

国家机关工作人员违反规定处置涉案财物，构成渎职等犯罪的，应当依法追究刑事责任。

最高人民法院
最高人民检察院
公安部
二〇一四年三月二十五日

22. 关于小额贷款公司试点的指导意见

（银监发〔2008〕23号　中国银行业监督管理委员会和中国人民银行于2008年5月4日发布）

各银监局，中国人民银行上海总部、各分行、营业管理部、各省会（首府）城市中心支行、副省级城市中心支行：

为全面落实科学发展观，有效配置金融资源，引导资金流向农村和欠发达地区，改善农村地区金融服务，促进农业、农民和农村经济发展，支持社会主义新农村建设，现就小额贷款公司试点事项提出如下指导意见：

一、小额贷款公司的性质

小额贷款公司是由自然人、企业法人与其他社会组织投资设立，不吸收公众存款，经营小额贷款业务的有限责任公司或股份有限公司。

小额贷款公司是企业法人，有独立的法人财产，享有法人财产权，以全部财产对其债务承担民事责任。小额贷款公司股东依法享有资产收益、参与重大决策和选择管理者等权利，以其认缴的出资额或认购的股份为限对公司承担责任。

小额贷款公司应执行国家金融方针和政策，在法律、法规规定的范围内开展业务，自主经营，自负盈亏，自我约束，自担风险，其合法的经营活动受法律保护，不受任何单位和个人的干涉。

二、小额贷款公司的设立

小额贷款公司的名称应由行政区划、字号、行业、组织形式依次组成，其中行政区划指县级行政区划的名称，组织形式为有限责任公司或股份有限公司。

小额贷款公司的股东需符合法定人数规定。有限责任公司应由50个以下股东出资设立；股份有限公司应有2～200名发起人，其中须有半数以上的发起人在中国境内有住所。

小额贷款公司的注册资本来源应真实合法，全部为实收货币资本，由出资人或发起人一次足额缴纳。有限责任公司的注册资本不得低于500万元，股份有限公司的注册资本不得低于1000万元。单一自然人、企业法人、其他社会组织及其关联方持有的股份，不得超过小额贷款公司注册资本总额的10%。

申请设立小额贷款公司，应向省级政府主管部门提出正式申请，经批准后，到当地工商行政管理部门申请办理注册登记手续并领取营业执照。此外，还应在五个工作日内向当地公安机关、中国银行业监督管理委员会派出机构和中国人民银行分支机构报送相关资料。

小额贷款公司应有符合规定的章程和管理制度，应有必要的营业场所、组织机构、具备相应专业知识和从业经验的工作人员。

出资设立小额贷款公司的自然人、企业法人和其他社会组织，拟任小额贷款公司董事、监事和高级管理人员的自然人，应无犯罪记录和不良信用记录。

小额贷款公司在当地税务部门办理税务登记，并依法缴纳各类税费。

三、小额贷款公司的资金来源

小额贷款公司的主要资金来源为股东缴纳的资本金、捐赠资金，以及来自不超过两个银行业金融机构的融入资金。

在法律、法规规定的范围内，小额贷款公司从银行业金融机构获得融入资金的余额，不得超过资本净额的50%。融入资金的利率、期限由小额贷款公司与相应银行业金融机构自主协商确定，利率以同期"上海银行间同业拆放利率"为基准加点确定。

小额贷款公司应向注册地中国人民银行分支机构申领贷款卡。向小额贷款公司提供融资的银行业金融机构，应将融资信息及时报送所在地中国人民银行分支机构和中国银行业监督管理委员会派出机构，并应跟踪监督小额贷款公司融资的使用情况。

四、小额贷款公司的资金运用

小额贷款公司在坚持为农民、农业和农村经济发展服务的原则下自主选择贷款对象。小额贷款公司发放贷款，应坚持“小额、分散”的原则，鼓励小额贷款公司面向农户和微型企业提供信贷服务，着力扩大客户数量和服务覆盖面。同一借款人的贷款余额不得超过小额贷款公司资本净额的5%。在此标准内，可以参考小额贷款公司所在地经济状况和人均 GDP 水平，制定最高贷款额度限制。

小额贷款公司按照市场化原则进行经营，贷款利率上限放开，但不得超过司法部门规定的上限，下限为人民银行公布的贷款基准利率的0.9倍，具体浮动幅度按照市场原则自主确定。有关贷款期限和贷款偿还条款等合同内容，均由借贷双方在公平自愿的原则下依法协商确定。

五、小额贷款公司的监督管理

凡是省级政府能明确一个主管部门（金融办或相关机构）负责对小额贷款公司的监督管理，并愿意承担小额贷款公司风险处置责任的，方可在本省（区、市）的县域范围内开展组建小额贷款公司试点。

小额贷款公司应建立发起人承诺制度，公司股东应与小额贷款公司签订承诺书，承诺自觉遵守公司章程，参与管理并承担风险。

小额贷款公司应按照《公司法》要求建立健全公司治理结构，明确股东、董事、监事和经理之间的权责关系，制定稳健有效的议事规则、决策程序和内审制度，提高公司治理的有效性。小额贷款公司应建立健全贷款管理制度，明确贷前调查、贷时审查和贷后检查业务流程和操作规范，切实加强贷款管理。小额贷款公司应加强内部控制，按照国家有关规定建立健全企业财务会计制度，真实记录和全面反映其业务活动和财务活动。

小额贷款公司应按照有关规定，建立审慎规范的资产分类制度和拨备制度，准确进行资产分类，充分计提呆账准备金，确保资产损失准备充足率始终保持在100%以上，全面覆盖风险。

小额贷款公司应建立信息披露制度，按要求向公司股东、主管部门、向其提供融资的银行业金融机构、有关捐赠机构披露经中介机构审计的财务报表和年度业务经营情况、融资情况、重大事项等信息,必要时应向社会披露。

小额贷款公司应接受社会监督,不得进行任何形式的非法集资。从事非法集资活动的,按照国务院有关规定,由省级人民政府负责处置。对于跨省份非法集资活动的处置,需要由处置非法集资部际联席会议协调的,可由省级人民政府请求处置非法集资部际联席会议协调处置。其他违反国家法律法规的行为,由当地主管部门依据有关法律法规实施处罚;构成犯罪的,依法追究刑事责任。

中国人民银行对小额贷款公司的利率、资金流向进行跟踪监测,并将小额贷款公司纳入信贷征信系统。小额贷款公司应定期向信贷征信系统提供借款人、贷款金额、贷款担保和贷款偿还等业务信息。

六、小额贷款公司的终止

小额贷款公司法人资格的终止包括解散和破产两种情况。小额贷款公司可因下列原因解散:(一)公司章程规定的解散事由出现;(二)股东大会决议解散;(三)因公司合并或者分立需要解散;(四)依法被吊销营业执照、责令关闭或者被撤销;(五)人民法院依法宣布公司解散。小额贷款公司解散,依照《公司法》进行清算和注销。

小额贷款公司被依法宣告破产的,依照有关企业破产的法律实施破产清算。

小额贷款公司依法合规经营,没有不良信用记录的,可在股东自愿的基础上,按照《村镇银行组建审批指引》和《村镇银行管理暂行规定》规范改造为村镇银行。

七、其他

中国银行业监督管理委员会派出机构和中国人民银行分支机构,要密切配合当地政府,创造性地开展工作,加强对小额贷款公司工作的政策宣传。同时,积极开展小额贷款培训工作,有针对性地对小额贷款公司及其客户进行相关培训。

本指导意见未尽事宜,按照《中华人民共和国公司法》、《中华人民共和国合同法》等法律法规执行。

本指导意见由中国银行业监督管理委员会和中国人民银行负责解释。

请各银监局和人民银行上海总部、各分行、营业管理部、各省会(首府)城市中心支行、副省级城市中心支行联合将本指导意见转发至银监分局、人民银行地市中心支行、县(市)支行和相关单位。

中国银行业监督管理委员会

中国人民银行

二〇〇八年五月四日

23. 最高人民法院关于依法妥善审理民间借贷纠纷案件促进经济发展维护社会稳定的通知

（法〔2011〕336号　最高人民法院自2011年12月2日发布）

各省、自治区、直辖市高级人民法院，解放军军事法院，新疆维吾尔自治区高级人民法院生产建设兵团分院：

当前我国经济保持平稳较快发展，整体形势良好，但是受国际国内经济形势变化等多种因素的影响，一些地方出现了与民间借贷相关的债务不能及时清偿、债务人出逃、中小企业倒闭等事件，对当地经济发展和社会稳定造成了较大冲击，相关纠纷案件在短期内大量增加。为践行能动司法理念，充分发挥审判职能作用，妥善化解民间借贷纠纷，促进经济发展，维护社会稳定，现将有关事项通知如下：

一、高度重视民间借贷纠纷案件的审判执行工作。民间借贷客观上拓宽了中小企业的融资渠道，一定程度上解决了部分社会融资需求，增强了经济运行的自我调整和适应能力，促进了多层次信贷市场的形成和发展，但实践中民间借贷也存在着交易隐蔽、风险不易监控等特点，容易引发高利贷、中小企业资金链断裂甚至破产以及非法集资、暴力催收导致人身伤害等违法犯罪问题，对金融秩序乃至经济发展、社会稳定造成不利影响，也使得人民法院妥善化解民间借贷纠纷的难度增加。因此，人民法院应当高度重视民间借贷纠纷案件的审判执行工作，将其作为“为大局服务，为人民司法”的重要工作内容，作为深入推进三项重点工作的重要切入点，通过依法妥善审理民间借贷纠纷，规范和引导民间借贷健康有序发展，切实维护社会和谐稳定。

二、做好民间借贷纠纷案件的立案受理工作。当事人就民间借贷纠纷起诉的，人民法院要依据民事诉讼法的有关规定做好立案受理工作。立案时要认真进行审查，对于涉嫌非法集资等经济犯罪的案件，依法移送有关部门处理；对于可能影响社会稳定的案件，及时与政府及有关部门沟通协调，积极配合做好相关预案工作，切实防范可能引发的群体性、突发性事件。

三、依法惩治与民间借贷相关的刑事犯罪。人民法院在审理与民间借贷相关的非法集资等经济犯罪案件时，要依照《最高人民法院关于在审理经济纠纷案件中涉及经济犯罪嫌疑若干问题的规定》的有关规定，根据具体情况分别处理。对于非法集资等经济犯罪案件，要依法及时审判，切实维护金融秩序。对于与民间借贷相关的黑社会性质的组织犯罪及其他暴力性犯罪，要依法从严惩处，切实维护人民群众人身财产安全。要严格贯彻宽严相济的刑事政策，注意区分性质不同的违法犯罪行为，真正做到罚当其罪。

四、依法妥善审理民间借贷纠纷案件。人民法院在审理民间借贷纠纷案件时，要严格适用民法通则、合同法等有关法律法规和司法解释的规定，同时注意把握国家经济政策精神，努力做到依法公正与妥善合理的有机统一。要依法认定民间借贷的合同效力，保护合法借贷关系，切实维护当事人的合法权益，确保案件处理取得良好的法律效果和社会效果。对于因赌博、吸毒等违法犯罪活动而形成的借贷关系或者出借人明知借款人是为了进行上述违法犯罪活动的借贷关系，依法不予保护。

五、加大对民间借贷纠纷案件的调解力度。人民法院审理民间借贷纠纷案件，要深入贯彻“调解优先、调判结合”工作原则。对于涉及众多出借人或者借款人的案件、可能引发工人讨薪等群体性事件的案件、出借人与借款人之间情绪严重对立的案件以及判决后难以执行的案件等，要先行调解，重点调解，努力促成当事人和解。要充分借助政府部门、行业组织、社会团体等各方面力量，加强与人民调解、行政调解的程序对接，形成化解矛盾的最大合力，共同维护社会和谐稳定。

六、依法保护合法的借贷利息。人民法院在审理民间借贷纠纷案件时，要依法保护合法的借贷利息，依法遏制高利贷化倾向。出借人依照合同约定请求支付借款利息的，人民法院应当依据合同法和《最高人民法院关于人民法院审理借贷案件的若干意见》第6条、第7条的规定处理。出借人将利息预先在本金中扣除的，应当按照实际借款数额返还借款并计算利息。当事人仅约定借期内利率，未约定逾期利率，出借人以借期内的利率主张逾期还款利息的，依法予以支持。当事人既未约定借期内利率，也未约定逾期利率的，出借人参照中国人民银行同期同类贷款基准利率，主张自逾期还款之日起的利息损失的，依法予以支持。

七、注意防范、制裁虚假诉讼。人民法院在审理民间借贷纠纷案件过程中，要依法全面、客观地审核双方当事人提交的全部证据，从各证据与案件事实的关联程度、各证据之间的联系等方面进行综合审查判断。对形式有瑕疵的"欠条"或者"收条"，要结合其他证据认定是否存在借贷关系；对现金交付的借贷，可根据交付凭证、支付能力、交易习惯、借贷金额的大小、当事人间关系以及当事人陈述的交易细节经过等因素综合判断。发现有虚假诉讼嫌疑的，要及时依职权或者提请有关部门调查取证，查清事实真相。经查证确属虚假诉讼的，驳回其诉讼请求，并对其妨害民事诉讼的行为依法予以制裁；对于以骗取财物、逃废债务为目的实施虚假诉讼，构成犯罪的，依法追究刑事责任。

八、妥善适用有关司法措施。对于暂时资金周转困难但仍在正常经营的借款人，在不损害出借人合法权益的前提下，灵活适用诉讼保全措施，尽量使该借款人度过暂时的债务危机。对于出借人举报的有转移财产、逃避债务可能的借款人，要依法视情加大诉讼保全力度，切实维护债权人的合法权益。在审理因民间借贷债务而引发的企业破产案件时，对于符合国家产业政策且具有挽救价值和希望的负债中小企业，要积极适用重整、和解程序，尽快实现企业再生；对没有挽救希望，必须通过破产清算退出市场的中小企业，要制定综合预案，统筹协调，稳步推进，切实将企业退市引发的不良影响降到最低。

九、积极促进建立健全民间借贷纠纷防范和解决机制。人民法院在化解民间借贷纠纷的工作中，要紧紧围绕党和国家工作大局，紧紧依靠党委领导和政府支持，积极采取司法应对措施，全力维护社会和谐稳定。要加强与政府有关职能部门的沟通协调，充分发挥联动效能。要建立和完善系列案件审判执行统一协调机制，避免因裁判标准不一致或者执行工作简单化而激化社会矛盾。要结合民间借贷纠纷案件审判工作实际，及时提出司法建议，为有关部门依法采取有效措施提供参考。要加强法制宣传，特别是对典型案件的宣传，引导各类民间借贷主体增强风险防范意识，倡导守法诚信的社会风尚。

十、加强对民间借贷纠纷案件新情况新问题的调查研究。人民法院在民间借贷纠纷案件的审判工作中，要认真总结审判经验，密切关注各类敏感疑难问题和典型案件，对审理民间借贷纠纷案件过程中出现的新情况新问题，要认真分析研究成因，尽早提出对策，必要时及时上报最高人民法院。

中华人民共和国最高人民法院

二〇一一年十二月二日

24. 网络借贷信息中介机构业务活动管理暂行办法

（由中国银行业监督管理委员会、工业和信息化部、公安部、国家互联网信息办公室制定的《网络借贷信息中介机构业务活动管理暂行办法》经国务院批准　自2016年8月17日颁布并实施）

第一章　总　　则

第一条　为规范网络借贷信息中介机构业务活动，保护出借人、借款人、网络借贷信息中介机构及相关当事人合法权益，促进网络借贷行业健康发展，更好满足中小微企业和个人投融资需求，根据《关于促进互联网金融健康发展的指导意见》提出的总体要求和监管原则，依据《中华人民共和国民法通则》《中华人民共和国公司法》《中华人民共和国合同法》等法律法规，制定本办法。

第二条　在中国境内从事网络借贷信息中介业务活动，适用本办法，法律法规另有规定的除外。

本办法所称网络借贷是指个体和个体之间通过互联网平台实现的直接借贷。个体包含自然人、法人及其他组织。网络借贷信息中介机构是指依法设立，专门从事网络借贷信息中介业务活动的金融信息中介公司。该类机构以互联网为主要渠道，为借款人与出借人（即贷款人）实现直接借贷提供信息搜集、信息公布、资信评估、信息交互、借贷撮合等服务。

本办法所称地方金融监管部门是指各省级人民政府承担地方金融监管职责的部门。

第三条　网络借贷信息中介机构按照依法、诚信、自愿、公平的原则为借款人和出借人提供信息服务，维护出借人与借款人合法权益，不得提供增信服务，不得直接或间接归集资金，不得非法集资，不得损害国家利益和社会公共利益。

借款人与出借人遵循借贷自愿、诚实守信、责任自负、风险自担的原则承担借贷风险。网络借贷信息中介机构承担客观、真实、全面、及时进行信息披露的责任，不承担借贷违约风险。

第四条　按照《关于促进互联网金融健康发展的指导意见》中“鼓励创新、防范风险、趋利避害、健康发展”的总体要求和“依法监管、适度监管、分类监管、协同监管、创新监管”的监管原则，落实各方管理责任。国务院银行业监督管理机构及其派出机构负责制定网络借贷信息中介机构业务活动监督管理制度，并实施行为监管。各省级人民政府负责本辖区网络借贷信息中介机构的机构监管。工业和信息化部负责对网络借贷信息中介机构业务活动涉及的电信业务进行监管。公安部牵头负责对网络借贷信息中介机构的互联网服务进行安全监管，依法查处违反网络安全监管的违法违规活动，打击网络借贷涉及的金融犯罪及相关犯罪。国家互联网信息办公室负责对金融信息服务、互联网信息内容等业务进行监管。

第二章　备 案 管 理

第五条　拟开展网络借贷信息中介服务的网络借贷信息中介机构及其分支机构，应当在领取营业执照后，于10个工作日以内携带有关材料向工商登记注册地地方金融监管部门备案登记。

地方金融监管部门负责为网络借贷信息中介机构办理备案登记。地方金融监管部门应当在网络借贷信息中介机构提交的备案登记材料齐备时予以受理，并在各省（区、市）规定的时限内完成备案登记手续。备案登记不构成对网络借贷信息中介机构经营能力、合规程度、资信状况的认可和评价。

地方金融监管部门有权根据本办法和相关监管规则对备案登记后的网络借贷信息中介机构进行评估分类，并及时将备案登记信息及分类结果在官方网站上公示。

网络借贷信息中介机构完成地方金融监管部门备案登记后，应当按照通信主管部门的相关规定申请相应的电信业务经营许可；未按规定申请电信业务经营许可的，不得开展网络借贷信息中介业务。

网络借贷信息中介机构备案登记、评估分类等具体细则另行制定。

第六条 开展网络借贷信息中介业务的机构，应当在经营范围中实质明确网络借贷信息中介，法律、行政法规另有规定的除外。

第七条 网络借贷信息中介机构备案登记事项发生变更的，应当在5个工作日以内向工商登记注册地地方金融监管部门报告并进行备案信息变更。

第八条 经备案的网络借贷信息中介机构拟终止网络借贷信息中介服务的，应当在终止业务前提前至少10个工作日，书面告知工商登记注册地地方金融监管部门，并办理备案注销。

经备案登记的网络借贷信息中介机构依法解散或者依法宣告破产的，除依法进行清算外，由工商登记注册地地方金融监管部门注销其备案。

第三章 业务规则与风险管理

第九条 网络借贷信息中介机构应当履行下列义务：

（一）依据法律法规及合同约定为出借人与借款人提供直接借贷信息的采集整理、甄别筛选、网上发布，以及资信评估、借贷撮合、融资咨询、在线争议解决等相关服务；

（二）对出借人与借款人的资格条件、信息的真实性、融资项目的真实性、合法性进行必要审核；

（三）采取措施防范欺诈行为，发现欺诈行为或其他损害出借人利益的情形，及时公告并终止相关网络借贷活动；

（四）持续开展网络借贷知识普及和风险教育活动，加强信息披露工作，引导出借人以小额分散的方式参与网络借贷，确保出借人充分知悉借贷风险；

（五）按照法律法规和网络借贷有关监管规定要求报送相关信息，其中网络借贷有关债权债务信息要及时向有关数据统计部门报送并登记；

（六）妥善保管出借人与借款人的资料和交易信息，不得删除、篡改，不得非法买卖、泄露出借人与借款人的基本信息和交易信息；

（七）依法履行客户身份识别、可疑交易报告、客户身份资料和交易记录保存等反洗钱和反恐怖融资义务；

（八）配合相关部门做好防范查处金融违法犯罪相关工作；

（九）按照相关要求做好互联网信息内容管理、网络与信息安全相关工作；

（十）国务院银行业监督管理机构、工商登记注册地省级人民政府规定的其他义务。

第十条　网络借贷信息中介机构不得从事或者接受委托从事下列活动：

（一）为自身或变相为自身融资；

（二）直接或间接接受、归集出借人的资金；

（三）直接或变相向出借人提供担保或者承诺保本保息；

（四）自行或委托、授权第三方在互联网、固定电话、移动电话等电子渠道以外的物理场所进行宣传或推介融资项目；

（五）发放贷款，但法律法规另有规定的除外；

（六）将融资项目的期限进行拆分；

（七）自行发售理财等金融产品募集资金，代销银行理财、券商资管、基金、保险或信托产品等金融产品；

（八）开展类资产证券化业务或实现以打包资产、证券化资产、信托资产、基金份额等形式的债权转让行为；

（九）除法律法规和网络借贷有关监管规定允许外，与其他机构投资、代理销售、经纪等业务进行任何形式的混合、捆绑、代理；

（十）虚构、夸大融资项目的真实性、收益前景，隐瞒融资项目的瑕疵及风险，以歧义性语言或其他欺骗性手段等进行虚假片面宣传或促销等，捏造、散布虚假信息或不完整信息损害他人商业信誉，误导出借人或借款人；

（十一）向借款用途为投资股票、场外配资、期货合约、结构化产品及其他衍生品等高风险的融资提供信息中介服务；

（十二）从事股权众筹等业务；

（十三）法律法规、网络借贷有关监管规定禁止的其他活动。

第十一条 参与网络借贷的出借人与借款人应当为网络借贷信息中介机构核实的实名注册用户。

第十二条 借款人应当履行下列义务：

（一）提供真实、准确、完整的用户信息及融资信息；

（二）提供在所有网络借贷信息中介机构未偿还借款信息；

（三）保证融资项目真实、合法，并按照约定用途使用借贷资金，不得用于出借等其他目的；

（四）按照约定向出借人如实报告影响或可能影响出借人权益的重大信息；

（五）确保自身具有与借款金额相匹配的还款能力并按照合同约定还款；

（六）借贷合同及有关协议约定的其他义务。

第十三条 借款人不得从事下列行为：

（一）通过故意变换身份、虚构融资项目、夸大融资项目收益前景等形式的欺诈借款；

（二）同时通过多个网络借贷信息中介机构，或者通过变换项目名称、对项目内容进行非实质性变更等方式，就同一融资项目进行重复融资；

（三）在网络借贷信息中介机构以外的公开场所发布同一融资项目的信息；

（四）已发现网络借贷信息中介机构提供的服务中含有本办法第十条所列内容，仍进行交易；

（五）法律法规和网络借贷有关监管规定禁止从事的其他活动。

第十四条 参与网络借贷的出借人，应当具备投资风险意识、风险识别能力、拥有非保本类金融产品投资的经历并熟悉互联网。

第十五条 参与网络借贷的出借人应当履行下列义务：

（一）向网络借贷信息中介机构提供真实、准确、完整的身份等信息；

（二）出借资金为来源合法的自有资金；

（三）了解融资项目信贷风险，确认具有相应的风险认知和承受能力；

（四）自行承担借贷产生的本息损失；

（五）借贷合同及有关协议约定的其他义务。

第十六条　网络借贷信息中介机构在互联网、固定电话、移动电话等电子渠道以外的物理场所只能进行信用信息采集、核实、贷后跟踪、抵质押管理等风险管理及网络借贷有关监管规定明确的部分必要经营环节。

第十七条　网络借贷金额应当以小额为主。网络借贷信息中介机构应当根据本机构风险管理能力，控制同一借款人在同一网络借贷信息中介机构平台及不同网络借贷信息中介机构平台的借款余额上限，防范信贷集中风险。

同一自然人在同一网络借贷信息中介机构平台的借款余额上限不超过人民币20万元；同一法人或其他组织在同一网络借贷信息中介机构平台的借款余额上限不超过人民币100万元；同一自然人在不同网络借贷信息中介机构平台借款总余额不超过人民币100万元；同一法人或其他组织在不同网络借贷信息中介机构平台借款总余额不超过人民币500万元。

第十八条　网络借贷信息中介机构应当按照国家网络安全相关规定和国家信息安全等级保护制度的要求，开展信息系统定级备案和等级测试，具有完善的防火墙、入侵检测、数据加密以及灾难恢复等网络安全设施和管理制度，建立信息科技管理、科技风险管理和科技审计有关制度，配置充足的资源，采取完善的管理控制措施和技术手段保障信息系统安全稳健运行，保护出借人与借款人的信息安全。

网络借贷信息中介机构应当记录并留存借贷双方上网日志信息，信息交互内容等数据，留存期限为自借贷合同到期起5年；每两年至少开展一次全面的安全评估，接受国家或行业主管部门的信息安全检查和审计。

网络借贷信息中介机构成立两年以内，应当建立或使用与其业务规模相匹配的应用级灾备系统设施。

第十九条 网络借贷信息中介机构应当为单一融资项目设置募集期，最长不超过20个工作日。

第二十条 借款人支付的本金和利息应当归出借人所有。网络借贷信息中介机构应当与出借人、借款人另行约定费用标准和支付方式。

第二十一条 网络借贷信息中介机构应当加强与金融信用信息基础数据库运行机构、征信机构等的业务合作，依法提供、查询和使用有关金融信用信息。

第二十二条 各方参与网络借贷信息中介机构业务活动，需要对出借人与借款人的基本信息和交易信息等使用电子签名、电子认证时，应当遵守法律法规的规定，保障数据的真实性、完整性及电子签名、电子认证的法律效力。

网络借贷信息中介机构使用第三方数字认证系统，应当对第三方数字认证机构进行定期评估，保证有关认证安全可靠并具有独立性。

第二十三条 网络借贷信息中介机构应当采取适当的方法和技术，记录并妥善保存网络借贷业务活动数据和资料，做好数据备份。保存期限应当符合法律法规及网络借贷有关监管规定的要求。借贷合同到期后应当至少保存5年。

第二十四条 网络借贷信息中介机构暂停、终止业务时应当至少提前10个工作日通过官方网站等有效渠道向出借人与借款人公告，并通过移动电话、固定电话等渠道通知出借人与借款人。网络借贷信息中介机构业务暂停或者终止，不影响已经签订的借贷合同当事人有关权利义务。

网络借贷信息中介机构因解散或宣告破产而终止的，应当在解散或破产前，妥善处理已撮合存续的借贷业务，清算事宜按照有关法律法规的规定办理。

网络借贷信息中介机构清算时，出借人与借款人的资金分别属于出借人与借款人，不属于网络借贷信息中介机构的财产，不列入清算财产。

第四章 出借人与借款人保护

第二十五条 未经出借人授权，网络借贷信息中介机构不得以任何形式代出借人行使决策。

第二十六条　网络借贷信息中介机构应当向出借人以醒目方式提示网络借贷风险和禁止性行为，并经出借人确认。

网络借贷信息中介机构应当对出借人的年龄、财务状况、投资经验、风险偏好、风险承受能力等进行尽职评估，不得向未进行风险评估的出借人提供交易服务。

网络借贷信息中介机构应当根据风险评估结果对出借人实行分级管理，设置可动态调整的出借限额和出借标的限制。

第二十七条　网络借贷信息中介机构应当加强出借人与借款人信息管理，确保出借人与借款人信息采集、处理及使用的合法性和安全性。

网络借贷信息中介机构及其资金存管机构、其他各类外包服务机构等应当为业务开展过程中收集的出借人与借款人信息保密，未经出借人与借款人同意，不得将出借人与借款人提供的信息用于所提供服务之外的目的。

在中国境内收集的出借人与借款人信息的储存、处理和分析应当在中国境内进行。除法律法规另有规定外，网络借贷信息中介机构不得向境外提供境内出借人和借款人信息。

第二十八条　网络借贷信息中介机构应当实行自身资金与出借人和借款人资金的隔离管理，并选择符合条件的银行业金融机构作为出借人与借款人的资金存管机构。

第二十九条　出借人与网络借贷信息中介机构之间、出借人与借款人之间、借款人与网络借贷信息中介机构之间等纠纷，可以通过以下途径解决：

（一）自行和解；

（二）请求行业自律组织调解；

（三）向仲裁部门申请仲裁；

（四）向人民法院提起诉讼。

第五章　信息披露

第三十条　网络借贷信息中介机构应当在其官方网站上向出借人充分

披露借款人基本信息、融资项目基本信息、风险评估及可能产生的风险结果、已撮合未到期融资项目资金运用情况等有关信息。

披露内容应符合法律法规关于国家秘密、商业秘密、个人隐私的有关规定。

第三十一条 网络借贷信息中介机构应当及时在其官方网站显著位置披露本机构所撮合借贷项目等经营管理信息。

网络借贷信息中介机构应当在其官方网站上建立业务活动经营管理信息披露专栏，定期以公告形式向公众披露年度报告、法律法规、网络借贷有关监管规定。

网络借贷信息中介机构应当聘请会计师事务所定期对本机构出借人与借款人资金存管、信息披露情况、信息科技基础设施安全、经营合规性等重点环节实施审计，并且应当聘请有资质的信息安全测评认证机构定期对信息安全实施测评认证，向出借人与借款人等披露审计和测评认证结果。

网络借贷信息中介机构应当引入律师事务所、信息系统安全评价等第三方机构，对网络信息中介机构合规和信息系统稳健情况进行评估。

网络借贷信息中介机构应当将定期信息披露公告文稿和相关备查文件报送工商登记注册地地方金融监管部门，并置备于机构住所供社会公众查阅。

第三十二条 网络借贷信息中介机构的董事、监事、高级管理人员应当忠实、勤勉地履行职责，保证披露的信息真实、准确、完整、及时、公平，不得有虚假记载、误导性陈述或者重大遗漏。

借款人应当配合网络借贷信息中介机构及出借人对融资项目有关信息的调查核实，保证提供的信息真实、准确、完整。

网络借贷信息披露具体细则另行制定。

第六章　监 督 管 理

第三十三条 国务院银行业监督管理机构及其派出机构负责制定统一的规范发展政策措施和监督管理制度，负责网络借贷信息中介机构的日常行为监管，指导和配合地方人民政府做好网络借贷信息中介机构的机构监管和风险处置工作，建立跨部门跨地区监管协调机制。

各地方金融监管部门具体负责本辖区网络借贷信息中介机构的机构监管，包括对本辖区网络借贷信息中介机构的规范引导、备案管理和风险防范、处置工作。

第三十四条　中国互联网金融协会从事网络借贷行业自律管理，并履行下列职责：

（一）制定自律规则、经营细则和行业标准并组织实施，教育会员遵守法律法规和网络借贷有关监管规定；

（二）依法维护会员的合法权益，协调会员关系，组织相关培训，向会员提供行业信息、法律咨询等服务，调解纠纷；

（三）受理有关投诉和举报，开展自律检查；

（四）成立网络借贷专业委员会；

（五）法律法规和网络借贷有关监管规定赋予的其他职责。

第三十五条　借款人、出借人、网络借贷信息中介机构、资金存管机构、担保人等应当签订资金存管协议，明确各自权利义务和违约责任。

资金存管机构对出借人与借款人开立和使用资金账户进行管理和监督，并根据合同约定，对出借人与借款人的资金进行存管、划付、核算和监督。

资金存管机构承担实名开户和履行合同约定及借贷交易指令表面一致性的形式审核责任，但不承担融资项目及借贷交易信息真实性的实质审核责任。

资金存管机构应当按照网络借贷有关监管规定报送数据信息并依法接受相关监督管理。

第三十六条　网络借贷信息中介机构应当在下列重大事件发生后，立即采取应急措施并向工商登记注册地地方金融监管部门报告：

（一）因经营不善等原因出现重大经营风险；

（二）网络借贷信息中介机构或其董事、监事、高级管理人员发生重大违

法违规行为;

(三)因商业欺诈行为被起诉,包括违规担保、夸大宣传、虚构隐瞒事实、发布虚假信息、签订虚假合同、错误处置资金等行为。

地方金融监管部门应当建立网络借贷行业重大事件的发现、报告和处置制度,制定处置预案,及时、有效地协调处置有关重大事件。

地方金融监管部门应当及时将本辖区网络借贷信息中介机构重大风险及处置情况信息报送省级人民政府、国务院银行业监督管理机构和中国人民银行。

第三十七条 除本办法第七条规定的事项外,网络借贷信息中介机构发生下列情形的,应当在5个工作日以内向工商登记注册地地方金融监管部门报告:

(一)因违规经营行为被查处或被起诉;

(二)董事、监事、高级管理人员违反境内外相关法律法规行为;

(三)国务院银行业监督管理机构、地方金融监管部门等要求的其他情形。

第三十八条 网络借贷信息中介机构应当聘请会计师事务所进行年度审计,并在上一会计年度结束之日起4个月内向工商登记注册地地方金融监管部门报送年度审计报告。

第七章 法律责任

第三十九条 地方金融监管部门存在未依照本办法规定报告重大风险和处置情况、未依照本办法规定向国务院银行业监督管理机构提供行业统计或行业报告等违反法律法规及本办法规定情形的,应当对有关责任人依法给予行政处分;构成犯罪的,依法追究刑事责任。

第四十条 网络借贷信息中介机构违反法律法规和网络借贷有关监管规定,有关法律法规有处罚规定的,依照其规定给予处罚;有关法律法规未作处罚规定的,工商登记注册地地方金融监管部门可以采取监管谈话、出具警示函、责令改正、通报批评、将其违法违规和不履行公开承诺等情况记入诚信档案并公布等监管措施，以及给予警告、人民币3万元以下罚款和依法可以采取的其他处罚措施；构成犯罪的，依法追究刑事责任。

网络借贷信息中介机构违反法律规定从事非法集资活动或欺诈的，按照相关法律法规和工作机制处理；构成犯罪的，依法追究刑事责任。

第四十一条　网络借贷信息中介机构的出借人及借款人违反法律法规和网络借贷有关监管规定，依照有关规定给予处罚；构成犯罪的，依法追究刑事责任。

第八章　附　　则

第四十二条　银行业金融机构及国务院银行业监督管理机构批准设立的其他金融机构和省级人民政府批准设立的融资担保公司、小额贷款公司等投资设立具有独立法人资格的网络借贷信息中介机构，设立办法另行制定。

第四十三条　中国互联网金融协会网络借贷专业委员会按照《关于促进互联网金融健康发展的指导意见》和协会章程开展自律并接受相关监管部门指导。

第四十四条　本办法实施前设立的网络借贷信息中介机构不符合本办法规定的，除违法犯罪行为按照本办法第四十条处理外，由地方金融监管部门要求其整改，整改期不超过12个月。

第四十五条　省级人民政府可以根据本办法制定实施细则，并报国务院银行业监督管理机构备案。

第四十六条　本办法解释权归国务院银行业监督管理机构、工业和信息化部、公安部、国家互联网信息办公室。

第四十七条　本办法所称不超过、以下、以内，包括本数。

25. 中国人民银行关于人民币贷款利率有关问题的通知

（银发〔2003〕251号　2003年12月10日发布　自2004年1月1日实施）

中国人民银行各分行、营业管理部，各政策性银行、国有独资商业银行、股份制商业银行：

为稳步推进利率市场化改革，充分发挥利率杠杆的调节作用。现就有关人民币贷款利率及计结息等有关事宜通知如下：

一、关于人民币贷款计息和结息问题。人民币各项贷款（不含个人住房贷款）的计息和结息方式，由借贷双方协商确定。

二、关于在合同期内贷款利率的调整问题。人民币中、长期贷款利率由原来的一年一定，改为由借贷双方按商业原则确定，可在合同期间按月、按季、按年调整，也可采用固定利率的确定方式。

5年期以上档次贷款利率，由金融机构参照人民银行公布的5年期以上贷款利率自主确定。

三、关于罚息利率问题。逾期贷款（借款人未按合同约定日期还款的借款）罚息利率由现行按日万分之二点一计收利息，改为在借款合同载明的贷款利率水平上加收30%－50%；借款人未按合同约定用途使用借款的罚息利率，由现行按日万分之五计收利息，改为在借款合同载明的贷款利率水平上加收50%－100%。

对逾期或未按合同约定用途使用借款的贷款，从逾期或未按合同约定用途使用贷款之日起，按罚息利率计收利息，直至清偿本息为止。对不能按时支付的利息，按罚息利率计收复利。

四、对2004年1月1日（含2004年1月1日）以后新发放的贷款按本通知执行。对 2004 年 1 月 1 日以前发放的未到期贷款仍按原借款合同执行，但经借贷双方当事人协商一致的，也可执行本通知。

五、本通知自 2004 年 1 月 1 日起执行。此前人民银行发布的有关人民币贷款利率的规定与本通知不符的，以本通知为准。

中国人民银行

二〇〇三年十二月十日

26. 广东省深圳市中级人民法院关于民间借贷纠纷案件的裁判指引

（2015年10月15日深圳市中级人民法院审判委员会民事行政执行专业委员会第14次会议讨论通过）

为正确审理民间借贷案件，统一裁判标准，依法平等保护借贷双方的合法权益，规范民间借贷行为，维护市场金融秩序，根据现行法律、行政法规及最高人民法院《关于审理民间借贷案件适用法律若干问题的规定》，总结《广东省深圳市中级人民法院关于民间借贷纠纷案件的裁判指引（试行）》实施以来的审判实践经验，经过修订，形成本裁判指引。

一、自然人之间，自然人与从事非金融业务的企业、其他组织之间，以及从事非金融业务的企业、其他组织相互之间因借贷资金引发的纠纷，适用本指引。

经金融监管部门之外的政府其他部门批准设立的从事担保、典当、融资租赁、小额贷款等业务的企业因出借资金引发的纠纷，适用本指引。

经金融监管部门批准设立的从事贷款业务的金融机构及其分支机构，因发放贷款等相关金融业务引发的纠纷，不适用本指引。

二、未载明债权人的借据等债权凭证的持有人推定为债权人，具有原告主体资格。被告抗辩原告与本案无直接利害关系的，应当承担举证责任。

三、共同出借人中，部分出借人提起诉讼，人民法院应当追加其他出借人为共同原告，但其他出借人明确表示放弃向借款人主张权利的除外。放弃债权的其他出借人又对借款人另行提起诉讼的，人民法院不予受理。已经受理的，裁定驳回起诉。

四、自然人之间的民间借贷合同，自款项实际交付借款人或借款人指定的收款人时生效。当事人对合同效力约定附条件或附期限的，从其约定。

除自然人之间的民间借贷合同外，当事人主张民间借贷合同自合同成立时生效的，人民法院应予支持，但当事人另有约定或者法律、行政法规另有规定的除外。

五、当事人主张民间借贷合同无效，人民法院应当根据《中华人民共和国合同法》第五十二条、最高人民法院《关于审理民间借贷案件适用法律若干问题的规定》第十四条规定审查有关合同的效力。

六、借款人因民间借贷合同无效依法应当返还出借人借款本金的，出借人若无过错，还可请求借款人按照约定利率赔偿资金占用期间的利息损失，但不得超过年利率24%；双方均有过错的，出借人可以请求借款人按照年利率6%赔偿资金占用期间的利息损失。

七、民间借贷债务有保证人的，借款人涉嫌犯罪并不必然导致主合同及保证合同无效，人民法院应当在依法认定主合同效力的前提下，根据担保法及相关司法解释的规定，确定保证人的责任。

八、出借人应就当事人之间存在民间借贷合同关系以及已经实际出借资金承担举证责任；借款人反驳提出借款已经偿还的，应就还款事实承担举证责任。

认定民间借贷事实，应当根据当事人提交的证据，结合出借人的经济能力、金额大小、交易方式、交易习惯和当事人之间的亲疏关系等因素，运用逻辑推理和日常生活经验，依据民事诉讼高度盖然性的证明标准，综合加以判断。

九、当事人对借据上签章的真实性提出异议，需要司法鉴定的，由提出异议的一方当事人申请鉴定，并预交鉴定费用。

经依法释明，应当申请鉴定的一方不申请鉴定或拒不预交、交纳鉴定费用或当事人拒不提供笔迹印章比对样本的，应承担相应的不利法律后果。

十、出借人仅提交了款项支付凭证，没有提交其他证据证实借贷关系，借款人否认借贷关系的，应区别不同情况处理：

（一）依据本指引第八条第二款规定，可以认定借贷关系成立并生效的，按照民间借贷纠纷依法审理和裁判。

（二）借款人抗辩出借人主张的转账系偿还双方之前借款或其他债务，借款人应当对其主张提供证据证明。借款人提供相应证据证明其主张后，出借人仍应就借贷关系的成立承担举证证明责任。

（三）人民法院查明款项支付确因其他法律关系引起，可向当事人释明，由出借人变更诉讼请求和理由，人民法院可按其他法律关系继续审理；出借人坚持不变更诉由的，依法驳回出借人诉讼请求。债权人可按其他法律关系另行提起诉讼。

十一、出借人仅凭借据起诉，主张以现金支付的方式出借款项，借款人抗辩借贷行为尚未实际发生并能作出合理说明，审判人员不能仅凭借据即认定付款事实，应当根据案件证据，综合考虑借款金额大小、现金支付原因、借款经过、当事人亲疏关系等具体情况，运用逻辑推理和日常生活经验，合理判断是否存在借贷关系。

出借人对现金支付借款的原因作出了合理解释，符合当事人的交易习惯和日常生活经验，借款人否认但没有提交足以推翻借贷关系的反驳证据的，可以采信出借人主张的事实，认定借贷关系存在。

出借人提出的事实理由不符合一般交易习惯和生活经验，人民法院可以要求出借人本人到庭陈述现金支付的原因、时间、地点、用途等具体事实和经过，并可责令出借人提交款项来源方面的证据。无正当理由拒不到庭的，应当承担不利的法律后果。出借人陈述的事实前后不一，提交的证据不能辅证款项已实际支付的，可以判决驳回出借人的诉讼请求。

十二、婚姻关系存续期间，夫妻一方以个人名义对外借款，另一方能够证明存在下列情形之一的，由借款人个人对出借人承担偿还责任：

（一）夫妻双方对于婚姻关系存续期间所得财产约定各自所有，出借人知道或应当知道该约定的；

（二）出借人与借款人明确约定为个人债务的；

（三）借款人所借款项未用于夫妻共同生活，且出借人出借款项时知道或应当知道的；

（四）借款人的借款行为违法，且违法所得未用于夫妻共同生活的；

（五）借款的用途有悖公序良俗，违反夫妻共同生活的基本目的；

（六）出借人与借款人恶意串通，损害配偶利益的。

十三、企业的法定代表人或负责人以企业名义对外借款，由企业承担还款责任，但出借人与该企业法定代表人或负责人恶意串通，损害企业利益的除外；所借款项为企业的法定代表人或负责人个人使用的，出借人请求企业的法定代表人或负责人与企业共同承担还款责任的，应予支持。

企业的法定代表人或负责人以个人名义对外借款，应由其个人承担还款责任；所借款项用于企业生产经营，出借人请求企业与企业的法定代表人或负责人共同承担责任的，应予支持。

十四、关于借款期限内利息的认定，区分以下情况处理：

（一）借贷双方对支付利息没有约定的，视为不支付利息，但借款人自愿支付利息的除外。

（二）借贷双方对借款期限内的利率有约定的，从其约定，但约定的利率不得超过年利率24%；超过年利率24%但不高于36%的部分，人民法院不予保护；超过年利率36%的部分约定无效。

（三）自然人之间借贷对利息约定不明的，出借人主张支付利息的，不予支持。除自然人之间借贷外，借贷双方对借贷利息约定不明，出借人主张利息的，人民法院应当根据合同文义的通常理解，结合当事人的交易习惯、交易方式，合理确定利率。仍难以确定的，可以参照年利率6%计算利息。

十五、出借人请求借款人按照合同约定支付超过年利率24%部分的利息，人民法院不予支持。

借款人根据合同约定已经偿还的款项中，包含超过年利率24%以上、36%以下部分的利息，借款人主张该部分利息抵扣本金或请求返还的，人民法院不予支持。

借款人根据合同约定已经偿还的款项中，包含超过年利率36%以上的利息，借款人主张超过部分抵扣本金或请求返还的，人民法院应予支持。

十六、关于逾期利息及违约金的认定，区分以下情况处理：

（一）借贷双方对逾期利息或违约金有约定的，从其约定，但超过年利率

24%的部分不予支持;同时约定逾期利息和违约金的,出借人可以一并主张,但折算后总额不得超过年利率24%。

(二)借贷双方对逾期利息及违约金没有约定或约定不明的,如果约定了借款期限内利率,出借人可以按照借款期限内利率请求逾期利息,但超过年利率24%的部分不予支持;如果也没有约定借款期限内利率,出借人可以请求从逾期还款之日起,按照年利率6%计算逾期利息。

十七、民间借贷当事人除约定利息、逾期利息及违约金外,还约定出借人收取管理费、手续费、综合费等费用的,各类利息、违约金及费用总额折算不得超过年利率24%,超过部分不予保护。

出借人借用他人名义变相收取年利率24%以上的费用,以规避利率限额的,适用前款规定。

十八、借贷双方对前期借款本息结算后将利息计入后期借款本金并重新出具债权凭证,如果前期利率没有超过年利率24%,重新出具的债权凭证载明的金额可认定为后期借款本金;超过年利率24%部分的利息不能计入后期借款本金。约定的利率超过年利率24%,当事人主张超过部分的利息不能计入后期借款本金的,人民法院应予支持。

按前款计算,借款人在借款期间届满后应当支付的本息之和,不能超过最初借款本金与以最初借款本金为基数,以年利率24%计算的整个借款期间的利息之和。出借人请求借款人支付超过部分的,不予支持。

十九、借贷双方对本金与利息的偿还顺序有约定的,从其约定;没有约定的,应按先还利息再还本金的顺序计算。

二十、借款人偿还的款项不足以清偿对出借人所负数笔借款债务的,应当优先清偿已到期的债务;数笔债务均到期的,优先清偿无担保的债务;均无担保的,按照债务到期的先后顺序清偿。借贷双方对清偿顺序有约定的,从其约定。

二十一、民间借贷未约定借款期限的,诉讼时效从出借人知道或应当知道借款人拒绝履行还款义务之日起计算。

二十二、本裁判指引所称"借据",是指当事人用以证明借贷关系存在,由借款人出具的书面凭证，包括借据（条）、收据（条）、欠据（条）等。

二十三、本指引与法律、法规或司法解释不一致的，以法律、法规或司法解释为准。

二十四、本指引由本院审判委员会负责解释。

二十五、本指引自印发之日起施行。施行后尚未审结的民间借贷案件适用本指引，《广东省深圳市中级人民法院关于民间借贷纠纷案件的裁判指引（试行）》不再适用。凡本院过去的规定与本指引不一致的，适用本指引的规定。

二十六、从本指引印发施行之日起，属于本市基层人民法院受案范围的当事人双方或一方为外国人、无国籍人、外国企业或其他组织（含港澳台的自然人、法人和其他组织）的民间借贷案件，统一由深圳前海合作区人民法院立案受理。

二十七、本指引施行后与新颁布的法律、法规或司法解释有冲突的，由相关业务部门提出修改意见报本院审判委员会进行修订。

后　记

作者所在的广东福强律师事务所于2011年9月经广东省司法厅审批设立，是一家以金融法律服务为主营业务的、具有较高专业化水平律师事务所。本所拥有一支高素质的金融法律服务队伍，每个成员都有扎实的专业知识功底，经过多年的金融法律服务实践，积累了较丰富的经验，能够为银行及企业、其他组织及自然人开展民间借贷活动提供良好的金融法律服务。

本所自设立之日起，就开始就确定了以金融法律服务作为本所专业化、品牌化发展方向，并作了有益探索，取得了显著的进展，尤其是在银行不良资产清收与处置、投资融资法律服务、民间借贷法律服务等方面，均取得良好的成效。

通过多年的金融和民间借贷法律服务实践，我们领悟和总结出一些规律和方法，而且一直想将这些感悟写出来与各方读者分享。《律师办理民间借贷法律业务操作指引》的出版发行，就算是我们将办理民间借贷法律业务的收获向各位读者作的一次初步汇报，就当是抛砖引玉。

由于民间借贷纠纷已跃居我国民事案件头把交椅，在藏龙卧虎的律师业界，在民间借贷法律服务领域中，定有经验更丰富的更优秀的律师，我们也期待着高人的指点。

值本书出版之际，我们要感谢法律出版社编辑的严格报关、版式设计师精美设计和其他相关人员辛勤付出。还要感谢我们的创作团队，尽管业务如此繁忙，但都能尽心尽力投入编写工作。由于大家的共同努力，才使本书以如此优雅的面貌呈现在广大读者面前，进而成为有益于读者精神食粮和维护当事人合法权益的重要参考。

由于民间借贷涉及面广，涉及法律关系多，而我们学识浅薄，水平有限，对民间借贷关系中的许多问题没有认识和理解透彻，所写的内容难免存在遗漏或者谬误，在此还请各位读者、专家不吝赐教，批评指正。

编著者

图书在版编目(CIP)数据

律师办理民间借贷法律业务操作指引 / 麻根生等著
. -- 北京 : 法律出版社, 2018
ISBN 978-7-5197-2083-4

Ⅰ. ①律… Ⅱ. ①麻… Ⅲ. ①民间借贷-法规-基本知识-中国 Ⅳ. ①D923.6

中国版本图书馆CIP数据核字(2018)第055010号

律师办理民间借贷法律业务操作指引
LÜSHI BANLI MINJIAN JIEDAI FALÜ YEWU CAOZUO ZHIYIN

麻根生 高建国 邱 萍 韩佳音 著

策划编辑 李秀平
责任编辑 李云虹 吴艳红
装帧设计 贾丹丹

出版 法律出版社
总发行 中国法律图书有限公司
经销 新华书店
印刷 中煤(北京)印务有限公司
责任校对 王沁陶
责任印制 张建伟

编辑统筹 法律与生活
开本 720毫米×960毫米 1/16
印张 24.75
字数 315千
版本 2018年5月第1版
印次 2018年5月第1次印刷

法律出版社 / 北京市丰台区莲花池西里7号(100073)
网址 / www.lawpress.com.cn
投稿邮箱 / info@lawpress.com.cn
举报维权邮箱 / jbwq@lawpress.com.cn
销售热线 / 010-63939792
咨询电话 / 010-63939796

中国法律图书有限公司 / 北京市丰台区莲花池西里7号(100073)
全国各地中法图分、子公司销售电话:
统一销售客服 / 400-660-6393
第一法律书店 / 010-63939781/9782 西安分公司 / 029-85330678 重庆分公司 / 023-67453036
上海分公司 / 021-62071639/1636 深圳分公司 / 0755-83072995

书号: ISBN 978-7-5197-2083-4
定价: 78.00元